黃石城看台灣

無私見證台灣五十年手記

黃石城 著

黃石城看台灣【卷一】

目錄

黃石城看台灣【卷二】

目錄

黃石城看台灣【卷三】

目錄

自　序

　　二〇〇七年十二月二十五日，我出版了第一本著作《權力無私》一書，書中將我八年的彰化縣長、行政院政務委員、中央選舉委員會主任委員、總統府國策顧問（有給職）等二十多年政務官的行事風格，經遠流出版公司出版，出版後備受讀者熱烈的回應，包括台灣及中國的讀者。看二、三、四遍的人大有人在，甚至有的人看了五遍。日文版也於二〇一〇年十月十七日在日本東京發行，同樣受到相當大的迴響，給我相當的鼓勵和信心，使我有勇氣將近五十年看台灣政治、社會、教育、文化、人的品質的手記，整理後出版，以盡一生參政的責任及對下一代有所交代。

　　本書是基於本人一向熱愛人類和國家的天性，眼看人性消失、倫理道德淪落、社會無是非，因此提出一針見血的針砭。由於先天上對維護人性尊嚴、對誠信公義的執著、對智慧價值的堅持，對道德典範的追求之心強烈，在日常生活中面對世事，自然而然地如泉水般不斷湧出靈感。無論在車上、飛機上、洗手間、睡夢中、吃飯中、運動中、工作中，靈感一到立刻記下，有關人類、國事、社會事，則立即加以掃瞄切片，否則一經五秒鐘就忘了，無從記起而成空白。經過本人近半世紀有恆心地分秒記錄，一共累積了六十多本手記，始能完成《黃石城看台灣》這本富有靈感的書。

　　本書從較高的角度來看人類、國家、社會和人性，以是非分明批判對錯不分，以公義批判功利，以價值批判價格，以人性的謙卑對抗權力的傲慢，以無私、公正、超然、客觀的立場，對當時的政黨、政治人物、政府官員、社會現象及教育文化，做適切的評論，並提出理念、看法、想法和作法，不管任何政黨，任何高官顯要，任何不公不

義的財團、特權、惡勢力均不放過，可説很嚴謹、中肯、密集、細膩、鋒利的切入，以期能啓發讀者油然產生強烈的迴響和共鳴。

本書除了對政治人物、政府、社會、教育、文化做簡單清楚的論斷外，出現很多類似語錄、座右銘、嘉言錄和格言的詞句，來自我生活中自然、真情流露的靈感，也可説是我心血的精華結晶，雖非一絕，卻也是我數十年如一日所悟出的人生哲學，可提供國人修心養性及人格修為的方向。同時也滲入符合我的思想體系，也即我最喜愛的國內外聖賢名言於本書中，是一本有思想性、哲學性、歷史性、教育性和價值取向的書。

本書執筆時由於或是在車上受路面高低不平的跳動，或是機上的顛簸，及各種不方便場合，必須靈感一到立刻記錄，無暇思考和修辭，記事用詞不盡完美，文章不盡流暢，加以數十年長期的感受，難免有重複感受的記事。同時對一些政治人物難免有所著墨，均出於恨鐵不成鋼的耿直善念，希望台灣政治清明、社會有公義、人的品質可提升，如此才能喚回人性，重建倫理道德的價值觀，使社會有是非、有公義、有廉恥、有誠信，才不會淪為動物園裡「垃圾吃垃圾肥」的富裕動物。

最後感謝商周團隊幾個月來不眠不休地為這本書出版所付出的辛勞，同時這本書未盡完美之處良多，仍盼仁人君子不吝指教。

黃石城

1964年

1/9	・公理和正義的出現是人生最佳的感受。
1/24	・死不足惜,只怕活得無意義和價值。
1/30	・取得政權固可服務更多人群,不取得政權照樣可服務人群。
1/31	・培養子女是我的義務,但我不希望他將來只做我孝順的兒子, 願他將來能為更多的人做事,為更多的人造福。
2/18	・忍耐是成功的防腐劑。
3/1	・人心太現實了,一現實就無情義可言。
3/2	・人生應重質,不重量。
3/16	・我雖是學法律的,但我最討厭人家打官司。 ・寧可吃點虧,不以法律伺候。
3/24	・我出生如一塊白布,希望到生命結束仍然是一塊白布。
3/27	・世上我最尊敬「勇於認錯的人」。
4/11	・權力無法迫使一個有骨氣的知識分子就範,一個有獨立思考的 知識分子不會在權勢的誘使下變節。
4/13	・人與人之間感情的結合容易,但也容易破裂;理智的結合較 難,唯一旦結合很難分離。

1965〜1972年

1965年

1/9　‧以金錢和權力操作正義和公道者，是天下罪人。

5/2　‧思想即「創造的智慧」。

5/6　‧美國傑弗遜總統說：「寧可活在有報紙而無法律的國家，不願活在有法律而無報紙的國家。」

5/8　‧原則的堅持，生命的珍惜。

5/10　‧思想如馬達，知識如原料。

5/13　‧以自己的良心控制並監督自己的行為。

5/19　‧追求公理、真理、正義的苦心。

5/22　‧經常堅持讓人三分。

5/23　‧應有重證據和決斷力的修為。

5/25　‧教師的責任：一、啟發思想；二、傳播知識；三、培養完美人格。

6/7　‧以嚴責己，以寬待人，自己吃虧，讓人家占便宜。

6/15　‧我寧做牽牛的人，不願做被牽著的牛。

6/21　‧創業的成果做為服務人類社會的資金。

6/23　‧政治家應重視底層人民的生活問題。

6/24　‧我對自然與無為而治的政治哲學有很高的評價。

6/27　‧永做正派角色與邪派鬥。

6/29　‧堅持有骨氣，絕不出賣自己的靈魂。

7/19　‧堅持知識的誠實，反對知識詐欺。

7/21　‧金錢足以使人腐化，學問足以使人淨化。

8/21　‧吳健雄博士是最有道德修為的科學家。

8/24　‧一分事實說一分話，負一分責任。

9/11　‧只要你對人類有相當熱情，你的成功總可預知。

11/2　‧反對我者可也，反對真理者不可也。

11/11　‧不懂人類尊嚴的人，無資格談自由與民主。

　　　‧不懂民主與自由的人，無資格談論政事和從政。

12/8 ．一個人不但對金錢、對人要誠實，對知識和學問更應誠實。

12/12 ．只要戲演合我看，寧為觀眾，不為主角。

12/16 ．以感情決斷一切的人，是最偏見的。

12/18 ．判決人的人，有時是犯人。

1968年

3/28 ．對不如意的事，只要不太認真，你就不會有痛苦的感覺。

4/12 ．做工（勞動）是活人的享受。

4/20 ．當一個人需要你時也許會對你忠誠，否則世上很少見到忠誠的人。

8/13 ．為了求真理，不計任何錯失。

1969年

3/23 ．只要身心健康，其他都是多餘的。

3/31 ．任何享受都比不上健康的身體。

4/5 ．人格是金錢和權力無法買到的。

4/6 ．說出來的話，除非你認錯，否則應負完全責任。

4/7 ．我們什麼都比不上人家，只有嘴比人家硬。

4/9 ．一個領導者應有超人智慧、能力、責任感和敏銳的洞察力。

4/14 ．貪汙是亡國的徵兆。

4/16 ．能認清是非善惡者便是好人。

4/17 ．我一生最榮耀的是具「自然公道的天性」。

4/23 ．勿與無原則的人為友。

5/8 ．知恥的人，定是好人。

5/30 ．切勿沉醉於錢財和權力中而無法自拔。

6/10 ．人的可貴處在於智慧、能力、品格，而非金錢或權力。

7/7 ．當他需要你時，他對你自會有好感。

7/8 ．要先有充分理由和證據，然後始可說話。

1971^年

12/25 ・有錢的人或有地位的人，應藉其金錢或地位做有益於人類社會
　　　的事，始則令人尊敬。

1972^年

4/24 ・如果說我有威嚴那是發自於正義的力量，並非基於權勢或財
　　　勢。

・今日如有不如意，明天也許會給你帶來如意，當你心情不好
　時，只好期待時間會幫你解決。

・恩情可不報，但不可不知。

4/29 ・你有無做傷天害理的事？如有，趕快後悔重新做有公德的人，
　　　以彌補以前的罪惡，勿再硬拗下去，以免將來死無葬身之地又
　　　拖累了子孫。

4/30 ・不說無理的話。

5/15 ・我不能做錢的奴隸。

5/25 ・當周圍有不良分子圍繞著你時，就等於你身上弄上垃圾骯髒，
　　　因此必須將周圍的不良分子如同汙物垃圾，迅即洗滌乾淨。

6/13 ・別人的事比自身的事還重要

7/13 ・未形成有系統思想的人，他的思想必是東一塊西一塊、零零碎
　　　碎，如此怎能為人處理事情呢？

9/17 ・不與無是非、無善惡之分的人談話，以免浪費口舌。

・要有意識的活，不可不知不覺的活。

9/- ・擴展人生的領域，發掘人生的深度。

1976年

-/-　・不管政治的人，是天下最自私自利的人。

-/-　・人生如長途旅行，當你旅行得疲憊不堪時，你就想結束旅程了，也即結束生命回到原來位置。

11/19　・人與人之間相處，如能讓些或犧牲些，自可相處得很好，亦即相互尊重之意。

11/20　・人與人之間如捲入利害就無價值。

11/24　・事事讓人家減麻煩，培養全精神創新機。

1981年

1/19	·有錢時須防無錢時之苦。
1/29	·台灣的機關團體，有形式的團隊而無團隊的精神。
2/6	·農村也受功利主義的汙染。
2/16	·一、超黨派立場參與政治；二、改革者應掌握金錢和權力，改革始能成功。
2/17	·親情的消失使我生命的光輝盡失。
3/10	·幼時怕鬼不怕人，現在怕人不怕鬼。
3/13	·政府對國家利益和人民權益，不應對民代讓步。
3/21	·政治、政治，世上多少人假汝之名圖利。
4/1	·一個胃不好的人，縱有山珍海味也無濟於事。
4/10	·台灣的民主政治並無民主實質意義可言。
4/11	·胡適在說人道主義與世界大同時強調──

一、用科學的成就解除人類的痛苦，增進人生的幸福。

二、用社會化的經濟制度來提高生活程度（水準）。

三、用民主的政治制度來解放人類的思想，發展人類的才能，形成自由的獨立人格。

4/12　·影響胡適政治思想的代表人物──

一、康乃爾大學的校長休曼，是位大同主義者。

二、威爾遜總統（T. W. Wilson）是一位鼓吹人道主義、和平主義和世界主義的總統，主張民族自決。

三、威爾遜說：「愛國不在得眾人之歡心，真正愛國者在認清是非，但向『是』的一面做去，不顧人言，雖犧牲一身而不悔。」

四、挪威名劇家易卜生（Henrik J. Ibsen），是個人主義為出發點，推廣到世界主義。

五、實驗主義大師杜威（John Dewey）。

六、納司密斯（George W. Nas Smith）和安吉爾（Norman Angell）的和平主義。

5/7　·正義、公理不值一杯酒。

1/12 ·人在禍中不知禍。

2/2 ·我的心胸是三百六十度。

2/11 ·我無時間與那些壞人活在一起。

2/13 ·感情才可促進人類和平，功利足以破壞人類和平。

2/18 ·現在的人喝牛奶長大，喝多了成牛。

2/20 ·為什麼大家不說道德良心？因為大家都沒道德良心，所以不敢
　　　說。

3/19 ·連公道話都不說，還會給社會國家做些什麼？
　　　·因果報應是靠天理昭彰，因社會和政府均無法保護善良。

4/5 ·螞蟻相遇都互相打招呼，何況是人呢？

4/7 ·無感情就無人性，一個法官如果有愛的感情，他就不會有錢判
　　　生，無錢判死。

4/12 ·我所煩惱的問題：一、時間越來越少；二、活同樣太久無意
　　　義。

4/13 ·不做特定公關，要做一百二十萬縣民公關。

4/21 ·一生的生命竟在腐敗政治下浪費掉。

4/25 ·應維護百分之百的人性，勿活久了成油條，人性減為百分之五
　　　十。
　　　·無做就無資格說話。

5/2 ·一個人對事無法做公正、正義的判定和處理，證明這個人是劣
　　　貨。

5/7 ·有人性我才尊重你，並非尊重你的權力和財富。

5/21 ·對自己目前的事都無法「做」了，還奢談什麼理想、大問題。

5/26 ·看一個人的好壞，可從他的談吐中看出邪氣、奸氣，也可看出
　　　正氣、義氣。

6/8 ·我會尊敬人家，但我不會巴結人家。

7/22 ·自然即真實，違背自然就不真實。

7/24 ·建立單純化而有氣質的生活環境。
　　　·王永慶在哥倫比亞大學演講成功的祕訣：一、生活單純化；

二、公益心重。

7/26 ・應酬大都是五四三、不倫不類，說人閒話，喝酒聲、酒話、髒話、談女人爲多。

7/31 ・奧斯丁（Austin）的功利主義，黑格爾（Hegel）的理想主義。

8/22 ・吃飯可遲到，辦公不可遲到，因爲吃飯不要那麼認眞。
・四不主義：不能做的不要想、不要知、不要説、不要寫。

8/24 ・領導人應具敏銳的腦筋，始足當大任。

8/25 ・李副總統「吃喝中搞政治」。

9/7 ・公務員敢得罪才算盡職，得罪越多越盡職。

9/14 ・答帶教（要求各單位主管在答詢民代時語氣）。

9/17 ・浮面的人大都爲壞人。
・農民是好人，農民除選舉拿錢不好外，其餘都好。

9/26 ・違背倫理道德──自然的壞人；違背法律──人爲的壞人。

10/2 ・做給天看，做給好人看，不做給壞人看，壞人也看不到。

10/24 ・誰躺在枕頭上爲國家人類設想呢？大都均爲私利、私慾、升官發財而設想。

10/29 ・試管嬰兒快要問世了，它是免本錢的，問世後人性何在、本質何在？對人類社會將造成嚴重震撼，也將破壞倫理。

11/15 ・政治科技化──政治學家不應只研究已有的制度，應依各國政情、歷史文化、風俗習慣、國情、社會、背景、知識水準、經濟關係、制度模式，整廠輸出以適應當地需要，才是政治學者之責。

12/6 ・說好人壞話的人就是壞人，說壞人壞話的人就是好人。

12/13 ・國民黨説黨外是不法分子，我說黨内是不德分子。

12/15 ・人的氣質──
一、人性的本質
（一）孟子之四心，是非好壞。
（二）正義公道、良知。
（三）倫理道德：親情。

（四）善良。

二、維持人的鮮度（生命的鮮度）

（一）看書。

（二）積德、慈善公益。

三、善良風俗的維護，酬神、結婚、入厝、喪事不可演脫衣舞，傷害青少年心理。

‧民主政治非僅應付議員，而是照顧大多數民眾。首長如僅應付議員，實自私自利的作法。

‧後任省主席不該否定前任之政策。因主席非民選，而由官派，政策不應因人而改變。

‧無形建設無法立竿見影，但無形建設可從領導者的氣質表現出政治風氣、社會風氣和教育風氣。

12/16 ‧這不是民主政治，這是亂倫政治。黨外當選了不能撤換國民黨的公務員，必須用國民黨員而不能用黨外自己人，如此怎樣推展政治理想呢？況共事一段時間後，彼此還有感情，要繼續連任時，黨又提名、動員已有感情的屬下（黨員），又要無情地打擊你，這樣的制度基礎，根本就不是民主政治，也是無政治倫理的國家，還在騙人騙世界。

12/21 ‧眞正有運動精神的人，才有潔淨的心靈。

12/24 ‧我要做我才說，並非職業性或官僚性地只講給人聽，而自己不做又不會做。

12/25 ‧道德超乎任何黨派，不德任何黨派都沒有用。

‧雷根爲何囊括四十九州？民主黨認爲雷根確實好，全部改投共和黨之故也。

12/27 ‧開會不參加，只領車馬費及參加照相（有感於《地治法》修訂委員會），又要坐大位，這是國民黨政府的腐化現象之一，吃飯時又來了。

‧縣政績效——

一、參加五百七十九村里民大會，七十三年九月二十六日結

束，費二年十個月。

　二、全縣路面AC化。

　三、狹橋拓寬，並拓寬員集路及彰鹿路。

　四、消除髒亂第一、二。

　五、整治大埔排水。

　六、公文處理速度第一。

　七、體育場：全國最大、水準最高。

　八、區運：零缺點。

　九、愛母校樂捐超過兩億八千萬元。

　十、葡萄促銷：親自到台北、高雄賣葡萄。

十一、炮兵營遷建。

十二、準時上、下班。

十三、建立主管晨報制度：每星期一、三、五，八時晨報。

十四、上下班出入辦公室用跑，手從不插褲袋。

十五、縣長室燈火最晚熄。

十六、將移撥大埔截水二千六百萬省起來。

12/28・教育也受到嚴重挑戰。社會不尊重教育，而學校又無法明辨是非、善惡，變化氣質（社會），致大喝、大吃、大賭、大嫖之人領導社會，教育功能全被抵銷。

　　・消除兩面人。

12/29・戒嚴應從餐桌上戒嚴才對。

12/30・聽話的縣市長、乖乖牌的首長，不如任命機器人來擔任。

1985年

1/4	・人的氣質——我一面都無法做好了，焉有生命去做兩面人呢？兩面人是半忠奸，難道國家也要兩面嗎？政府也要兩面嗎？
1/11	・有意識才有感受（靈性），無意識就無感受。無感受的人生猶如植物人。
	・一清專案的責任：平時治安不好，才有一清專案。
1/15	・每日說黨八股、教條給人聽而做官，實在違背良心，我說不出來！
1/18	・要命的應酬。
	・論應酬大部分是國民黨部人員才大宴、大吃、大喝，老百姓怎有機會呢？
1/25	・人的氣質不好，怎能做到公正、公平、公開的選舉呢？
1/29	・聰明人不一定是好人。
	・為何會做官、說官話的人，才能存在於所謂民主國家的政府中？才怪！
	・自古今中外（如美國西部搶銀行或中國古代奸臣禍國），均無「事未成」，先殘殺自己人，大部分是事成因利益分配不均而殘殺自己內部的人。但台灣的黨外，面對國民黨大敵當前，先殘殺自己人，焉有打垮國民黨之機會呢？許多黨外忠良均在壯志未酬身先卒的情形下先行消失，因此我覺得，黨外不是各懷鬼胎，便是國民黨間諜多。
2/4	・報載蔣總統勉勵高級將領本光明正大道德勇氣，反對仇恨、反對陰謀、反對暴力；本謀取民眾福祉熱忱，反對壟斷、反對特權、反對投機。
	・為何國民黨要壟斷政權呢？應反對政治壟斷才對。
2/12	・心惡的人無法欣賞美麗的花，縱然去花展場也是枉然的。
2/14	・議員並無大小牌之分，只有好議員和壞議員之分而已。
	・選賢與能也應選善與良。
2/15	・政治惡人：一、歌仔戲中的奸臣；二、浮面的人；三、經常在餐廳出現的人；四、選舉買票的最壞；五、會做官不會做事的

人。

2/17 ・是壞人是奸臣，就是做多大的官也是奸臣，也是壞人。

2/23 ・中國國民黨永遠與壞人在一起。

2/28 ・十信倒一百三十億，受害民眾達數十萬人，蔡辰洲由關中一手
提名，其罪應由關中承擔之。

3/3 ・看到青天白日旗感受光復時的滿懷希望，如今的感受是絕望。

3/12 ・搶五萬、十萬就判死刑，如今十信搶百億，卻沒有槍斃過一
人。提名蔡辰洲的人，照天理應槍殺百次也不爲過。

3/13 ・雷根競選連任時說：「我這四年是否勝過過去數十年？」
・遊行示威是暴動的前奏。而遊行示威和暴動是挑釁執政者，使
其惱羞成怒，令其派武裝前來衝突，才可得到武裝的槍械，因
而一舉革命成功。伊朗巴勒維政權即是一例，最後派兵鎮壓，
才促使其加速滅亡也。

3/16 ・國民黨連神都要聽他們的話，眞厲害。

3/19 ・國民黨員可無良心，但黨總要有良心。

4/3 ・倫理貴在親情。

4/13 ・一、不掛匾，只掛字畫、獎狀；二、書櫃代酒櫃；三、不送花
圈改送盆栽。

4/15 ・「事實意識」形成的加強和價值觀的重建。
・在公的場合至少必須說良心話。
・輿論的審判比司法審判更厲害。
・國民黨現在請許多染布工在革命實踐研究院研究漂染技術，來
彰化染布，將白的染成黑，不足爲奇！

4/17 ・搓圓仔湯的人怎可進入縣府。

4/21 ・我不歡迎只會說話不做事的PRO（專家）。
・有選舉的國家不一定是民主國家。
・能人不一定是好人，古代宰相奸臣，壞人一大堆。

4/22 ・大家說黨外無靠山，我想黨外靠山最多，縣民都是我的靠山。
・黨外未得政權就自相殘殺，悲哉！古今中外大都是達成目的後

才自相殘殺，如美國西部片中搶銀行，搶到後分不平才自相殘殺。

4/29 ・民眾服務社是整天吃飽飽的，專門做些有的沒有的事。

5/10 ・我曾做過最艱難的活（如黨外選縣長、做縣長）。

5/12 ・人的生命往往受物質生活所消耗，因此應警惕之！

5/27 ・交朋友要交好人，不一定要能人。

・企業做不好就無能力辦公事。

・親眼看到的才算數，不要只聽人家說，要看到真實為準，否則會被騙，甚至誤人誤己。

5/29 ・積德──借錢做善事的回報比利息更多，甚至百倍。

・縣政工作三點觀念──

一、積德心情：非爭權力。

平淡愉快。

量多質好。

無公害的營養分。

二、水平心情：競選不用拜託，只用「請多指教」。

選前、選時、選後心情平衡，當選後姿態降低。

童子軍伙伴說我和未當縣長時完全一樣。

三、默行心情：不做，沒資格說話。

最忌做官說官話、神話。

強調力行、做、實踐，要求各單位主管不必宣傳成果，將宣傳的時間加碼去做。

・要維護縣民尊嚴，政治目的在維護人的尊嚴，舉二例──

一、美國總統任命國務卿送交給國會的理由：某某人有維護人類尊嚴的智慧和能力。

二、胡適逝世，美國國務院聲明：胡適為本世紀偉人之一，他在維護人類尊嚴和個人自由方面領導全世界。

5/31 ・議會就像那些教堂或廟寺的野和尚，藉著其所謂「神聖」來掩飾其罪惡的勾當而已。

・全世界最髒的地方是台灣的議會，要吃賭，也要抄賭。

6/1　・勿懶惰活，要認眞活。

　　　・學習螞蟻分工團結的精神。

　　　・在運動中培養合作團結精神，以爲社會上做事的基礎。

6/4　・演講中應強調——

　　　　一、強調選好人和有人格的人。

　　　　二、看有價值的新聞雜誌：看主持人或記者之好壞，不要不分
　　　　　　好壞亂看，反而會中毒。

　　　・台灣政治之癌在民代。

6/5　・是「找事做」而不是「等事做」。

6/10　・私心重，個人的情緒多；公益重，個人的情緒少、公的情緒
　　　　多。

　　　・今後公職人員選舉對候選人要求先決條件，參選者必須到城隍
　　　　廟發誓「當選絕不包工程，不利用特權謀求利益，否則應受天
　　　　譴，天誅地滅並禍延子孫」。發誓的人才可選他爲公職人員。

6/15　・多檢討自己而勿檢討別人。

6/18　・「眞正做事的最大，不做的最小，不管他的官位多大」。

6/19　・介紹做慈善機會應抽佣金，比介紹房地產佣金還要多。

6/23　・人氣的汙染比空氣汙染更厲害。

6/27　・功利思想破壞法制形成特權，執政者唯利是圖，非爲財錢便爲
　　　　升官，缺道德基礎，當今之世唯有實踐道德和因果報應才可衝
　　　　破功利毒素。

　　　・道德與因果報應的強調最重要。

　　　・明明是白的他偏偏說是黑的、灰色的；明明是黑的，他偏偏說
　　　　是白的。如此顛倒是非之人，應受因果報應。

7/3　・欲將台灣政治辦好，務必強棒出擊，應妥用有智慧、思想、魄
　　　　力、操守好、公益心重的好人才。

7/6　・道義可互惠，功利可互殺，算來算去，道義對人類還是較好。

　　　・好人好事、模範母親之類已流於形式，無眞實可言。好人雖受

表揚，自身並無信心，而社會也不尊重，已失去意義。用特權爭來模範母親，可算模範嗎？

7/9 ・自私性的忠厚與公益性的忠厚：專門起用自私性忠厚的人，這個國家無希望，以自私爲基礎的忠厚，絕無犧牲的精神。

7/10 ・不可離開人性太遠。

7/11 ・公職人員應有公權性存在，現在公職人員大部僅具私權性而已。

7/17 ・先是非，後黨派。

7/23 ・大家談到魚總說很好吃，但殊不知魚中有很多刺呢！

8/8 ・要找一個有良心的人，比海底尋針還難。

・隨便批評人的未來，完全不尊重人的尊嚴。有人說我未來會加入國民黨，我也可說他未來會被車撞死。如此無聊，顯非識者所應具有。

8/16 ・看稿式的講話是無靈性的，可請作家來寫更美麗。

8/24 ・被國民黨逼上梁山，不得已走極端。但一個心平氣和的人，他怎會走極端呢？

8/26 ・當家不鬧事。做一位縣長，每日打火都來不及了，怎有時間去點火呢！

9/6 ・真正黨外難道要公開標榜嗎？只要反對國民黨不必真正爲民服務才足當之嗎？如此黨外才有出路嗎？還是應好好爲民服務，被選民肯定黨外比國民黨好，然後讓國民黨自動投降，而由有理想的黨外掌政。

9/7 ・以倫理道德爲中心的社會結構，因功利主義，使原社會結構變更，豈非在瓦解倫理道德嗎？新加坡爲何重新建立儒家思想的社會？

・真正爲人民服務做事的被說不是黨外，那些不做事天天罵人的才是黨外。黨外的悲哀！

9/11 ・說話的精確度和可信度因人而異，不可一概而論。

9/12 ・做個縣長，眼中只有我的縣民，任何黨派均置之度外。

- 縣長角色只為縣民利益，並非在搞黨派，否則縣政無法做好，對不起縣民。
- 郭雨新之前也受國民黨禮讓二十年，難道他就是祕密黨員嗎？黃順興也然。
- 村里民大會是歹命的縣長才參加，其他的人都喝酒去了。

9/13
- 人民管民代，人民監督民代，否則民主政治無法落實，形成民代獨裁。

9/18
- 早出晚歸賺歹命錢來做黨外資源，還被黨外攻擊。

9/20
- 破壞真正為縣民做事的，不分黨內外，均為縣民的公敵。

10/13
- 參加喜宴或拜拜，當縣長敬酒時，老一輩均站起來，年輕一輩都不站起來，可見現在教育失敗。

10/15
- 老師在地方上的地位淪落，發覺老師被邊緣化。

10/17
- 不管黨內或黨外，黃石城畢竟屬於彰化縣民的黃石城。

10/23
- 利用十天政見就可騙一百二十萬縣民嗎？可見手段之高明。
- 人的基本性格最重要，氣質良窳為一切做人做事的基本關鍵。讀書留學只不過是外表的粉飾而已，本質或氣質不好，縱然讀了多少書，學士、博士均為表面的粉飾，對社會人類並不一定有好處，只對他自己有好處。

1986年

2/14　• 由於科技發達，原子時代、核子時代、電腦資訊時代的來臨，
　　　因果報應也隨著時代進步而加速，唯有如此才能趕上時代。

2/26　• 活鬼纏身──國民黨均以服務站或黨工去纏她所要說服之人，
　　　可說是活鬼纏身。

　　　• 如這樣下去，看來我們這一代勉強可過有人性生活，下一代可
　　　能與其他動物一樣了。

　　　• 國民黨怕黨外組黨，主要是怕本省人與外省對立，對外省人不
　　　利才不准組黨。

　　　• 台灣既是戒嚴，為何天天有搶案？難道這是國民黨的戒嚴學
　　　嗎？

　　　• 戒嚴並未對國家有利，只是在保護國民黨特權階級的違法腐化
　　　而已，何必付出這麼大的代價來保護他們呢？

　　　• 美國政府雖關心台灣，但對台灣實際問題並無了解。

　　　• 台灣正當的自由少，但亂七八糟的自由倒是全世界第一。

　　　• 有意義的累積才有豐富的人生，在人生旅程上，勿失注意而浪
　　　費大部分人生，結果變成空白的人生。

3/26　• 如果政治辦好，許多國家的人民都會爭相做你的國民，何必怕
　　　中共呢？美國有數十國國民，紛紛競相做美國人。

　　　• 公文兩天半辦完，人民要求之事也應兩天半完成。

4/24　• 權力足以使人腐化，拿到權力（包括權位和財力）的人，好似
　　　喝春藥般的瘋狂。

　　　• 政府的腐化就像滿清時代被列強瓜分。行政首長如滿清無能，
　　　出賣公權力或割讓公權力給特權而得到偷安，最後成為腐敗無
　　　能的政府。

　　　• 學校校慶刊物，勿將品德不良、無水準的政治人物題字列入。

　　　• 必要之人始給他上台，吃天吃地的不可讓他上台說話。

　　　• 議會是合議制，議員除在會內可質詢外，不能單獨行使職權。

　　　• 由於互相分贓相互支援，往往遷就於某一人而不用表決。所謂
　　　「表決會傷和氣」，但不表決算什麼民主？

- 鹿港與福興可合併為市。
- 議會通過多少，縣府就做多少。刪是刪到縣民，無法報復到公務員。
- 台灣有民主無法治。
- 國家外匯多而平時無調節，就如人營養過剩，無運動，容易生糖尿病、中風、心臟病。
- 因政治因素而坐牢的是最有代價的，有百倍利益收入。
- 處理政治問題，最好不可使人坐牢。
- 公害——地球有限資源在工業發展中造成公害，因此要回收汙染才能避免公害。如無法回收，就造成相對的公害，對人類生存構成莫大威脅。（取之於自然，用之於自然）

6/8
- 台灣同鄉會到處捐錢，台灣同鄉聯誼會到處要錢。

6/13
- 把一個人訓練培養成為最有用的籌碼。

6/27
- 美國歷史只二百年，為世界上任何國家之小老弟的老弟，不能與他國相比。因此，以其地理優越條件及天然資源豐富，以科技及物質豐富的生活，來誘惑其他有歷史文化（悠久）的國家，破壞有悠久歷史文化的國家，挖其歷史文化的根，使大家受制於無歷史文化的美國。二次大戰後，歷史文化悠久的國家均長期陷於動亂之中，因自身的歷史文化根基已被挖掉，當然會動盪不安。然而這些棄自己歷史文化的政府，一心醉心於美國的物質享受，其結果也無法達成，因地理條件不同，美國有極豐富的天然資源和潛力。
- 連動物園的動物也裝冷暖氣，穿美麗的衣服，卻仍是衣冠禽獸。

7/31
- 無人性為基礎的現代化，猶如現代化的強盜一樣，對人類的生存將構成嚴重的威脅。
- 哈佛大學的校訓是「Veritas」。拉丁文，意指真實道德。
- 菲利浦說：「做一件好事就增加一個敵人。」我說這是無道德的社會，台灣現在也然。

8/1 ・假設一件事百分之九十九都很好，百分之一不理想。目前社會以百分之一不理想部分否定百分之九十九的績效，甚至還打擊你百分之九十九成就之不是，真是可怕。

・人類的文化特色應保存各民族不一樣文化，並應依其特色存在並發展，勿統一化、科技化、物質化。

・台灣的社會，顯然是集大陸國共戰亂中罪惡之大成。

8/7 ・政權落入仇恨者之手，將是人類一大不幸。

・人民只可把政權交給有人性、有良心、有道德、有公義的人，缺此條件者應拒之。

・國民黨數十年來的專制統治為何不能得到真正民心？主要是用人失敗。壞人把持下的政治，人民對其不服，因此黨外如要執政，勿步國民黨的覆轍。不是反國民黨的人就可取得政權，而是有智慧、有能力、有人格、有公義、善心之人，始可擔任執政者的角色，否則與國民黨何異，甚至更差呢！

・國會全面改選固然重要，但更重要的還是政治人物的品質。如省議會自行調高薪水，月入十萬以上，連黨外議員都不吭一聲。如這些全面改選的省議員成為國會議員，可能會將自己薪水調高為一百萬，比不改選更糟。

・生活品質——客觀，
人的品質——主觀，
目前應強調的是人的品質，非生活品質。

8/26 ・一、無意識的歡樂是幸福嗎？
二、不怕煩的人，才有所得。

8/31 ・縣民百分之九十支持我，是民主政治的大勝利。國民黨不提名是最明智的，但黨外對國民黨不提名，竟怪罪於我與國民黨有妥協和其他謠言。如此惡劣無民主素養，更不重人權的人，還有什麼資格擔任黨外呢？更可證明有些黨外的幼稚無知，亦無民主常識。

9/1 ・我們的生活品質已提高到婚喪喜慶都要色情表演，提高到「大

「家樂」還有髒亂，如此我想是生活品質降低，並非提高。

9/2 ・氣質——共通性的氣質是人性、倫理道德。

・個別性氣質——政治人物要有政治氣質、教育人員應有教育氣質、慈善人物應有愛心氣質。

9/3 ・做國民黨員的人，做久了自然就會喪失氣質和骨氣，而成為升官做官發財，享受榮華富貴而已。

9/15 ・人生短促應妥為安排，緊湊、豐富、多采多姿。

9/26 ・把社會風氣變壞推卸為社會結構改變，為最不負責的鬼話。

・人性怎可改呢？人性就是人性，人性不因事業成就或地位提高而改變。

9/28 ・現實社會只會教人賺錢做官，不會教人如何做人做事。

・孔子生日，從電視看中央地方均隆重舉行紀念，均說要效法孔子精神，其實誰去做呢？還不是用孔子做人做事的道理來騙百姓。自己不做，不可管別人。

・各位可看到到處的標語寫得非常好看，說得非常好聽，但這是騙人的道具而已，看到已麻木，聽到已不仁，但又有何用？不去做，什麼都無用。

10/23 ・蔣經國先生雖說「社會在變」，但我說「人性不變」。

・溝通應有是非，有是非才有理性，無理性的溝通，無效。

10/30 ・真黨外——真正做事；假黨外——光說不做。

11/1 ・因果報應——善有善報、惡有惡報。

・過去說做壞事會報應子孫，因過去需要用算盤計算或心算，壞事做多，結算困難，須結算數代才清楚，因此才報應給子孫，害死子孫。

・現在用電腦計算，一按鈕，做多少壞事馬上清楚，因此報應很快，亦即現世報。

・儒家思想就是人性「仁」字、忠恕之道。

・補洞與挖洞——捉到犯人，馬上被特權一通電話放出去。

・法律是功利的產物，道德是自然的人性。

・道德——

一、「做」：得。

二、不占便宜（不吃人）、不欺人、不害人、不冤枉人、不騙人、不製造是非、不謗人。

三、應有正義、公道、良知。

四、忠恕、仁愛精神。

五、應有是非善惡之分。

11/3 ・在關中處說人權問題——

一、人權意義、利害性無人了解。

二、人權與公權是對立的。人權強，公權弱；公權強，人權弱。

三、開發國家、開發中國家和落後國家的人權無法一致。

四、富人每日六小時工作權，窮人要十小時工作權，怎能有同一人權呢？

五、美國到處說人權，是要削弱每一國家政府的力量，如此美國永遠領導全世界。

11/6 ・開發中國家的政治制度和社會模式，有異於開發國家、未開發國家，其制度自不相同。

11/11 ・無道德就無國家，無道德就無人類。

・蔣廷黻說：「避謗不能成為有血氣的人。」

11/14 ・因果報應——

一、上代做後代報。

二、電腦化時代馬上報，三到五年報。

三、有虧心事，應速做善事儲存下去，否則會退票。

11/20 ・無是非、無公義，台灣將成世界最大動物園。

11/26 ・地位、事業、學識與道德不平衡時，這些地位、事業和學識對人類社會將是有害的，因此一切應以人性道德為本。

11/27 ・德庫——金庫。

・總統被捆走了，國民黨提名人連叫一聲都沒有，如此黨員還給

他輔選什麼，難怪國民黨腐敗在黨員。

12/6 ・政爭結果，人性消失，民主政治對東方社會並無正面效應。

12/9 ・民主的基礎是相對的，如以絕對的觀念衡量民主社會的種種措施，將會造成天下大亂，絕對的觀念是專制獨裁的產物。例如以百分之一缺失否定百分之九十九的成就。

・無堅強的法治和眞實的輿論，將成爲暴民政治，絕無民主政治可言。

・不自然就會產生汙染，DDT會汙染環境，醫學對人體也會汙染（副作用），中醫自然療法較不發生汙染（副作用）。

12/11 ・我們祖先數千年來建立的基業（人倫道德、人性），到這一代就被活完了。眞是罪惡！（對今世社會惡風之感）

12/15 ・李宗仁在回憶錄（唐德剛篇）中説：「國民黨如果只是專制都不會垮台，而國民黨致命的原因則爲專制而又無能。」

12/21 ・菜味無失去菜性，雞味無失去雞性，人情味無失去人性。

1987年

1/4　・台灣政界人物很少先爲國家、整體和爲公著想，大都只想私利私心，如此國家只有滅亡一路而已。

　　　・認法不認人的辦事原則。

1/19　・縣政一切應公開化、透明化、陽光化。

2/1　・鋸木材時必須加水才能繼續鋸下去，處理突破性問題碰到困難時，也應設法如鋸木加水般。

2/4　・台灣政治發展——

　　　一、對台灣人實質有益。

　　　二、國民黨不得再有保護政策。

　　　三、應憑實力而爲全民肯定，否則均無法爲民接受。

　　　四、國民黨過去的包袱應拿出來給全民分擔，勿再自行背負。

　　　五、根腐爛的樹，大風一吹就倒，如無風將維持不久。

　　　六、人性問題

　　　　　（一）倫理道德無。

　　　　　（二）無是非。

　　　　　（三）無公義。

　　　七、法治問題

　　　　　（一）買票、賣票每次數百萬件，司法無法杜絕。

　　　　　（二）貪汙無法杜絕。

　　　　　（三）暴力犯罪猖獗，束手無策。

　　　　　（四）司法風氣、法官素質、司法公信力動搖。

　　　八、政治問題

　　　　　（一）政黨如幫派，政黨惡鬥、政黨分贓。

　　　　　（二）無代表性的老代表（立委、國代）不全面改選。

　　　　　（三）解除戒嚴開放黨禁、報禁。

　　　九、民進黨應趁國民黨掉入谷底時，以勝過國民黨的品質，爭取人民認同而代替國民黨執政。

　　　十、民進黨不應學國民黨的方式，從事社會政治活動。

　　　十一、自決：美國如敢公開支持將有助自決，否則必難實現。

中共將會出面阻止。中共寸土必爭，與蘇俄、越南、印度邊界均發生糾紛，可見中共不易放棄。

十二、暫時不談自決，順其自然，可解決目前政治衝突，也可促使民進黨壯大，發生制衡作用，俟政治環境改變，聽由事實的安排。

十三、族群問題：人道主義觀念解決台灣住民問題，族群間勿互相排除，以免發生衝突。

十四、國民黨素質低，加上過去不良記錄，如有品質高的反對黨向其挑戰，必可壓過國民黨，故國民黨不能如日本自民黨一黨獨大。

十五、人格權受侵害甚嚴重，人身攻擊、誹謗、製造是非，乏人權保障。

十六、國安法、人民團體組織法、選罷法，國民黨應先探求民意（包括輿論、反對派）提出構想和意見，然後綜合整理出來，這種法規才能為大眾接受，否則任何法，因基礎弱，人民無法接受，最後還是走上街頭運動。

十七、賄選、誹謗均非法，誰去取締呢？因此養成大家不守法的習慣。

十八、人權只是用來攻擊執政者的藉口，攻擊的人自己都不瞭解人權的意義，也不尊重人權。

十九、大陸代表用遴選，仿韓國制，按得票比例之高低由政黨遴選。

二十、政治發展應符合國情和實際（實質）

二十一、百分之九十的議員為國民黨籍，百分之九十的公務員為國民黨員，黨外縣市長的工作很不簡單。

2/11 ・權力取得如由氣質好的人取得，對國家和人民才有利，猶如錢被正當的人賺了，對國家社會才有利。如被質惡的人取得，猶如被搶劫一樣對人民均有害。

・農業社會不受汙染，生活純樸，社會富有，感情無公害。工業

39

社會不僅道德消失，無是非善惡之分。我想農業社會最單純。

2/17 ・政治人物應多談對策，非只批判。

2/21 ・自力救濟是無政府狀態的產物，美國西部片中可看出自力救濟。

・權利與義務能平衡，就是道德。

2/25 ・台灣內部之戰，比對付中國更吃力。

3/3 ・徐強教授：「二○○○年，世界天然資源只剩百分之三。」

3/13 ・我只想做事，不想浪費錢（縣政只求多做事，未曾想浪費錢）。

4/7 ・人性、官性、錢性。

・銀行利息只有百分之三點五，積德（錢存入慈善工作）利息可得數百倍呀！

5/3 ・台灣的民主政治經常不動用表決權，無表決的民主並非民主政治也。只要一人利益無滿足就杯葛，不表決，要遷就這一人，悲哉！

5/5 ・只顧賺錢忘了是人！因此社會不講道德、是非、正義。

5/10 ・政府施政應公開化、透明化、陽光化，將政事坦白地公開讓國民了解，將不輸於民主制度，新加坡總理李光耀的做法如此，此制度可說是直接民主制。

5/29 ・現在社會是非不分，造成社會無數冤枉，也使民主制度功能大打折扣，因此應有「是非學」。

・台灣會栽在那些無是非的意見人物之手，意見人物是抹殺「是非」的劊子手。

6/4 ・自力救濟和街頭運動應針對議會，議會是萬惡之所。

・議會本質已非代表真正民意，是藉口民意而達私利的大鬧劇，實無存在必要。

6/15 ・「打不還手，罵不還口」是獨裁之言也，足見台灣還在實施獨裁專制。倘是法治國家，情治人員執行職務應依法而為，怎可不依法而打不還手、罵不還口呢？況打不還手也不人道，也會

被認為是陷阱。又，警察人員非私人所有，怎可以私人指示叫他們出去不要還手還口，如同叫小孩子出去被人打罵。

7/9　・文化中心不僅宣揚文化生活，還要主動打擊邪惡、變化氣質。

　　　・人類的進步應維護人性尊嚴，並非物化或功利化。

7/15　・日本首相均非留學者，須日本大學畢業不受外國洗腦，才能符合國情、歷史文化。

7/18　・無倫理怎會有愛心呢？

7/24　・年輕人還有時間可亂，我們已無時間，這個社會迄無重心，令人擔憂。

　　　・大家均說權利，無人說盡義務。權利與義務不平衡時就不道德。

　　　・官性重，人性失；錢性重，人性也失。

8/1　・美國靠美金貶值而生存，國民黨的黨政軍人員正在急速貶值其實力而求生存，政府靠公權力貶值而生存。

　　　・教書的人只會講不會做，這是他們的職業，因此教書的人對實務勿發表太多意見。

　　　・道德力比核子力還強。

8/11　・無底洞的政治改革，越改洞越大，越革洞越深，台灣人將葬於此時。

　　　・全民對政府均要求權利，不盡義務，如此政府必垮。

　　　・我們要有人性的民主自由

8/13　・國民只求權利而不盡義務，國恆亡也。

　　　・政府的政策未經負責的評估，遽而形式的決策，不但無法解決問題，反而製造問題，使問題更加惡化，台灣正是如此。

　　　・非人性的民主自由

8/15　・國民黨已無騙本了。（強騙與軟騙）

8/21　・朱熹曾說天理只是仁義禮智之總名，仁義禮智是天理之件數。

8/22　・民進黨部分人士反對中巧取利益。

8/28　・亂罵一場難獲認同，失去罵的意義。

8/29 ・爲何當政者對台灣目前嚴重問題粉飾太平，不緊張、不關心、不擔憂？因恐影響其地位，又不承認錯誤，蠻幹下去就免負責。

9/9 ・吃虧的資源勿隨便花掉，留到最後功能更大。

9/10 ・無「道根」的人，非人也，勿與之較量，視如草木禽獸也。

9/11 ・有道德，有形、無形均能「＋」；無道德，雖有形方面能占便宜，也即「＋」，但無形中的「－」更驚人，因大家太現實，不知道德力量之大。

・雙腳踏雙船——兩條不及三馬力之破漁船，不危險嗎？

・道德絕對站在權位和財勢之上。權位和財勢面對道德都要低頭。

・道德是人類一切的刹車器。科技發展，功利社會如無道德刹車，會將人類衝至很深的山谷裡。

9/14 ・記者不應有主人，如要有主人，記者的主人是正義、公理、良知和道德責任。

9/18 ・當社會已失去價值時，只好追求自己的人生價值。

・人性價值與社會價值均不存在時，所謂民主自由何用？很多人爲了喊民主和自由，而將人性價值和社會價值毀滅。

9/21 ・孝順——羊知跪乳，烏鴉反哺。

・古人説：「百善孝爲先」、「求忠臣於孝子之門」。

9/22 ・寧爲往昔貧農之子的有人性生活，而不爲無人性社會的縣長。

9/29 ・孟子説：「人之異於禽獸者幾希」——

一、人類免被列爲動物園中觀賞的一種。

二、人類能超越萬物、控制萬物、利用萬物，成爲萬物的主宰者。

三、人類能不忘本，數典不忘祖。

四、人因不忘本，才有三綱（天地人）五常。

五、以五常規範社會秩序，得能綿延於千百年迄今。

六、雖朝代政體變了，五常精神歷久彌新。

七、何以科技發展，五常就要消失嗎？

八、換了國民黨及中共，五常才消失，悲哉！

10/4 ・理想中縣市長應具條件——

一、要有豐富的有系統思想

二、平時不重錢財，而有慷慨犧牲、熱愛人類、服務人群的天性。

三、要有超越的智慧，高度的責任感。

四、處事必須有對事不對人的堅強公正性格。

五、必須年輕有魄力，而超然於地方派系。

（抄錄一九七二年十月十八日《台灣日報》）

・人類如缺「善根」，不但虛度此生，且對人類社會只是百害而無一利，與其他禽獸何異！

10/6 ・民主必須以法治為基礎，非溝通也。

・自力救濟——

一、警察未依《警察法》第二條規定處理。

二、警察未制止，眼看著警察人員挨打後才依搜證處理，顯見警察居於消極地位。

10/15 ・學者、教授所說的，完全不切實際，反而被誤導。學者的話只可把它當如中堂、紙匾，掛在壁上顯示關係不錯而已，完全無實質意義可言。

10/16 ・公務員一人做錯事，官官相護不認錯，釀成自力救濟，結果整個政府擔起責任，實不應該。

10/17 ・大官顯要吃飯，全是喝XO酒，並說笑談而已，像我不喝酒又不會說笑料，實無法做官。

10/18 ・做官須與壞人相處，做久了自會成為壞人，因此須早日脫離。

・國民黨四十年的罪惡資源，已被民進黨毫無意義地用光了。

10/24 ・大家樂待大家輸光了自然消失，樓房待燒光了自然火就熄掉，此種想法太可怕了。

・倫理道德生活化。

10/26・我從未社會化，而是過著自然化地生活。

・要替問題講話，不要只問問題，而不講答案。（解決問題）

11/10・老兵請願有感──

老兵以清老帳的自力救濟手段，到行政院要求每月五千元生活費，此舉動猶如集體搶劫。政府面對集體搶劫，不但無法可辦，反而要低頭，如此政府何用！

11/13・把四維八德當作人性的標準，始能建設道德縣。

・不能以所謂社會結構改變，或轉型期社會，或多元化社會為藉口，來否定人性的價值。

・我寧要文化遺產，即倫理道德，不要七百零五億美金外匯。

11/17・以事實加邏輯（logic）為基礎，可接受任何挑戰。

11/18・民主是自然淘汰，自生自滅之意嗎？

11/20・決策者對未發生的問題應有洞察力、判斷力，如有惡化問題，應有事先化解於無形的能力。猶如颱風在形成時就要預防。

・應以歷史文化來統治國家，美國倘有兩千年歷史，也會以其歷史文化來統治其國家。

・社會惡化，理髮廳的髒、大家樂的賭、MTV的毒，誰去注意誰去管？台灣人墮落腐化，對祖先對子孫均無法交代。

・歷史文化是將祖先一滴汗一滴血累積的人性和社會制度，遺留給子孫，過較有意義和幸福的生活。放棄歷史文化而談現實，哪個政權都不會維持久。中共和現在的國民黨均在違背歷史文化而統治，這些政權如無調整將會滅亡。

11/26・報禁不負責任的開放，三張都無內涵了，還開放為六張，加速為害和惡化。

12/3・由中正大學之地點就可看出國民黨的無能，用招標方式決定大學地點不應該，又製造各縣市糾紛。

12/8・犯罪的人出獄，居然有百輛迎接，又一大堆花圈並放鞭炮和煙火，這個社會還有救嗎？悲哉！

12/10・只會講時髦名詞，不了解意義及內涵，也不會做。什麼多元

化，一元化都亂七八糟了，多元化更亂。

12/19 ・罵與騙是民進黨與國民黨的看家本領和鎮殿法寶，國家民眾之悲！

12/20 ・不可有政治化的朋友，也不可成為政治化朋友。

・國民黨憑什麼與民進黨溝通？為何不依法治而為，如此將成為國民黨與民進黨的包辦制和專制。

・公權力崩潰，不管大小自力救濟，政府無力保護人的尊嚴和權益，人民可不必對此無能而有害的政府繳納稅捐，發動拒繳稅捐。

・自力救濟分子不是真正受害民眾，而是被僱來的政治打手，名實不符。

12/22 ・學者政客化，台灣的學者成為學客。

12/29 ・窮不野蠻，今富反而野蠻。

・解決問題應徹底，勿留火種，否則會重燃，讓問題再發生。

12/31 ・有道德的人才能：一、站得高高地講話；二、聲音大聲；三、抬頭挺胸。

1988年

1/1 ・道德是數千年來的準則，非一朝一代的準則，最超然、最客觀、最公正。

1/2 ・台灣人大家都要做頭，從高速公路開車子就可看出。開慢車的人不排在一線路上，一見鄰線無車，馬上開到鄰線又不開快，與原來前面的車同速度並行，致所有線路均被前頭的慢車占去，較高速車無法通過，永跟在後面。國峰説得好，如此就是做十線道高速公路也無用，由此可看出台灣人要做頭的心態。

一、台灣人喜做頭，山頭主義，不會有團隊。

二、品質劣：死豬占砧。

1/7 ・待公權力景氣好轉時，才來擔任公職。

1/8 ・過去做官的罪責，才造成今日公權力和公信力的喪失。因之過去當官的或公職人員，應負今日社會混亂之責，讓我們來償債，實不應該。

1/9 ・有些學者只會説上半段，從不説下半段的後果及責任。

1/19 ・依法辦事應辦很多事，並非靜態的依法而已。

・物質與精神不可相提並論，精神是靈魂，無精神就無靈魂如死人，死人就成爲物質，精神是活人必須條件。

1/20 ・説良心話，做實在事。

3/4 ・記者專門在採訪傳聞，不在採訪眞實。

・記者用無靈性的筆，只用賺錢的筆，造成輿論暴力。

3/20 ・李煥説我一直無變，我説人不因地位事業而變，更無腐化也無油條化，生理、心理自然不變。

3/27 ・國家三害——議會之害、學者之害、輿論之害。

・價值觀念應建立在「人性至上」。人是一切價值之本，無人性的任何價值均與垃圾無異。

4/2 ・有的活一吋深，有的活幾萬里深。（人生的深度）

4/7 ・嬰孩不吃人奶，而大部分吃牛奶，結果成爲牛呆呆。

4/11 ・史賓格勒在《西方沒落》一書中説到，金錢、暴力和性的空前膜拜，是心靈的墮落，也是西方沒落的徵兆。

· 金錢（功利）、暴力（西部）和性膜拜，是美國文化的精華。

4/13 · 輿論為國家三大害之一大害。我不明白人民無是非，用錢買不實的報導，也即買新聞來騙自己，天下竟有此種愚國民！況如此，日子一久，腦內所裝的均為假的、髒的東西，難怪這個社會一切都是假的又是髒的。人腦既受輿論影響，變成廢物堆積場、垃圾場，國民怎會有氣質？因此國家如有前途，應先清除垃圾場的毒素、假物，也即消除新聞的汙染和毒素的侵蝕。不買報不看報，用眼睛當眼睛，用耳朵當耳朵，一切親眼看到才相信，親耳聽到才可相信，不可看二手貨的雜誌和報紙。

4/15 · 過去有管制（報禁）新聞是假的，現在無管制也是假的，看現在的報紙為害多大！

4/16 · 民眾會信無知、無能、無恥、無賴記者的話，而不信有責任、有經驗、做實事、依法辦事公務員的話，台灣已成何等世界！

4/26 · 議會、學者、輿論，已形成惡勢力。

5/13 · 吃虧等於投資，受冤枉也等於投資，被害也等於投資。

5/22 · 不能以特定人權或極少數人權破壞多數人權，否則將成更無人權。

· 為何可縱容少數違法人權，而不保障多數合法人權？學者或政治人物的人權觀念不知指什麼？

5/28 · 民選問題太多，背負選舉人情債，尚有連任的壓力，常以公權力換取人情選票，自然造成許多施政上的困擾和不公不義事，政治難清明。

5/31 · 台灣富有的錢來做壞事，可說做壞事的資源相當豐富。

· 我對台灣享受低劣榮華甚為反對，包括金錢、權勢之惡用。

6/2 · 假人性比無人性壞。

6/3 · 明明患著不可救藥的病，為何執政者會說謊，說病很快就會好？因政治人物騙一時對他自己都有利。明明支票要退票或倒閉，他也會說再幾天就會好轉的，如此人家才會相信，錢才會再借給他，他自可繼續利用他人的資源繼續統治他人。不想解

決問題也不負責任，用嘴巴就可統治他人。

6/5 ・彭教授來電轉告李總統——

一、記者會盡量不要說話多。

二、李為好人，應支持有良心之人。

三、康乃爾大學演講，名譽博士學位明年來。

四、朱高正在舊金山攻擊李先生。

五、知道李先生的苦衷，無班底一時難做好。

6/8 ・新聞界大賺錢，以侵害人格權起家，靠誹謗他人、人身攻擊為其賺錢資源。台灣這幾十年來輿論界大賺錢，完全以惡勢力謀取其利益。現在它們以同一手段，提高層次以破壞國家而賺大錢，真是名利雙收，其實是罪大惡極，天下有血性者應共誅之。

6/9 ・有人性的人才知道尊嚴，沒有人性的人就不知道尊嚴的價值，因此人性尊嚴只限於有人性的人才可談。

・我已決定以道德的無限力量，淨化人類的思維和精神，從事政治社會運動。

6/10 ・過去國民黨壞，現在民進黨並不比國民黨好，這個國家有希望嗎？

6/15 ・天然資源豐富地理環境極佳，惜人性並不充分的美國，自有其優點加缺點的平衡存在，唯世上許多國家本身歷史上有很充分的人性背景，竟學習缺乏人性的美國，確是一種自絕的行為，這些國家領導者和知識分子頭殼壞掉。

6/16 ・我目瞪瞪地看人性直直去了（如江河日下），如何挽回，只有人類的自覺。

6/18 ・美國文化是以利為中心，東方以義為中心。

6/19 ・許多人口口聲聲說擔任大學教授，其實看他的言行舉止是否足夠資格，值得質疑。

6/21 ・三亂與三害——記者亂寫、民代亂罵、學者亂講。

6/28 ・有道德的才是人，無道德的就不是人。

・淚與人性，有淚才有人性，俗言「無血無眼淚」，指最兇惡的畜生，因此有血性和淚性的人才有人性。

6/29 ・爲何媒體偏好寫壞的，爲何不做平衡報導，因爲它是壞人。

7/1 ・民主是阿公、阿爸、阿孫都一樣大嗎？我想應有倫理，政治也許可用民主，其他不能以民主爲藉口來破壞倫理道德。

・主政以來，從未要求業務單位做不合法、不合理的工作，或拜託各單位做一定行爲之工作，如警察局幾任局長從未要求或拜託他們做一定之行爲。

7/4 ・《新新聞》只不過把新聞資料加以模組化而已，名符其實的「新新聞」。

7/9 ・人類價值觀念的徹底建立，才能解決人類問題，包括政治社會人生。

7/11 ・中共爲有形的共產，台灣爲無形的共產。（無是非即共產也）

7/16 ・國民黨無當選中委者，群起反抗抵制，難道每人都要當選，才不會反抗抵制嗎？如此民主意識可怕！可能是藉此討價還價而已。

7/17 ・很多知識分子以爲「不滿」才是他高人之處，造成社會不安。但很少人了解眞實，並作有是非和良知的判斷。

7/20 ・縣議會的決議，不得與省及中央法令或規定抵觸，而議員又不懂法令，因此隨便主張建議，地方政府因礙於法令，無法一一答應，容易造成誤會。

7/21 ・現代有些人說遵守倫理道德是保守，我說畜生最不保守。

8/7 ・司法問題不只是貪汙，而是法官無維護正義的決心和責任感。

8/11 ・司法的敗壞是法官本身的問題，即無倫理道德正義感，無是非善惡之分，無責任感，而非只貪汙。

・說的太多罵的也多，寫的也不少，唯會做，能做有幾人？政府不垮才怪！

・以貪汙及政治干預批評司法壞，實爲膚淺。其實司法問題在於部分法官素質低、品德惡劣也。

．提供給李總統——

一、強調人性、人格、倫理、道德。

二、不可與蔣經國時代的環境和心態相比，應以自己所認識的環境和人的品質及社會動態去評估，以能存在的動態自行決定安全與目標。

三、李先生是蔣經國指定的繼承人，應特別強調這一點，背棄李先生就是背棄蔣先生。（對黨員說）

四、與國外學者說話應慎重，有些人會出賣李先生。

五、台灣人政客與外省野心家正在結合，企圖在七十九年總統選舉時給李先生難堪。

六、《新新聞》刻意打擊李先生。

七、美國應全力支持李先生。

八、企業界應全力支持李先生。

九、軍方應全力支持李先生。

十、對不忠的黨政幹應斬草除根。

十一、領導核心應速建立。

十二、十全大會後，可看出忠奸好人與惡人之分。

十三、王永慶與李煥不錯。

十四、反體制成英雄，守體制成惡人，要注意。

8/13　．那些學者或黨派因未把國家整體問題當成一回事，對國家前途也無了解和構想，因此才把國事當成簡單幼稚的想法。他們只為自己個人的利益而談，因之所談均不負責，也無意義和價值可言，只在騙騙社會而已。

8/17　．一、法國房子都老舊，大家以住舊屋為榮，台灣老房子均破壞，是為無文化觀念。

二、訪問AGEN市，在藝術廳有過去主政人的畫像，市長解釋在此開會可效法先賢。在台灣先賢不多，縱有先賢，不被清算就不錯了，還談什麼先賢。

8/29　．遵體制守傳統成罪惡，反體制去傳統成英雄。

9/3　・無倫理觀念、無道德的人，不知守法、不會守法，無法治就無民主政治可言。

　　・國民黨、民進黨員均爲國民黨四十年來不正常的統治和腐敗教育之下的產物，因此品質均相同，只是利害不同而已。

9/6　・議會不如一場喪事。蔡議員父喪，參加議員過半數以上，議會開會很少達半數。議會不如一場告別式，眞是諷刺！

9/7　・無公權力的民主只有腐敗、無能、混亂，成暴民政治。

　　・享受是我的，垃圾是你的，如此觀念，國家還有什麼指望？

9/10　・有利害才有良好表現，無利害就無好的表現，此種人私心最重，是爲自己利益而表現，並非爲人類社會而表現，社會上幾乎這種人占多數。

9/12　（下午三至四點）見李總統，日記已詳載。

　　・總統指示——

　　一、經濟發展爲首要

　　（一）美國：資本移轉方式平衡貿易逆差，向美購買高科技或購買美國銀行。

　　（二）調整對日貿易：日本內需強，產品打入日本市場。組織三百商號到日本考察，或在東京和大阪設展售場（大規模）。與OECD（Organization for Economic Co-operation and Development）建立關係，與韓、香港、新加坡、馬來西亞、泰國、日本六國加強經貿組織。

　　（三）發展東南亞國家貿易關係，貸款菲律賓、印尼開發經濟。

　　（四）歐洲共同市場的關係，歐將成立單一市場，應設法打入市場。

　　（五）非洲經濟貿易關係（祕密進行）

　　二、政治

　　（一）民主化：速通過人民團體法，使政黨合法化，行政院組織法修正。

（二）中央民代退職辦法速通過，如老代表抵制，不惜取消
　　臨時條款。

（三）公權力：由二千八百名保安警察，增加至八千名（現
　　在），明年將達一萬五千名。

（四）研究三權分立代替五權憲法，以美國式制度或內閣
　　制，總統成虛位。

三、大陸問題：勿走太快，勿走在前面，走一步算一步。

四、李煥、林洋港、蔣緯國為首之政客製造亂局。司馬文武是
　　林洋港的人，《新新聞》屬李煥。

五、王昭明、李謨、王建寧不滿內閣人員調整，製造是非，王
　　作榮也批評李先生。

六、AIT現任新聞處長羅大偉支持林洋港。

七、關心長榮專用碼頭及航空公司成立，要我向邱主席爭取。

八、宋時選未提名事，非他之意。

九、中央委員提名，李煥透過其子李慶華到處打電話，說李先
　　生無提名那一位，製造反感。李先生有意將李慶華派往
　　Atlanta。李煥配票自己配最多。

十、俞國華名列三十五名太過分，才再起用俞為閣揆，俞內閣
　　人員由李先生安排。

9/14 ・記者不應有主人，如要有，記者的主人是正義、公理、良知和
　　道德責任。

9/15 ・好人怕不要臉的人，不要臉的人怕不要命的人。

9/18 ・農會因黨派鬥爭水火不容，焉能為農民服務。派系壁壘分明，
　　這派怎會服務對方派？因此農民不把農會當為自己的農會，農
　　民甚至把農會當成敵對派大本營。因此在野派支持有心人組成
　　的農權會，寄託農權會來打擊敵對派的農會。農業政策如不了
　　解這些，要解決農業將是緣木求魚，永無解決之日。

・一、農戶所得的百分之七十非農業收入。
　二、富而有禮的社會。

三、農業家庭可享充分倫理溫暖生活，又可與大自然在一起。

9/20 ・說話的人心肝要善良，否則是騙人的，無資格說話。

9/21 ・無倫理道德的人是不講道理的，不講道理的人怎會守法？不守法就無法治可言，無法治就不能談民主，因此無倫理道德就無民主可言。

9/23 ・不正常社會——補習：惡性補習，買土地：炒地皮，買股票：炒股票。

・唯有倫理道德社會存在，才有我活的價值。倫道喪失的社會，我對人生乏味了。

10/2 ・有責任的自由才有意義。

10/13 ・有文化氣質的人才會活久（長壽）。

10/14 ・人性的消失可能人類中了功利之毒。

・賭博過去是恥辱也是犯法，警察會抓。現在股票投機賭輸了，公然找政府算帳，這是真正的進步嗎？

・股票投機人並非投資人，唯有投資人才不會走街頭運動。

・人性——人味重；錢性——錢味重；官性——官味重。

・道德不是口號，道德是人性。

10/20 ・輿論不只誤導民意，還製造民意！更能製造是非，還能判人罪！

・一個決策者應有能力在兩難中作最精準的選擇。

10/21 ・亂的社會與其說為民眾意識高漲，不如說人的品質降低。

・不可懶惰活。

・我對人類甚失望，無人性、無靈性，悲哀！

10/27 ・經濟成長與公共建設不平衡，是私人富裕。政府窮又無建設，原因是不少逃稅和漏稅。

10/28 ・固執和爭執均出於私心和私利，無國家意識和公的觀念，不然應以主張國家利益最多者為第一，憑什麼固執意見？固執意氣用事，足見民代或官員均不認識政治應以國家利益最多者為第一，非私意之堅持。

10/31 ·《聯邦德國基本法》第一條規定人的尊嚴，第二條規定人有自由發展人格的權利，唯不得侵害他人權利，且不得違反憲法秩序和道德規範。將人的尊嚴、公權力及道德列於憲法之上，與我六年來縣政建設目標完全符合。

11/2 ·新加坡已將儒家思想列為國家意識形態（國家思想），又將儒家思想的價值觀念，作為青年教育的規範。

11/8 ·旱田怎可播稻？水田怎可種花生？

11/10 ·修身、齊家、治國、平天下。現在政治人物連修身都沒有了，還想治國平天下，難怪國不治，天下亂。

·民主的真諦與其說是溝通與妥協，不如說是法治。國事怎可交給少數幾個人妥協呢？應依法令為之。

11/11 ·在王永慶家，我說李登輝異於其他國民黨政要，因李先生非吃國民黨奶水、口液長大，也未染國民黨陋規和惡習，因此他的作法自與國民黨傳統有別。

11/16 ·無倫理道德的結果，導致人性的崩潰，造成嚴重人類危機和社會問題。

·社會不安均以社會結構改變、轉形期社會、多元化社會，價值觀念改變，過渡時期為由，來為不法者開拓做壞事的空間。好讓不法、不良者為非作歹的藉口，以證實道高一尺魔高一丈的歪理。

11/17 ·法官審問殺人犯都那麼客氣了，為何那些民意代表在質詢行政首長時，簡直不把他當人地兇罵一頓。民主之意義何在？

11/19 ·不害他人就是道德。

·官員答覆，不得以研究考慮或盡量而為。因官員應依法令「應與不應」而已，不能以盡量考慮或研究，因政府非屬私人的。

·基本人性比基本人權還重要，無人性還談什麼人權，無人性無人權可言。

11/20 ·為何國民黨無法領導？因黨的首腦無法以智慧、道德和是非來領導黨員，僅在喝酒中和利害間來騙黨員，難怪黨員也以現實

和功利來應付，無真心為黨為國著想。因利害和現實是永扯不清的東西。

II/22 ．現在社會「暗的」和「明的」完全不一致。明的是一套，暗的又一套。面對這些，七年來可說在暗地裡與魔鬼周旋、較勁。

II/25 ．百分之五十一對百分之四十九民主多數決，應採百分之五十一。唯在無是非環境下，百分之四十九會對百分之五十一鬥爭，如此民主，將使社會永無安寧之日。百分之四十九永鬥爭百分之五十一，這種制度非符合人性的體制也。

II/29 ．民主體制：各項法令、組織、社會結構，均應朝民主精神制定，權責分明。既是民主，官員均由人民選舉產生，人民自應負主張決定之結果責任。

專制體制：各項法令組織、社會結構，均應朝著專制精神，專制者應負一切結果責任。

半民主半專制：台灣現在正處於此狀態。權責無法分清，組織體制、法令社會結構，仍在模糊不明的半民主半專制的責任不明的狀態下。因此一切措施在半民主半專制的模糊抵銷下，不只責任不明、績效不彰，甚至愈形惡化下去。

．《新新聞》雜誌社論評論全斗煥下台之事，說民主時代統治者做得好是應該的，做不好就是罪惡。我想民主時代是相對性的，既然民主政治是多數決政治，非絕對的專制百分百的權力政治，好與不好如何分際呢？為多數的利益和福祉，縱有點不好或罪惡，有何不妥？天下任何事，既非無條件的天上掉下來，在人為的措施上是相對的「不勞能獲」嗎？要獲必有勞，勞的結果，包括主觀和客觀都有所損，不能說不損主觀或客觀就能獲，然損客觀或主觀，就說是不好就是罪惡，因此既是民主社會應在相對性的得失下去評估平衡的結論。不能吹毛求疵，不能百分之一否定百分之九十九，否則公職誰去當呢？誰也無法做到百分之百的絕對性，除非是專制統治。《新新聞》的想法如仍屬於民主的理念，要求絕對的結果，天下間不會有

此事的。

- 輿論才是罪惡之源，自己不客觀、不超然、不公正，藉其發言、寫作自由權，行其偏頗和輿論暴力。輿論獨裁比獨裁統治者更兇。只有輿論說的是對，別人做得要死，不值無良知的輿論一個字、二個字。人類要有是非應消除無公義的輿論，否則永無正義公道可言。

12/5
- 民主！民主！政府非垮就不民主，政府倒下才是民主！大家才不會喊不負責的民主。說民主較簡單，問題是連講民主的人，本身待人處事都不民主，只是自己不知道而已。如果有一天政權被他們取得，他們還會民主嗎？如果以他們今日「政府非垮即非民主的觀念」，他們的目的何在？難道搞無政府狀態才是民主，如此對誰有利呢？相信對萬物之靈的人類均不利，因此今日高唱民主的人，完全不說對國家利益和人民利益，在無政府狀態下的民主，黑社會、惡勢力最有利，因此這些高唱民主之人完全在替黑社會、惡勢力維護，實屬不該。

- 輿論界還說言論不夠自由，如此低品質言論，到處刊不實言論，毀謗侵害人格權、公署權，製造是非，還認不夠自由，難道言論自由權是他們少數輿論暴力又賺錢的搖錢樹嗎？是他們賺錢的籌碼？國家之大害如不及早剷除，國乃滅亡。

- 為何大家只談民主、人權，為何不談道德人性？如大家只爭權，不負人性的道德義務，則「權」在哪裡？政府解體，無政府時，「權」在哪裡？談民主自由權的人，不曉解人性尊嚴，隨便引民主人權的高論，對人類並不利。

12/6
- 民意測驗有效嗎？社會既無是非又無人性，這種作秀的「民意」測驗，怎能真實？只是一場無是非的騙人之秀而已。

12/10
- 天天爭人權，究竟誰無人權？真正無人權者為無人性的人，無人性自無人的尊嚴可言。無人的尊嚴，還談什麼人權？因之天天說人權，究竟誰無人權？只有無人性的人才無人權。然那些天天藉人權自大、打開知名度的人，只是為無人性的動物爭人

權而已。

- 無是非的人談人權無異在摧毀人權、踐踏人權，使人權的意義蒙羞。

12/13 ・什麼是人權？什麼是民主？許多人聽到人權、民主，就不分青紅皂白地大喊特喊。無公義的民主人權會危害人性和人的氣質。

- 不知體會人性的感受和責任的人，就無法分清封建社會的好壞，更無法了解開放社會對人性的相對傷害。

12/14 ・這個社會搶都要搶了，罵你算不了什麼。

12/18 ・國策中心應有特有性格、目標、方向、理想，應針對台灣國情實際問題而為，勿為目前社會存在的團體所同化。

- 人權與強權：強權毀滅人權最嚴重，然強權竟到處主張人權。美國是強權國家，如恃其強權攻擊利比亞，造成婦孺死傷，又在波斯灣擊落民航機，也造成數百人死亡，如此還有資格談人權嗎？美國之所以一方面用強權壓制弱國，另一方面強調人權，以腐化他國，造成他國政治社會的動亂，而坐收漁利，強權加以美化就成為人權。

12/26 ・民進黨目的在推翻國民黨，中共也然，並非民主運動。民進黨與中共均否定中華民國及青天白日滿地紅國旗，如此怎能說是民主運動？是革命路線，國民黨還不自覺。

- 國民黨自蔣家亡後，李先生為文人執政者，在野人士不應以對蔣家的模式對抗一個文人政府，應提出國民黨更高層次的主張與政治家出來與國民黨相較，非用流氓步或政治搶劫方式，否則反對力量會被唾棄。

1989年

1/11 ・學者政界大都是豎仔，不談基本問題，豎仔是豎不完。

1/14 ・吃少放少，節省時間又可健康。

・晚上（七點至八點三十五分），與李總統在台中中舍聚餐，日
記亦有記載——

一、告王永慶事已解決。

二、對學者說話要小心，只聽，盡量少說，否則他們會引用你
的話提高知名度和權威性。總統不可被人拿來製造是非。

三、色情海報危害甚大，總統說在中壢時也看過，太暴露，應
徹底根除。

四、他要我向王永慶說，六輕應速建廠，有問題他將負全部責
任，台灣已甚缺塑膠原料。

五、他說李煥野心太大，用俞國華是過渡時期。

六、軍方和情治均支持李先生，我倆同感需要。

七、林洋港曾向中國時報余範英說，他的基層多麼好。

八、李總統向我說，他對吳天惠案件很重視。蕭部長在餐會時
告訴他，該案林洋港最難堪。

九、長榮航空俞國華不准，他要求錢復逕批，錢復在李先生心
目中分量大。

十、他說將授郝院長及鄭國防部長為元，青天白日大勳章。

1/17 ・民主是善的民主，並非惡的民主，否則民主對人類的禍害將無
窮。台灣現在所喊的民主是無是非善惡的民主，是特權和惡勢
力的民主。

1/19 ・政府應增設如經建會的政治建設委員會（政建會），來解決假
民主的問題。

2/8 ・一、李先生是否能成為台灣民主之父？

二、許信良現已支持李先生，及美國絕大多數華人均支持。

三、許信良能否回來？

2/10 ・人害無法解決，焉能解決公害；人的汙染未解決，怎能解決環
境汙染。

2/11 ・爲何大家均在追求現代化而不求更人性化的人生？如現代化違背人性，還有值得追求嗎？

2/14 ・席上有好人，捨不得離開，才坐那麼久。倘席上有壞人，馬上就走了。

2/15 ・民主、自由、人權，會喊，卻不知其意義和內涵。縱然了解其意義及內涵，又有誰有素養去遵守呢？只要對自己有利就是民主自由人權，不利就無民主自由人權。

　　・一、選舉時拿了錢就是民主，也即對自己有利就是民主。
　　二、要大家和全人類均有人性，如果只有我有人性，別人無人性，那我就危險了。

　　・有那豐富的大吃大喝，自然有豪華設備好的大病院等著。

　　・我不能喝酒，因我要保持清醒，一方面還要學習讀書，另一方面主政頭腦要清楚，受酒精中毒和汙染的人，較會脫線，爲政者應切忌之。

2/16 ・以公權力使大家不自私，正義才有存在的空間。自私成性的人類，如無相當修爲，怎能讓民主存在？人人太自私，怎有空間讓民主存在呢？在無民主空間時，所謂民主是口號、騙人的，最後只有善良的人成爲民主的犧牲品，那些貪之無厭的惡勢力是勝利者而已。

　　・分贓政治、壟斷政治，不以選舉而以派系協調解決政治，完全非民主政治。議會不以表決、議決也以協調爲之，也非民主政治。

2/18 ・中午邱主席在省政資料館請全省地方士紳春酒時，我不喝酒。人家問我爲何不喝？我說還不是喝酒的時候，我因參與國事必須再進修學習，應保持腦筋清醒。腦筋不可受酒精中毒，待不學習不管國事時才大喝特喝。

3/6 ・報紙標題挑撥性很大，往往不符實際內容，故意製造問題，是罪惡也。

　　・當今之世，報社老闆比老鴇頭更惡劣，記者比拉皮條的更惡

質。

3/7　• 國家亂、社會亂、家庭也亂，誰愛家庭亂呢？不愛家庭亂，而喜社會亂、國家亂，是變態。

• 希望將來組織反特權基金會，對民代（朱高正屢傳不到案，法院也無可奈何）或特權階級圍剿、抗爭。

• 無價值觀念的社會，一切都會被否定的。無權的否定有權的，無修養的否定有修養的，無讀書的否定有讀書的，無產的否定有產的，無錢的否定有錢的，人民否定政府，「無的」否定「有的」。黑道否定白道，子女否定父母，女的否定男的，犯人否定法院。天下大亂，人類生存價值何在？

• 「做事」、「解決問題」、「負責」的意識形成最重要。（眼看許多位居要津的，滿足做官，不做事、不設法解決問題，不負責只能應付，使嘴皮的作為有感。）

• 台灣社會完全是清算鬥爭。過去大陸是窮的清算，台灣是富的清算。

3/14　• 政治人物為何有惡的靠山？有靠山，雖好的也會變壞。只要全精神巴結靠山就好，不必負責、不必有良心，這是台灣政治不會好的原因。

3/20　• 輿論、學者，天天高唱民主，其實只有他們有民主，大部分百姓並無民主，反而在民主的口號下受其害。黑社會與輿論學者，是藉人權而獲得特權的。

3/23　• 新加坡沒有一隻蚊子。如果您開會遲到了，您可以「家有蚊子」為由，人家都會原諒的。如果您家有蚊子，可去電衛生單位，馬上派幾位專人去捉蚊子，這個國家太可愛了。

3/30　• 知易行難，知難行易，最怕是不求知又知而不行，非不能行。

4/5　• 惡性競爭人人要，善的競爭無一人。

4/6　• 大家的毛病是對事情不願用心解決、處理，而寧願很用心地想出不做的理由來搪塞自己不做的原因。

• 台灣的政治無法辦好，其原因為參與政治的人無政治常識。政

治是什麼，大家不懂，只有一點臭錢，他就靠暴力和金錢起家，成為公職人員，在地方上作威作福而已，才弄成今日政治的腐化、社會的惡化、人性的墮落。

4/12・應先以強而有力的公權力強行清除社會垃圾，徹底提升人性教育，使社會有道德、有倫理、有是非的共識，然後才有民主的可能。否則無教養的人民會成為民主嗎？如此則不必教養了。

4/16・現在社會錢吃人，因此只有錢性而無人性。

4/19・在民主口號下，台灣已產生不計其數的民主皇帝。

・民主皇帝最大、最高，無人可管他們。他們認為吃天、吃地、吃政府、吃老百姓是應該的，他們可製造是非，惡意批判他人，都認為是天經地義。

4/23・大家都檢討別人，不檢討自己。

4/25・人生的意義和價值不外乎被「尊敬」。而權勢、金錢和學問，皆為被尊敬的目標，但真正被尊敬的是人格完整，也即有道德文章的人性，因此我們應追求有道德文章的完美人格，才是努力的目標和方向。

4/29・為何學生打老師，家長興師問罪於老師？這就是倫理道德教育的失敗，被打的老師活該。

5/1・風水與民主觀念——
古代皇帝將國家（江山）視為其財產，因此有風水問題，現在國家（江山）為全民所共有，但還有人一方喊民主，另一方認國家（江山）為其所私有。因此每逢上任，就請地理師將桌椅改頭換面，以符其八字的風水。

・過去的人是吃飯配菜，現在的人是吃菜配飯。

・我提倡道德是自己力行道德才能得道、才有力量，如自身不力行道德，縱高唱道德也無法得道，也永遠不會有力量的。

5/5・台灣的政客利用國家公權力的資源肥了自己，作為發展自己的本錢，並非以自己的智慧、能力奉獻予國家，維護公權力，如此倒因為果的政治結構，國家自難存在。

- 絕大多數官員或公職人員均以個人爲中心，藉公權力或公的地位作爲其達成自私自利和發展其利害的空間，這種觀念比貪汙更屬害，公權力的喪失其因在此。

5/7
- 父母對兒女，只能培養其身心健康及學業完成，不必留很多財產給他們，讓他們有人生的空間。父母勿把兒女的一生全部活掉，包辦兒女人生是不該的。應讓兒女有創業和表現的空間和內容，才能使兒女活得有意義和價值。

5/10
- 清算、鬥爭、公審已在台灣登陸。勞工清算資本家，民意代表或有心人公審他人，以他們的意志配合輿論，強入人罪，破壞司法尊嚴，而司法現又失公信力，在台灣生存已無保障。

5/12
- 地窄人稠能實行民主嗎？台灣問題，新加坡也一樣，不能與地寬人稀的美國相比。因此，台灣實施民主有待評估和檢討，否則徒有民主之名難有民主的功能。
- 「擔當」會變成「圖利」，誰給你保障？有擔當而無保障，誰敢擔當？因此有擔當的公務員是危險的。

5/16
- 說有責任的話才說，說不負責任的話，大家都會講。

5/17
- 勿爲突出自己而犧牲公的（團體）或他人，至少也應七分公三分私（突出自己），如此公的才能存在。

5/23
- 大陸學運學生在電視記者訪問中，說是爭民主自由。民主自由講簡單，但連自己都無民主的雅量和修養，如此誰能給他民主。

5/26
- 無道德就無民主。

5/29
- 議員質詢中，政府如有十分缺失，議員只說二分，我會說你說的缺失只有二分，還有八分缺失我補述給你聽。議員一知半解，我替他補述全部。官員應坦誠面對，不必掩飾。

5/31
- 看到政客的惡劣，國民黨、民進黨均一樣。可憐的納稅百姓，繳稅給兩黨的人吵鬧支配分贓，表面爲民主政治，實際一點責任都沒有。社會惡化、人性消失、倫理道德已亡，如此環境如何住下去，與畜生、禽獸無異。看來將成爲有家無國的人，或

許也會成為無國又無家的人。

6/6　・繳那麼多的錢（稅款）給他們，竟辦得那麼壞，不如自己辦算了。

6/9　・言論獨裁而非言論自由，輿論獨裁比政治獨裁更可怕。

6/14　・政治分贓比獨裁專制更惡劣，當政黨提名時往往以分贓政治利益的討價還價下犧牲全民權益，達成少數人的利益，這種制度公平嗎？

6/17　・新聞媒體往往以大字標題寫不實的事情，用此來欺騙讀者，讀者有多少人國文程度那麼好，這種慣用，完全是騙人不負責之舉，這是新聞媒體賺不負責任金錢的手法而已。如寫「張三已死亡？」經考證張三尚未死亡，報紙會說有寫「？」無責任。但其實張三被登出後雖沒有死，亦剩半條命，至為可惡。

6/19　・省府專門出賣公權力而生存，廳處長為討好省議員大做人情，給省議員一切建設補助款，把公權力出賣給省議員，破壞體制，使地方政府無從整體規劃，做有系統之建設工作。如此政府，如此國家，絕不會有前途的。

6/20　・世上已有人類器官買賣，人類已被當為商品，人類尊嚴喪失。
　　　　・學生評分老師（東海大學），已無教師倫理。

6/22　・說實話雖不能贏得熱烈掌聲，卻可贏得尊敬。
　　　　・成熟社會——
　　　　一、相當充足的公共設施與乾淨的生活環境（大眾捷運系統、國家公園）。
　　　　二、相當完整的福利網（健康保險、退休金制度、殘障的照顧……）。
　　　　三、第一流的科技水準和研究設備（應用科學、基礎科學）。
　　　　四、第一流的文化水準和學校設備。
　　　　五、現代化的典章制度（過時的人事、會計、審計制度必須修正）。
　　　　六、嚴密與公正的社會紀律（消滅特權、貪汙、利益團體勢力

的擴大）。

七、履行國際義務（援助或貸款給落後或開發中國家）。

6/30 ・彭先生撤銷通緝理由，由北美協調會出證明，理由為——

一、未曾參加台獨。

二、雖有言論批評，但動機良好。

三、過去在美活動均對國家有利

7/4 ・所謂「學者之害」是指學者從事純粹學術研究，如學者欲參政或批評時政，應基於了解實際政治的真相，做有負責的批評，才不會誤導方向而有害政府。

・文化價值與經濟價值孰重。

7/22 ・無哲學基礎的政治只是玩弄政治權術而已，然真正受害者為忠厚勤勞的納稅人。

7/23 ・國民氣質高的地方，才能實施民主政治，否則是非不分、公私不明，反而造成亂局，對人民無好處。

8/4 ・做官的只安於現狀和升官，把副作用留給人民，難怪政治一日一日地惡化，此惡果留給後人承受。

8/5 ・民主會破壞真理，有民主就不可能談真理，真理非多數決所可決定的。

・國民黨不信任張子源，因此必須一手交貨一手交錢。一手給國營會副主委，一手宣布退出市長選舉。錢必須是現金，連支票張子源都不收，足見國民黨無人敢信任，連其忠貞市長都不信任了。

・台灣只有僵化的愛國教育，無真誠的愛國教育。

8/6 ・遴選比較知道見笑（廉恥）的人來擔任公職，才能真正為國為民做事。

一、用台灣話說很輕鬆流利、很爽，溫暖、有感情。

二、團結、不互相打擊、批判。

8/8 ・古代奸臣人人誅之，今之奸臣人人捧其為英雄，是非何在？可能是無是非的民主所使然的。

8/11　・政治雖無是非，但有因果。

8/21　・無道德是多元化社會的現象，不應以多元化為藉口，推卸不需倫理道德。

8/31　・治安首長：蕭部長也搞自力救濟之群眾運動。

　　　・公共設施人民負擔部分，民代為討好民眾和選票，不通過負擔部分。如停車費提高或台北市有車庫才准購車的法案均不通過，如此積重難返，非到崩盤不死心，到那時大家才會覺悟。

9/9　・吳伯雄在Singapore Pan Pacific Hotel與陳良光吃完肉骨茶後，陳說李總統最欣賞黃縣長，我說No。吳伯雄確實經常在各種場所說黃縣長的好話，並要吳盡量接近黃，與黃做朋友。總統對我如此好，越使我感到不好意思，因我未能幫總統分勞分憂，誠一大遺憾。

9/30　・自私野心的人排在眼前只有金錢和權力，無他人、無整體、無國家的存在，不管那一黨的人。

10/1　・《自立晚報》短評中說「民主公道重於倫理倫常」，實大錯誤。無倫理、無倫常的人還會公道嗎？無倫理的人即不說道理，不說道理的人能容忍民主嗎？

10/3　・國民黨已無過去的威風，因此處理事情應慎重果決，清楚無副作用也無後遺症的乾脆俐落手法，迅速處理。勿以過去以威權心態的拖泥帶水手法為之，否則問題不只無法解決，甚至將有擴大之勢，至不可收拾而成大災禍。

10/4　・惡化的社會經熨斗熨過已成死型，倘要淨化，必須重新洗滌後再重新經熨斗熨過，才會乾淨整齊。

10/5　・喜作秀的人絕不會做事。

10/7　・政府已喪失能力，每件問題發生，均推託，等至船到橋頭自然直的原理，做最下策解決。無一件問題用智慧、能力去解決。

　　　・我具為人類、為國家、為人性奉獻的條件，並有堅定基礎，只惜無機會施展。

10/10　・國民黨四十年的包袱到現在還是緊抱著，無人去打開處理。

67

10/13・政治上不同見解應被允許，唯重要的是，應提出有責任的見解，並非無責任的口水。

10/14・學法律的人如無公義感，較會吹毛求疵。

10/19・人生最公平的是時間。把最公平的時間，如何支配於最有價值、最有意義的生活內涵，才是吾人應思考、斟酌、慎加選擇的問題。

10/28・只要有一點臭錢和會罵人的本領就可參政了，不自量力又無恥。

11/4・勤儉即保守——有責任；奢侈即開放——無責任。

11/6・資訊發展的今日，內政比外交更重要，一國之主應內治後談外交。

11/7・我的目頭高，有道德、有倫理、有是非、有人性者，我最看得起、最尊敬。無人性的高官、財閥、學閥，我都看不起。

11/8・要政府民主，但人民自身不民主。可憐！

11/9・國民黨這個寶貝黨。

11/14・「會說不做」是功利社會的特性。
・解嚴後公權力喪失，公務員尊嚴盡失，因此服務精神均缺，今後更難做事。
・警察人員與民意代表勾結，可不聽縣長指揮。以民代來牽制縣長，縣長無可奈何，因民代不務正業，須拜託警察的事很多，彼此互相利用，造成治安惡化。

11/15・人性消失如同車子走下坡，一直衝下去。我提倡道德，如同剎車的功能，可使車子不要衝那麼快，雖然無法好，但願不要惡化那麼快，一下子衝到谷底。
・這個社會，只要有錢的人給沒有錢的人占便宜、施些小利，自可解決問題。做官的人讓沒官做的人占便宜，問題也可解決。

11/16・英國統治香港近百年，香港迄今保持中國文化傳統；國民黨統治台灣不到五十年，到處色情氾濫，善良風俗迭遭破壞，簡直成為動物園的社會。為何？

11/23 ・可騙到地位、官位，但也會騙了自己生命。

11/29 ・心不正，什麼學問都無效。（澄社把許曉丹評價高於趙少康）

11/30 ・民進黨均說司法無獨立，為何民進黨員喜打官司，要是無信任（用）為何要做大批生意呢？足見民進黨對司法獨立有相當信心。

12/4 ・報上，執政黨宋楚瑜說要檢討挫敗原因，其實台灣社會都會說檢討，然檢討後誰去改革，誰去改進，誰去做、去執行呢？無一人會去執行檢討後的工作，檢討只是騙騙人而已。

・愚國民啊！只要敢向公權力挑戰者，只要敢違法令者，均被奉為英雄，在選舉時選票滾滾而來，殊不知公權力不是國民黨的，而是屬於全體國民的，這樣誰敢向屬於國民的公權力挑戰，然國民竟仍支持他們，這是什麼邏輯，是什麼道理呢？很不公平。

12/5 ・國民黨不只有歷史包袱，黨工包袱更難解決。

12/6 ・自由民主，即政府人員可與惡勢力自由勾結，互相利用，來破壞公權力。

12/7 ・無人性，就不會重人性，為何學界不講人性呢？

12/22 ・這個社會會壞，主要是大家均不檢討自己，而要檢討別人，真是致命。

12/23 ・非人性社會的任何地位、官位和金錢我都不欣賞。

12/26 ・公私分明，連生病也然。縣長任內不可生病，卸職後立即生病。不敢開公保的錢，還是花自己錢醫病為妙，因生病也應有公私之分。

1990年

1/4	‧真的都無法爭了,爭那些假的有何用。
1/9	‧人間變獸間,對人生還有何貪戀呢?
1/11	‧基於維護人性的責任感而參與政治,應有維護人性的智慧、認知、能力,始有資格參政。
	‧尤清要設縣銀行,他以前主張三銀開放民營,如今他已改變立場了,反而主張設立公的銀行。縣銀一設立,成為各議員分贓的大餅。
	‧鴻源案之處理應維護投資人利益為第一,然後嚴辦之。切勿因嚴辦而損害到投資人利益,如此才是明智之舉。
1/12	‧台灣政治社會不好之原因——

一、政治人物無品德,無政治智慧、良知、能力和國家責任感。

二、民眾無是非善惡之分,好壞不明,好的與壞的同一評價,好人無法存在。

三、參政者無論黨內或黨外均藉民主政治之名,吃天、吃地、吃政府、吃人民,也即騙天、騙地、騙政府也騙人民。

四、這種條件的人民和官員、公職人員,政治自然無法辦好,社會也更惡化。

五、由於人性消失,倫理道德也消失,國民品質不良,很難有好的政府和好的社會。

2/2	‧國大大會中山樓總統主持餐會時,都可公然掀七桌,還遑論台灣治安問題。
2/19	‧華盛頓自己訂的標準:與善良人結交為友、親愛家人。
2/26	‧一個人成功了,首應庇蔭雙親、長輩、兄弟姊妹、族人、鄉里、社會、國家,否則任何成功都沒意義的。
2/27	‧強人已逝,朝野應無仇恨對立,任何假藉仇恨欲奪政權的人,因強人存在才有仇恨,現在強人已逝,不可再藉仇恨關係,使這個社會不斷有暴戾之氣。
4/18	‧一、特赦問題。

二、內閣年輕化。

三、就職典禮——

　為中華民族開創新的時代對大陸政策：

　　（一）放棄武力，我主張改為不敵對。

　　（二）中共不反對彈性外交。

　　　　　中共對上項問題有同意的回應時，多開放直接投資
　　　　　貿易。花蓮及台東港劃為直航大陸專港，必要時可
　　　　　貸款大陸。

四、我報告與楊尚崑會晤情形。

五、內閣改組情形：連戰為行政院長，許水德為省主席，高育
　　仁為內政部長，要我當政務委員。

六、先處理李煥，明年處理關中。不能讓林洋港當行政院長。

七、蔣仲苓與郝伯村不同系，可信任。蔣仲苓可接國防部長。
　　郝伯村曾來道歉，郝怕彭孟緝及高魁元，因郝在金門時曾
　　有率兵不當之舉，只是高魁元未向隊舉發而已。

八、我建議軍、政、黨、商界，均應有專人負責掌控。

九、鄭為元明年將升資政，蔣彥士為常任資政。

十、張榮發捐一千萬給李遠哲講座，要李遠哲當國策顧問，專
　　門管科技發展。

十一、彭明敏年需五十萬美金請企業界協助。

十二、請王永慶回來。

十三、陳履安也來道歉過。

十四、蔣夫人替郝伯村求情，留任其為參謀總長，後來紙條交
　　　給李先生（存檔）。

十五、林蔣（林洋港和蔣緯國）競選總統，起於李煥與王惕吾
　　　在唆使郝伯村。

・楊斯德的看法——

一、對李先生主張國家統一及禁止國土分裂很讚賞、很支持。

二、對李先生就職後的大陸政策很期待。

三、國家統一應有具體行動，不是枝枝節節之事。

．層次問題——

一、李先生：我可否代表他，否則如何談起。

二、國是會議：可慢慢來。

李先生說，中共誤會他，楊說並無誤會。

．王永慶——

一、李先生如有大陸支持他才會穩，否則會被牽制。

二、六輕在大陸設廠，盼一年半內直接核准。

5/9 ．一、聲明不敵對，及給台灣較多生存空間（包括彈性外交及國際社團），建議李先生於五月二十日就職演說時，強調對大陸投資、資金提供、技術支援、勞動力的合作。

二、楊斯德一再問：「真的會提起嗎？」我說：「將建議李先生，李先生如能接受，將比上次說的更進步。」

三、關於GATT（General Agreement on Tariffs and Trade），楊斯德要求——

（一）先讓中共加入，台灣隨後。

（二）名稱應另行研究。

四、北京對李先生用郝伯村組閣甚贊同。

五、盡量不用「三民主義，統一中國」，我說：「爲安撫保守派，非用不可」，他們了解。

5/10 ．我要求三點——

一、中共聲明不敵對。

二、台灣在國際上生存空間，中共理解，唯應盡量避免製造兩個中國。

三、GATT中共先加入，唯應同意台灣加入，名稱另研究。楊斯德表示，勿以台、澎、金、馬地區名義加入。經楊斯德、葉選寧向我轉告楊尚崑的話，他們兩度（香港、曼谷）與我見面，均受楊尚崑批准而來，足見層次很高，楊尚崑轉達四點——

一、楊尚崑對李先生在這段時間，不搞台獨，積極促進兩岸關係和國家統一，表示讚賞。

二、對台灣向大陸進行投資提供資金，加強技術配合和勞動力的合作，以擴大兩岸交流，表示歡迎。

三、台灣在國際上生存空間將進一步研究。

四、李先生就職後適當時機雙方應派高層次權威人士祕密接觸，作進一步協商。

其次要者——

一、中共仍盼台灣更安定，經濟繼續成長繁榮。

二、中共反應將視李先生演講後決定，演講中每句話有利於推動兩岸利益者，中共均會充分加以肯定。

三、「三民主義，統一中國」用詞不滿意（但可理解）。

四、來曼谷（八日），上午楊斯德及葉選寧均在楊尚崑家。足見曼谷之會的重要性。

五、李先生演講稿中，可否列入「消除敵對，增加共識」字樣。

六、在反應中，爲安撫反對派，如有出現較強硬語句，台灣方面應諒解。

七、李先生曾派吳經國到北京談過GATT事。我加以否認不能。

八、「民主女神號」廣播船慎重處理。

5/22 ．民進黨有些領導階層，在民主運動中罵國民黨及高層人士起家，而得有生存空間。待其突出後則私下與國民黨人打交情，這也是台灣政客目前發展的一條路。

5/27 ．政治人物應說有責任的話，說可行的話，說可以做到的話，台灣現在政治人物說話均不具上述三條件。不但不具上述條件，甚至相反地罵正在做事的人，指責做事的人，反對做事的人，加罪做事的人，扯做事的人的後腿，只要不啞巴，什麼都可以說，如此製造是非，唯恐天下不亂，加上輿論喜登亂罵人

的話，致顛倒是非，誤導國家方向，造成社會善惡不分的反淘汰，而成惡性循環的結果。

6/21 ・應具相當理由和各種事實，然後才可說話，不要說無事實的話，不要說不負責的話，不要說不可行的話，不可說自己做不到的話。

6/29 ・說話較簡單，因自己說就解決，做就不簡單，會說不會做，會說不能做，尤其還要透過第三者做更難，因此有些人很會說話，但不會考慮能做、會做的問題，因說話簡單，既不做、不必做、不必假手他人做。

7/3 ・政治摸久了變胡歸、無是非，我真正厭煩政治生活，我很怕與政治人物相處，也不喜看到政治人物。善良的人不能與政治扯在一起，要遠離政治，過去我一再強調搞政治的都不是好貨呀！如今愈證實。

・參加國是會議的代表有幾人真正有良心、有人格呢？可怕。

7/4 ・說道德的人應永遠言行一致地依道德而為，說民主的人應永久言行一致地依民主精神而為，很可惜當今道德和民主竟成為政客用來爭權奪利的工具，自身一點也無道德、無民主素養可言，因此我早已看穿政治人物的真面目。

・可憐的納稅人，辛苦打拚，繳稅金給那些名利雙收的政客，太不公平。政客們只會爭權奪利，心中並無百姓存在，更無納稅人的存在，如此忘恩負義的人，還聲聲句句說是為人民，人民沒被吃掉就不錯了。

・我的缺點就是太周到、太細心、太周延，因此不輕易發言。

・政治人物最無恥，台上罵人、後台下與受罵者握手，如此不知意義何在，總是無志氣而已，只要有利可圖則可。

7/16 ・政局不穩，由有理想和積極行動理念中，退縮到處理自身難保的消極防範作為中。

7/19 ・吃政府大家都不會反對，「為私害公」是功利社會普遍現象，維護政府的人太少，怕被反彈圍剿，因政府的背後無人支持。

由謝深山等急速五分鐘通過勞基法第八十四條討好公營事業勞工利益而可獲選票，造成對國家損害說起。

7/25 ・黃信介兩度強調於上星期五與張俊宏到張榮發處（有鄭深池在場），張榮發說——

一、李登輝已有無力感，把總統職務應付過去算了，無心改革。

二、因此張榮發準備好投資移往國外，對國內已失信心。

7/26 ・人性不變之例——

古代：威武不能屈、富貴不能淫、貧賤不能移。

足見無論社會環境如何變化，人性都不應變。七月二十四日夜，李敖加上一句「時勢不能動」，在在均確認人性是不變的。

・國人對國家還存於認同階段——

一、國內如此，國際當然會有認同問題，也是如何面對問題。

二、倘國家還在認同階段，政治、社會和一切怎能推動呢？

7/27 ・甘地「世間的七宗罪」：一、沒有道德觀念的政治；二、沒有責任感的享受；三、不勞而獲的財富；四、沒有是非觀念的知識；五、不道德的生意；六、沒有人性的科學；七、敬神明但不願奉獻。

7/30 ・柴契爾夫人任英國首相，其夫從未參與，也未出面，更未曾見報。

8/5 ・大陸北京禁行機車的理由：一、防止空氣汙染；二、機車為搞亂交通之禍首；三、騎腳踏車可運動又可避免汙染。

8/9 ・大陸客遣返死亡事件——

新聞媒體竟不相信自己官員的話，而相信敵人的話。足見台灣輿論的反常。

8/14 ・心胸寬，空間自然廣大，如一部車運作自如，省油省時、省煩、省事故；倘若心胸小、空間小，車要調頭進退次數多，撞車也多，要進退許久後始可調頭，費時又煩死。因此，任何人

心胸應廣大，勿窄小。

8/18・熱愛倫理道德，感受倫理道德，才會感到自己像人。

8/23・人性——歸零，任何社會重建必須了解社會問題的關鍵，建立價值觀念是歸零的動作，不建立價值觀念的任何改革或所謂重建，均是緣木求魚，永難解決問題。

8/27・有意識的活才能行。

・現在說話的人（包括高官顯要）大部由媒體得來的名詞，或書本上得來的名詞，或聽來的名詞，就亂扯一場，根本無意識、無靈魂、無精神、無誠意、無眞實、無使命感的話，自難力行。說官話、說大話，只要不是啞巴，什麼話都說，說的話都是騙人的，不負責的，更不可能做到的。

8/31・公務員有尊嚴，公權力才能維護和發揮，但社會環境已不允許公務員有尊嚴。百分之九十九做好，百分之一有瑕疵，社會輿論、民代均提百分之一來否定百分之九十九的成就，公務員還有何尊嚴？說形式的名詞簡單，了解內容不簡單。

9/5・說無眞實的大話，說自己不能做的大理想、大道理，這種人是騙子。

9/6・對問題之處理，應對問題之癥結有洞察力，並能掌握控制整個問題的過程，才能解決問題。

9/9・國民黨及民進黨均非主張人性尊嚴的政黨，故此兩黨僅爲爭權奪利，玩弄人民的黨。

9/10・黑牛被捕獎金。黃鴻寓於九月九日下午在台南被補，供出做案三十七件，一個人能消遙法外做案三十七件始被捕，政府不追究警方責任，竟反而頒發獎金，可笑。

9/11・爲了黑牛事，各路人馬爭功爭獎，爭得翻臉，悲哀！

9/12・近日中幾件事看出功利的結果——

一、日月潭翻船死五十七人案，省府處分旅遊局長許啓佑，記過兩次調爲參議，引起許及其夫人的強烈反彈，並亂咬不少人應負責，行政倫理全失。

二、黑牛被捕有三版本的搶功行為，眞是爭獎奪賞亂紛紛，警方紀律崩盤。

三、為挽救企業危機，各行庫將利率降為百分之十，企業界說無濟於事，除非挽救股市，否則一切均無效。

上列在在均可看出功利思想猖獗的結果。

・哭調仔就是憂患意識的現象。

9/13 ・對自己的修為要求絕對，對別人的修為要求相對。

9/23 ・什麼是有原則？有原則是有立場、有定性、有主張，此種人值得尊敬。現在有人提倡多元化就變成無原則，是也可說，非也可說，還有灰色，這是所謂「多元化」。多元化的結果，無目標、無原則，無法做，只是吵吵鬧鬧而已。

9/24 ・新國民黨聯線一再以「黨內民主」向中央挑戰，「司法改革運動聯盟」強調法官自主。我想一個有素養有氣質的自主才有正面作用，如一個無修養、無氣質、無道德的人也自主，定害人害己。當今社會只會說「民主自主」，但誰又去注意人的修養品質呢？

9/25 ・民主政治貴在是非分明、善惡分清，因民主政治有執政黨和反對黨，其運作內容倘人民無能力判斷是非善惡，則誰對、誰錯，誰值得支持、誰不值得支持，其關鍵還是有是非心。如果要求是非分明，他們會說現在是多元化社會，如何分是非，其實不分是非，如何實施民主政治呢？

9/27 ・院會中，財政部將勞工退休金投入股市，如虧損由國庫彌補，如賺錢不歸國庫，實不合理。

・院會中各首長的姿態可看出大家很少用精神去想「實際」問題，只想形式的應付而已。只要會說好聽話的人，就可任首長。

・當我在聽話時，只注意講話的人是否「言之有物」。如「言之無物」，是廢話，不必聽以免浪費耳朵。

・任何事均只注意「事實運作」，不注重「形式運作」。形式運

78

作是空的、是虛的，無作用的。

・郝院長在院會中指示，目前經濟萎縮「不必悲觀」。我想可不必說「不必悲觀」這兩字，應講如何挽救方案、對策，「不必悲觀」是自我安慰，不負責任的消極行為。

10/2　・天然資源缺乏的地方必須靠國民勤儉美德，因此提倡五天休制的構想，應在天然資源豐富的國家才可實現。

・台灣人是國民黨和中共的夾心餅。

・很多人活久了就失去人性。

10/4　・朱高正說政治是騙人的。誰只要實際工作就不會騙人，光說不練的才會騙人，只做不說的就不會騙人。

・反對台獨又怕中共，不與中共接觸而反對統一，居心何在？

10/5　・司法人員素質差，缺正義感、公道心、無愛心，因此只要案件落入司法人員之手，將任憑予取予割，要怎麼整就怎麼整，因此司法最可怕。

10/6　・罵人就有票，聽罵人就會爽，票就投給他，台灣式的民主。

10/7　・口才好卻不做事的人，是最不負責的人。不負責的話，一定說得很動聽。

10/8　・民進黨代表大會原本提案主權不及中國大陸及外蒙，後經改為事實主權不及中國、外蒙，如此豈不是越描越黑？事實主權不及中國，照形式主權就要及於中國、外蒙了。不說還好，越說越有問題，足見民進黨人無邏輯、無智慧。民進黨決議，等於承認中國及外蒙為國土，如此台獨已失去了。

10/9　・以人為萬物之靈的尺度去治國（人治）對國民不利，如能以法治及德治治國，即不管專制或民主，對國民均有利。

10/11　・台灣政治層面有中共又有不認同國旗和國家的反對黨，而國民黨內又分主流與非主流彼此鬥爭，加上本土與外省間的問題，台灣政治欲改革，難也！

・李總統此時成立國統會，因怕台灣的外省軍頭會與大陸結合，台灣將成烏有。李先生看得出來，因此非以中國統一的口號，

難以保護台灣人的權益。

10/14・有人說搞宗親會爲搞封建，我說不管封建不封建，只要符合人性，都值得保持的。

10/18・不怕無事做，只怕掛名不做事，不會做事。

・許多官員做表面，從不考慮深度，就如喜做路面而不做地下水溝，然地下水溝卻比地面的路重要。

・愛心彩券的瘋狂，各地方政府相繼效尤，目的在增加社會福利的收入，但造成賭風。政府本應捉開賭場的人，而今竟自行做莊，所造成社會風氣的敗壞，嚴重治安問題和教育受汙染之惡果，其負面大於正面價值，主事者應負歷史責任。行政院院會與請報告此點，我痛心得要落淚，如此政客，治安惡化整個教育均被抵銷。

・由愛國獎券之廢棄至愛心彩券重新發行，足證這個政府賭性不改，就如同賭徒，賭性不改，可憐！

・世上最難改的，一爲賊性，二爲賭性。

・政府發行彩券，又要淨化社會風氣，好像吃毒藥再洗腸。

・「後續警政建設方案」五年增加預算四百億，如此之警政支出擴張來維護治安，顯示台灣社會治安惡化。爲何不從治本的人的氣質提升、倫理道德教育著手，偏要把財源用以湊熱鬧的警政治標開銷，而不從積極性的國民氣質提高而支出？如果爲賺一點殘障福利收入，而竟犧牲社風敗壞、治安惡化、教育受汙染的賭博性彩券著手，難怪要增加四百億警政支出，眞是得不償失。

10/19・以倫理道德爲基礎來檢討政治、社會問題和人類問題，是我一貫的作法。

・務實外交，應進一步推動務實內政（事實主權）。

・民主！民主！世上多少人假汝之名以行。

10/23・美國歷史只有二百年，無歷史文化資源，因此以無文化資源爲基礎設計國家發展的計劃，然我們有文化資源的國家，也轉由

無歷史文化資源的美國設計同一方向的國家發展計劃，大錯誤（愛心彩券和美國樂透同樣）。

・新加坡推動儒家倫理政策是移植的，而台灣推動儒家倫理是土生土長的，因此不必學新加坡的方式。

10/25・巧辯的人不會做事，做事的人不會巧辯，這是對等的。

10/27・會做事的人，說會做事的話。

・當你要決定一件事時，你必須先考慮整體（國家全民的利益）問題，並衡量他人、社會，後慎重地評估才可做決策，不是隨便說說就要影響他人命運。

10/30・倫理是人與人的關係，宗教是人與神的關係。

・唯有一切「制度化」，才能解決「十嘴九腳倉」。浮濫批評和攻擊謾罵的問題。

11/1・有意義的事才用心去處理，無意義的不介入，留時間、空間和精神，充實自己，也可養精蓄銳增進健康。許多人不分是非無意義，只要能湊湊熱鬧，事事介入參與，以為可獲利甚多，其實適得其反，抵銷、負面甚多。

・「會」即會議，會議是浪費時間，消遣時間，應付應付而已，很少人對會議主題有深入的了解和有能力解決問題意見，都是在增加困擾，不成熟意見，無意義無價值的意見一大堆，表示參加與會，有發言有交代，騙騙大家而已，因此應少開會，無意義的會不必開。

・地方政府喊窮，其實目前已有的財源，都無法做好，還想要增加財源，用意何在，可能是財源多獲利較多吧！

・人民喜不勞而獲，而政府亦然──
一、不收稅：工程受益費。
二、不開源：營利。
三、不節流。

11/2・地方行政首長不是向老百要錢（稅金），就是向上級政府要錢。從不檢討錢有無用在刀口上，有無按計劃用錢，錢用後績

效如何？

11/7 ・李總統曾向大專校長說：一、注重價值而不是價格；二、重視生命而不是生活；三、努力事業而不只是職業；四、追求幸福而不只是財富。

11/9 ・儒家思想教導範圍——
一、如何成為令人滿意的人。
二、與其他個人的關係。
三、與家庭、親屬以及較大社會關係。
四、個人對國家。
五、個人對自然。

・儒家思想的壞處——
一、鼓勵裙帶關係的滋長。
二、會消滅創新精神和壓制自發性。

11/10 ・文化應生活化，文化應落實化。大家只會說改善禮俗，然以什麼禮俗為標準，說數十年的改善輔導，結果均成空話。

・文化只怕你不要，而不怕人家不給你。因此文化是主動的，需要主動的有價值感受，如果你不感受文化生活的價值觀，縱然政府如何輔導也無效。

・文化生活與物質生活互異，文化生活不需金錢，物質生活處處需錢，推動文化生活不要如物質建設，需鉅款金錢。

・儒道文化最適人性，自己國內無法保持和感受，還講到國際文化，都是好大喜功的形式主義。

・文化生活應主動出擊而非被動地接受。

・文化與財富成反比，富人重物質生活，窮人重精神文化生活。

11/11 ・所謂民主只有利害無是非，只要利害一致不必分好壞人，這是台灣的民主。因此台灣的政治人物，只要能唱歌就有很大市場，不須政治人物的風骨、智慧和道德。悲哉！

11/15 ・郝院長院會指示——
一、文化會議

（一）應把握主題，也即社會倫理、國民道德。

（二）民主素養，守法精神。

二、行政權不容侵犯

（一）審計權干涉決標權。

（二）警政署調動苗栗警察局長，縣議會抗爭，均為立法權干預行政權。

我過去的看法：許多首長出賣公權力（行政權）討好民意代表，並與民意代表勾結，出賣公權力，才會造成公權力的不彰。

‧老人福利方向──

一、應以倫理孝道、親情為基礎。任何偏離此精神之老人福利，均無法達成真正老人福利。

二、政府固應關心老人福利，但勿矯枉過正，替代子孫孝敬長輩之好意，更勿鼓勵個人主義，否則老人福利無法達到。

三、政策方向還是以大家庭倫理孝道、親情觀念為基礎，否則老人福利應無法達到，甚至產生更多問題。

11/16 ‧孟子說：「衣食足而後知榮辱」，現代社會衣食太足而後不知榮辱，是反常、反人性。

‧在儒家中「人的尊嚴觀念」自孔子以來便鞏固地成立了，遍及社會各階層。人之所以有尊嚴，因為他能夠通過修養的功夫，實現價值自覺的能力，也能經由「反求諸己」的自省功夫。孟子說：「人人皆可為堯、舜」，陸象山說不識一字也要堂堂做一個人。孔、孟均認同「衣食足而後知榮辱」。

一、孔子：治理國家應先庶之、富之，然後教之，也就是先使國家人口眾多，物質生活充分，然後才可談到道德教化。

二、孟子：「無恆產而有恆心者唯士為能」、「若民則無恆產，因無恆心」的道德教育，必須有相當的物質生活做為基礎。

新加坡目前情況來說，因經濟問題基本上已解決了，政府才會

有餘力與信心來提倡道德教育。

‧余英時曾說在儒家倫理的立場，政府領導人民必須在道德上有
　資格作爲人民的模範，才會有信心提倡儒家倫理教育，新加坡
　政府基本上已做到這一點。目前從中國政治的現實情況來看，
　寬恕出現在中國本土以外的一個華人社會，即新加坡，能看到
　這麼一個極朝向儒家理想努力邁進的社會，眞爲禮運大同篇中
　所說的「大道之行也，天下爲公」。

‧李光耀在他六十歲生日時，公開說：「我今日六十歲時比五十
　歲時更深刻地體會到，所有現世的光榮、成功或肉體慾望的滿
　足和知識、道德或精神的滿足，比較起來，前者是短暫的，一
　轉眼即消逝的。」這段話和孔子晚年的心情與感受「五十而知
　天命，六十而耳順，七十而從心所欲，不踰矩」相似。

‧新加坡爲謀求社會和經濟發展，不能不倚賴西方科技，而面對
　西方腐化頹廢的價值觀和風尚的入侵，新的社會問題如犯罪、
　吸毒、色情、嬉皮、離婚、墮胎等……隨之而生，且日趨嚴
　重，造成當前的道德危機。

‧道德危機——

一、東方優良傳統和價值的失落（如四維八德），使得現代新
　　加坡成爲沒有「根」，也即無文化的人。
　　如果能保留東方價值觀，便可建立文化信心，足以抗拒西
　　方（敗壞）文明的侵蝕。

二、造成東方傳統價值沒落的因素，是大家庭的解體（核心家
　　庭所取代）削弱了東方傳統中最根本的孝道精神。家庭既
　　是社會的基本單位，三代同堂大家庭的消逝，動搖了社會
　　穩定的基礎。

三、綜上要解決當前的道德危機，首在恢復東方的價值觀，並
　　鼓勵三代同堂，重建孝道精神。

四、道德危機意識經由政治領袖帶動，透過傳播媒體以及意見
　　領袖廣爲傳播之，並爲民眾所接受，很快成爲集體道德危

機意識，而產生集體社會行動的能量「再生運動」。

11/17 ・台灣的政務官因只讀形式的書，無從感受倫理道德的價值，才無道德反應。

11/21 ・現在已無過去倫理道德的生活環境和習慣，如想要過倫理道德的生活，只有去想，回憶過去而已，別無選擇。

・公職人員不但對個人應有道德感，對社會國家的道德感應更強烈。

11/22 ・文化建設是人的建設工程；經濟建設是物的建設工程。

・國家六年建設計劃在郝院長幾個月前指示後，經幾個月短短時間就要釐訂六年計劃，實在太草率。六年國家建設計劃應充分詳細考慮幾十年後的成果，非目前的速食麵。

・演講內容──

　一、新加坡儒家倫理建設：人的建設。

　二、彩券發行不負歷史責任。

　三、民主的修養。

　四、倫理道德是要去做就不抽象，自己不做當然抽象。

・看到中央各機關正副首長學歷，大部是留學美國，如此難怪美國的社會結構和風氣、犯罪、吸毒、嬉皮、色情、離婚、墮胎，不氾濫、不侵入才怪。

・股票從一萬二千點下降至二千四百點，一個月內又由二千四百點升至四千六百點，這種升降算是投資嗎？難道投資報酬漲那麼快嗎？失常！

・語云：「無德而有能，反足以濟惡」。

・大家都說倫理道德太抽象，我說只要去實踐落實，重視感受倫理道德的生活，就不抽象了。

12/1 ・以文化來處理政治問題和社會問題及人的問題。

・有人說，四維八德是為統治者而提倡。我說是的。過去統治者為皇帝，如今為主權在民的人民為統治者；過去皇帝要統治天下，需四維八德才能治，如今民主皇帝有千萬人，更需四維八

德，否則天下大亂。

12/5 ・看稿講話就不實。

12/6 ・治安大拜拜、掃毒大拜拜，從無人追查治安惡化和毒品氾濫的
　　　原因和責任。都在誇耀救火的成果，忽略了放火的責任和火
　　　源。

12/8 ・兩岸交流基金會明的方面是業務透明化，暗的方面只有天曉
　　　得。台灣被出賣了，誰會知道呢？

　　・兩岸關係有著極度矛盾——

　　一、中國大陸

　　　（一）不准台獨。

　　　（二）台灣為地方政府。

　　二、外省人

　　　（一）還想在台灣巧取利益，因此不輕易與中共有太快的進
　　　　　　展。

　　　（二）絕不讓台獨得逞。

　　　（三）兩岸交流基金會及大陸委員會，實際負責人操在外省
　　　　　　人手頭，外省人可在明的方面執行所謂透明化的政
　　　　　　策。其實由於兩岸的接觸，無形中讓他們有機會與中
　　　　　　共高層接觸，在「台獨」問題上，有一致的主張，如
　　　　　　此台獨永無機會，台灣人永無翻身的機會。

　　　（四）外省人是不會讓台灣人做主的。

　　　（五）無反攻大陸的希望，只好維護外省人既得利益。

　　四、台灣人

　　　（一）無一致的理念。

　　　（二）無法團結。

　　　（三）無法自主、自決。

　　　（四）甘為外省人的傀儡。

　　　（五）台灣人已無希望。

12/14 ・現在人類之所以成為人類，就是有倫理道德規範的生活才算為

人。許多人活著卻忘了自己是人，太可惜。

12/15 ‧台灣的政治人物做一世人的秀，無是非、無智慧、無能力，怎會做出有深入、有前瞻的事呢？

‧功利化的基金會如雨後春筍般地出現，藉基金會之名逃稅並抬高身分地位，其實無基金會的功能。

‧應以否定施政成否做反對運動，勿以意識形態來否定，否則缺說服力。

12/17 ‧母墓：慈心昭日月，母愛動天地，教子重氣節，賢慧留楷模。

12/20 ‧政治人物大部分是牛頭馬面，為何大家喜歡與牛頭馬面打交道，並以與牛頭馬面來往為榮。

12/27 ‧有做有缺失，無做永無缺失。在無是非的社會要吹毛求疵找問題，統統有問題。監察院的查法，專門查有做的。有做才有缺失；無做，監察院無法查也無話可說。

‧過去獎勵投資條例，獎勵了不少企業界，成功後投資房地產大發財，造成房地價高漲，形成貧富差距大的社會問題，如此獎勵是反淘汰。

1991年

I/2　‧ 經濟發展的結果，私槍到處是，造成人人自危之感，這是經濟發展的目的嗎？

I/3　‧ 國家六年建設計劃——

一、注重物質建設。

二、須發大量公債才能進行，也就是借錢來做。

三、人力和客觀條件無法配合。

因此借錢來做又無法配合，一定發生問題。

‧ 反儒家倫理的三理由：一、抽象；二、封建思想；三、為統治者而設的。

I/9　‧ 要求他人應先要求自己。

‧ 這個社會有做有罪，不做無罪。

I/10　‧ 以文化內涵來處理政治和社會問題，比法律來得好。

‧ 做官大家都要，但有幾人去評估自己是否有能力勝任做官的工作？因此有外行人領導內行人的矛盾。

I/12　‧ 政治修為比政治理想更重要。

I/14　‧ 績效應兼顧短、中、長程均為正面時才是績效。惜政治人物大部分也基於功利現實、炒短線，只顧短程的現實表現，也就是一年半載的現實選票而已。至於中程、長程產生嚴重負面的損害，大家都未加注意，因此現實政客雖有炒短線的表現，其後之負面損害無人了解、無人追究，如此騙來騙去。

I/15　‧ 說良心話，說有道德的話，說有倫理的話，說能做到的話，說對人類社會有益的話，說忠於國家的話，說是非分明的話，說能負責的話。

‧ 人生苦短，做有正面作用的事，盡量避免負面的事，正面永久的累積就是一生的結果。

I/17　‧ 「是要做而不只是報告」。政務官只會報告現象、現況，但無責任和決心去解決問題。

‧ 即知應即做，不是知而不做。如果「知」只是顯示身分高，但毫無作用，這是「自私的知」。

1/24 ・要判定有無道德，端依判定者道德修養之層次而定。無道德修養的人或缺德的人，怎能評定他人之道德修養。

1/26 ・講理想應以理想的立場來評論，勿以現實立場來評論。講現實應以現實立場來評論，勿以理想角度來評論，否則牛頭不對馬嘴。

1/27 ・非人性化的繁榮和進步，均會破壞人類的本質和本性。

1/29 ・以道德為出發點的質疑，才可使政客現形。因政客已騙慣了，他們只怕道德。

2/2 ・道德對抗功利歷經八年抗戰。

・有才無德是小人。

2/4 ・公務員做事觀念是為國家為人民做事，不是為首長或某某人而做，很少人會為國家和人民著想。

・社區發展綱領，經吳伯雄簽會本人，我的意見應增列倫理道德和樸實。

2/7 ・院長提六年計劃目的「富裕與尊嚴」。有道德才有尊嚴，無道德怎會有尊嚴，因此文化道德建設更重要。

2/9 ・民進黨人犯法被起訴或被判罪，輿論報導均冠以「民進黨人某某某」，如此心態太不正常，是個人犯罪而非民進黨也。

2/10 ・文教價值高於功利，文化水準才可提升。倘功利高於文教價值，文化永無法推動，國家注定要衰落。

2/11 ・雖不得罪小人，但至少應掌握他。

2/12 ・有能力的老實才是真本實料，無能力的老實，只能安分守己而已，無法貢獻社會人類，但也不會危害人類社會。

2/19 ・我們要求有倫理道德為基礎的科技世界。有倫理道德為基礎的民主社會，無倫理道德為基礎的科技民主，對人類均有害。

・發表意見必須「言之有物」，否則說空話，三歲小孩均能說。

・無道德細胞或血液的任何發展和成就都不是健全的。

・不抵銷人性的成就和發展，才是正面的；否則，任何成就對人類社會均有相對性負面的。

- 無倫理道德修養，民主法治均無法達成，非倫理道德的生活教育何用？
- 以絕對的觀念要求民主可行嗎？還有一種是以民主的觀念要求絕對的效率，可行嗎？
- 郝院長解釋六年國建計劃——
  一、根據他過去國防建軍計劃而來。
  二、與總統任期相同六年。六年後，國家層次可與日本……相比。
  三、應成為國際化，不是地方與地方相比，過去太強調地方本位主義。
  四、由各部會負責。
  五、是粗糙，是綱要。
  六、可提高國家地位。
  七、成為富裕與有尊嚴的國家。
- 國民黨員利用國民黨闖天下，背後罵國民黨大有人在，很少真正為國民黨，只是利用國民黨而已。
- 民主是尊重他人，有道德的人才會尊重人，民主不是專指權力鬥爭。

2/20
- 許多人只在新聞媒體和電視上做官，其他的事就不做了。

2/21
- 有道德才有真正的守法，無道德的守法是運氣而已，不守法的未抓到，均不算違法。
- 無道德基礎的民主是功利的民主。
- 活到現在還無倫理道德的感受，太可憐！

2/23
- 許多人要用「新」的字句，如新儒學、新倫理……但儒學、倫理的意義不懂，也沒有修養過，沒有體會，就以「新」的來否定原來的，以為自己主張「新」，一定贏過他人，這個想法是錯誤的想法。
- 物質生活改善，但人性改惡。
- 現代國民生活是集犯罪、吸毒、嬉皮、色情、搶劫、離婚、墮

91

胎之大成而已，「現代」有何意義。

· 科技若落入海珊（Saddam Hussein）之手，人人自危，無人性的科技多可怕！

· 一倫都無法做到，還談什麼第六倫，什麼職業倫理，什麼政治倫理。

· 中華文化在台灣不值錢，不及體協的體能運動之百分之一。

· 不會欣賞鄉土文化，如歌仔戲，才是無水準的。歌仔戲有忠孝節義之崇高意義。

2/24 · 無民主精神、無民主素養，這種民主政治是壞人吃好人的政治，壞人欺侮好人的政治。

· 他可逃過法律的制裁，唯逃不過良心的制裁。

2/25 · 價值觀：認為金錢有價值，大家拼命追求金錢、賺錢，認為倫理道德有價值，會拼命追求倫理、賺回道德。如果無價值存在，大家就不會追求，因此應先建立正確價值觀念。

· 無人性的人，雖不能以子彈槍斃他，但我們應以道德來槍斃他。

2/26 · 民主與法治的軟體建設是道德倫理。

· 無道德的富家人，只會以其金錢來摧毀人性；無道德的權力者，只會以其（權勢、地位）來毀滅人性。

2/27 · 無道德的權力比奸商更奸。

2/28 · 都市的人靠營利，只講求利害功利。鄉下人靠生產，如農民半年一收，長期勞碌之下才有收穫，較有耐性，是天意的道德，較不現實。

· 要多積陰德，少積陽德。

· 郝柏村說法治三步驟：一為修正不適法令；二為執行公權力；三為民眾守法。我想公務員出賣公權力也不少，選舉時數百萬買賣票的人都無法抓了，還算什麼法治。

3/1 · 政治人物如不以國家和全民利益為目的，而以自己利益為目的，則不論專制或民主，均是吃定國家全民而已。而專制只是

少數人，為害有限，民主則多數人，危害更多更大。

- 民進黨只有抗爭才在院內，其他均退席（包括行政院長施政報告和國民黨議員質詢），意義何在？

3/2　· 輿論專在監督好人而不是監督壞人。記者怕惡人，我們的輿論是反淘汰的根源。

3/3　· 金錢勿落入無道德的人之手，權力也勿落入無道德之人之手，科學更勿給無道德的人。

3/4　· 組織「納稅人聯盟」來監督公職人員及政府，才能發揮功能。

3/9　· 實力比地位高時，地位會被淘汰；地位高於實力時，會不計代價抱著地位而不放。

3/12　· 立法院又鬧了近兩小時才開始質詢，綜觀國民黨及民進黨有感。

國民黨黨員無知、無能、無恥、私心、無政黨意識。

民進黨有團隊精神，硬拗、蠻幹。

3/14　· 台灣民意代表特多，大部分不懂民主之意義又無民主素養，可說都是政客，因民代多政客自然多，吃政府、吃天、吃地、吃老百姓自多，台灣政治永無寧日。美國民主水準高，而民代少，可達到民主政治的目標。台灣水準低，民代多，如此設計完全是無責任的作法。如國代四百多人、立委一百五十人，省議員八十人，現在要取消鄉鎮市長民選又提議增加縣議員名額之議，完全無責任的設計，如此作法，政治自難進步。以美國為例，人口二億，眾議員只五百多人，參議員只百人，如按台灣人口計算二千萬人口，立委應為五十多人，監委十人。政治人物品質不好，要那麼多不好的人介入政治，政治品質當然惡化，大家渾水摸魚，紛紛進入政界爭權奪利。民主應重品質，民代少並非不民主，美國民代少大家不會說美國不民主。我們既事事學美國，為何這個最重要部分不學？難怪台灣政治越來越亂，誰會想起納稅人繳的冤枉錢。

- 釐訂政策或方案應從實情方面考量，而非玩弄紙上文章，我們

的決策只限於紙上文章，很少從實情實際方面做有責任的可行性考量。

- 政策之釐訂應先考慮「－」（負面），然後才考慮「＋」（正面）。

3/15 ・長輩喪亡，年輕輩無哀傷氣氛，親情淡薄原因——

一、可能是吃牛奶，喝多了變成牛，什麼都不懂。

二、母親不讓自己奶餵嬰孩，因未抱緊餵奶，自然親情淡薄。孩子們長大後，對親人不敬，可以未曾抱緊為由，對付親人。

- 從事文化工作確實不能與政治人物扯在一起。與說利害的政客在一起，文化就不成文化了。有壓力、有利害存在的文化工作很難進行。我很希望能專心投入文化，如傳教士的精神來從事較有意義的文化工作。

- 水準低的民代無良知、無道德地亂說話，好的官員很難受，無法存在，跟這些無倫理基礎的人扯在一起很衰（倒楣）。

- 吳德美質詢時說：「宰相肚裡能撐船」表示肚量要大。倘肚內都裝廢物，肚量再大有何意義。

- 新加坡儒家倫理書中一再強調，有道德、有才幹，人人可當領袖，特別把道德的價值結合在任何條件之中。任何優質條件少不了道德基因。

- 新加坡的理想：一、天下為公；二、富裕而有教養的人民；三、安定而有人情味的社會；四、宇宙萬物的和諧。

3/16 ・美國政治領袖均能經營大企業或做大事後才參與政治，不像台灣大都不會做事業，連賺自己生活的事業都不會，然竟由此等人物掌握政權，而人民又無法辨別是非，任由他們宰割，作反淘汰的領導。

- 無人性的社會，有人性的人活得好苦呀！

3/17 ・偉峰告訴我，哈佛大學校訓「真理」。大學一年必修「道德理念」這堂課。

3/18 ・必須先從靜態的基本價值觀建立後，根據基本價值觀而行動（行為），才能做到完美的人。

3/19 ・儒家倡導勤苦、節儉、敬老、秩序、禮節、自勉自勵，德智教育等傳統美德，均有助於經濟發展的重要因素。

3/21 ・教育的目的是減少社會問題，然我們的教育是在增加問題。反投資。

・「均富」並非將有錢的人的錢拿來給貧人，故不能以社會福利來達「均富」，貧富差距，所得差距不能以福利解決，應由政府做政策性決定。

3/22 ・看到今日民進黨員謝長廷、黃天生、許國泰、陳定南等的質詢，大部以情緒化的人身攻擊為主。郝院長說要使「國家富裕又有尊嚴」，看情形連本身的尊嚴都沒有了，國家哪會有尊嚴？他們大部分是以口水來混淆是非，讓國人聽起來好動聽，但其實對人民會有利嗎？台灣的民主很難，善的會愈形惡化，惡的更惡化，因人性消失道德良心均泯滅，口頭說大家均為民，其實道德良知喪失後的言行能聽嗎？悲哉！

3/29 ・「民主」兩個字太簡單，因此大家都會講「民主」，唯有幾人有「民主」的素養呢？無素養的民主，只是天下大亂，因此民主會使人性消失，最後如深山內的野獸或野生動物園裡的動物最民主最自由。

4/2 ・不做，無資格說話。

・以誠實的工作績效成果做公關，不以利害關係搞騙人的公關。

・生命鮮度：積德、讀書。

・吃飯可遲到，辦公不可遲到。

・克羅伯（A. L. Kroeber）與克拉孔（Clyde Kluckhohn）文化界說，「文化看做成套的行為系統，而文化的核心則由一套傳統觀念，尤其是價值系統所構成」。

・「多元文化觀」是指每一民族都有它自己的獨特文化。

・基本人性：義務；基本人權：權利。

- 立委很少會守時間，貪時間又貪……誰知他們不會貪錢、占人便宜呢？自私、不守時、不守信，誰敢跟他們做交易，注定會吃虧的。
- 禮治與法治——

  禮治民主，法治獨裁。

  有禮治的修養才有民主，否則應以獨裁的強制力（法治）而為，才能解決人類社會問題。
- 五倫之「君臣」，除非無政府主義，否則社會上有「上司與下屬」、「領導與下屬」、「老闆與雇員」的關係，皆是「君臣」關係。
- 西方以「公平」（Justice）為代表，中國以「仁」為代表；公平是法律觀念，仁是道德觀念。西方相信人是上帝創造的，所以必須服從上帝所立的法條。
- 法：消極的，只能「禁於已然之後」。

  禮：積極的，可以「禁於將然之前」。

  孔子的基本立場「社會不能無法律，但法律並不能真正解決犯罪問題」。

4/8
- 報載省議會為自己利益，公費爭列每月十八萬元，是違憲法的。

4/15
- 無尊嚴的官不做。
- 政治如果是一味說利害而無是非，則不管民主或獨裁，均無法辦好政治。

4/17
- 公司行號有明暗兩帳。明帳是表面的、假的，暗的才是真正的。政治人物也有明暗兩面，明的是去背些應付的語句，講得堂堂皇皇，暗的是與惡勢力、權貴勾結，暗享榮華富貴，無一點心真正為國家或人民設想，因此應注意政治人物暗的一面。
- 大家均在研究爭權，而不檢討腐化的政客，在爭權奪利下讓政客掠奪近半世紀的榮華富貴，造成今日人性消失，無倫理道德，社會無是非的動物園，應追究執政政客的歷史責任，不可

輕易放過，應清算才公道。

- 政務官：一、決策；二、閣揆拔擢；三、受政黨影響。
事務官：一、執行；二、考試；三、依法行事、中立性。

- 國民黨政府大部分高官一生違背道德，抓權、榮華富貴後竟能再擔任資政、國策顧問，難怪台灣不會好。政客當資政當顧問，絕不會好，因此須推翻之。
又退職之人，仍利用安全人員做其私事，難到要跟隨他一輩子嗎？這是民主還是帝王制，抗爭的人只想政權當官，未曾對此種人抗爭，甚憾！

4/18
- 第一流決策人才——
一、有智慧和能力掌握全局和整個狀況，對每一可能狀況和過程均能掌握。
二、能防患於未然，不要待產生問題後，才急迫地採應付措施。
第三流人才無法掌握整盤狀況，任其產生後才想辦法處理產生後的問題，如有能力解決，亦算不錯。

- 基本人性即人的基本條件，亦即人與其他動物不同的地方，如果不具人的條件，就不可能有人性，無人性的人還可享人權嗎？因此我認為基本人性比基本人權重要，也就是有基本人性的人，才有基本人權。

4/20
- 現代社會含有罪惡感和垃圾的「名」和「利」，不值得羨慕和追求，追求有罪惡感的名利何用？追求垃圾的名利有何意義？無是非無道德的騙人名利有何價值？

4/22
- 多元社會但不能因多元而有矛盾。

- 不分階級，但應分是非和善惡。

4/29
- 唯有在歌仔戲或布袋戲裡面才有忠奸、是非、善惡之分，現在社會很難分忠奸、是非、善惡。

- 政務官應具條件：一、決策能力；二、推動能力；三、典範（風骨）。

5/2　・民主政治以民意基礎，然我們的民意代表所代表的金錢與暴力和為反對而反對的謾罵，能算民意嗎？難道我們的民意只是金錢、謾罵的代表來控制政府？此種民主政治是反淘汰的政治制度。

5/4　・參加文復會省支會八十年工作研討會致詞——

一、價值觀

（一）新加坡的儒家倫理價值觀——李光耀以其祖母思想勝過劍橋、哈佛思想來統治新加坡，並以人與獸、君子與小人，以道德來介分價值觀，新加坡今日的成就。

（二）甘地「世間的七宗罪」。

（三）哈佛以「倫理」為大一必修。

二、道德：勿以抽象、封建，為統治者而設或科學時代來封殺道德。無道德就無民主、法治。

三、文化主導政治，政治才會純潔、昌明。文化工作者應騎在政治人物之上，非政治人物騎在文化之上。

四、資本主義將人類的智慧和勞工當為商品，使人類尊嚴全失，自然無廉恥，倫理道德崩潰，人類一成商品而以價格論之，則人與動物園的動物一樣，可資買賣的標的，則人類的價值喪失，只有價格而無價值了。

・看到政治人物好像看到愛滋病（AIDS）人一樣，須細心提防。

・政治不可妥協，政治只有是非，不能妥協，老百姓稅金不可拿來做妥協的籌碼。

5/9　・院長在行政院服務楷模的頒獎典禮中，強調民主法治。民主法治說較簡單，能做到嗎？很難，大家只會喊口號。

・美國一直干預各國所謂「人權」問題，其目的在鼓舞各國反政府人士，對其政府挑戰，反抗以削減其國力，抵銷其政府效能，而坐享其利。雖現在不能以武力干預他國，但以人權問題作為侵略他國的藉口而已，如美國果真有心維護人權，為何讓

非洲（衣索比亞、索利蘭）數百萬人餓死，難道生命權不是人權嗎？

5/12 ・郝院長在東引對軍人講話時，僅說反共復國，應強調根的問題。任何無根的措施和理由均無法解決問題，反而會製造問題，我們的首長大部分只會說枝枝節節，均無責任感和用心地去感受根的重要，因此台灣的建設，越建設問題越多。

5/14 ・不做無資格說話，做出來才講。做給人民感受，不必刻意宣傳。超過三天公文的單位，首長不能參加主管早報，上述是縣長任內的作法。

・在功利社會民主與法治是相對性的，民意強則公權力弱，公權力強則民意弱。民意強甚至要推翻政府，還有什麼公權力可談，有什麼法治可言呢？

・法治的底無打好，法治基礎薄弱，法治自無法健全。然法治之底是什麼？是道德。無道德，一切均空談。決策者無此感受，將永遠難治好這個社會。這個國家，無道德要達到法治簡直是緣木求魚。

5/15 ・戒嚴是法治的法治，是最重量級法治。台灣都無法守法了，如今解嚴要降為輕量級的法治，更不可能守法，原因是無倫理道德的社會當然不會守法，不守法怎會有法治。不說道德只說法治是本末顛倒。

5/16 ・法律是將人圍在籬笆內才不會亂跑，道德是不需籬笆自己不會亂跑。禽獸不圍就亂跑，有道德的人不圍也不會亂跑。政務官說話不負責任或光說不練，雖法律不處罰，但難逃道德之處罰，政務官說謊比違法更嚴重，說謊是道德良心問題。有道德的人會徹底守法，無道德的人是表面守法而已，說來說去還是良心道德也。

・地方行政機關只想不勞而獲的財源補助，需勞而獲的財源則不願執行，如色情海報罰鍰、工程受益費……的收入。

・院會交通部提出違反交通處罰執行情形，台灣省執行績效最

佳，台北市最差，高雄市次之。由此足見倫理道德未全都遭破壞的台灣農村較守法，遭破壞較深的都市守法精神差，法治還是要建立於道德之上。

- 做官的說話或報告時只會應付得很漂亮，很少會與實際或事實連在一起來說話或報告。

- 有道德的人，才有無限發展空間；無道德的人，處處自我設限，以排斥他人。

- 有一個事實：有道德的人只會說一個事實；無道德的人，卻將一個事實製造成數十個事實。所以會說話的人，不可靠。

- 負責任是道德；不負責任並不絕對違法。

- 看得到、做得到才講，但大部分的人，講的都是看不到，做不到的。

5/17 ・合理──有道德的人會講理。大家講理，有理的合起來，就是所謂「合理」。總統前日來文化總會講起一切要合理，然合理還是建立在道德的基礎上。

5/21 ・說有用的話，不說廢話。

- 尊賢敬老：如不尊賢敬老，還有什麼值得追求的呢？不尊賢敬老也不必努力用功了，更不需教育栽培下一代了，與其他動物何異？

5/22 ・損十元得一元的決策是國民黨的政績。

5/27 ・政治雖無是非，但有因果。

- 此次內閣改組，吳伯雄仍守住內政部，難道台灣已無人可當內長，只有最會作秀的人才可擔任？他們長期主掌，搞到今日人性消失、無倫理道德，社會無是非，不但不檢討自省，反而繼續寄予重任。我對政治無是非越來越厭煩。

5/29 ・郝伯村雖會說實話，但不會聽實話。

- 大官吃飯公式：XO＋不三不四＋不倫不類＋五四三＋查某人。

- 「強」怕「狠」，「狠」怕「無天良」。

5/30　・無是非觀念的國民＋無是非意識的學者輿論＝無是非之分的政治。這種政治結構永遠無是非，永遠無法解決問題，更無法改革台灣。悲哉！

　　　・防止問題發生的決策智慧和能力，才是政務官應具條件。很可憐，台灣的政務官只能應付已發生問題而已，但也應付得不漂亮。

6/3　・台灣機車那麼多，機車不僅影響台灣交通和製造空氣汙染，更影響人心。騎機車油門一踩，引擎大聲撼動人的心臟，久而久之，人心自然不一樣。因此可看到騎機車的人，橫衝直撞、險象叢生。人在此環境下磨練久了，心自然會狠起來，台灣社會複雜之因在於機車問題。

6/6　・農民是政治問題，而非經濟問題，各國之例。

6/10　・林洋港在司法院各級院長會議席上說，要實現司法人性化的基本精神。然司法人員竟還不知人性之為何物，林洋港才在這裡說司法人性化，足證過去司法是無人性的。

6/13　・有些人為了保官、升官，無擔當，是一種不負責任的作為。不少人根本不知目標、理想、問題、內涵，就擔任要職，這些人只顧其官位，根本無構想和能力來為整體規劃，完成任務。

　　　・民主政治之下，不應有酬庸性的所謂「資政」、「國策顧問」存在。這些是古代專制下的產物（如封公爵之類）。既是民主就不應有專制的產物。所謂「資政」、「國策顧問」是終身吃國家、吃政府、吃百姓，應廢除。

6/18　・我做官輸你們，但做事並不輸你們。

6/24　・為之於未有，治之於未亂。

7/1　・李總統面臨問題——
　　　　一、台灣高層人士隨時可扯後腿。因台灣人不團結，使李先生權力無法發揮。
　　　　二、在台的外省人隨時與中共結合，李總統做事須格外小心。

7/2　・當我告訴彭教授晚餐後離開檀香山，他要我轉告李先生向他問

好，他一定全力支持他。當晚他又再度交代「向李先生問好，他會全力支持李先生」。

7/10　· 拜託他人做事不成，不應埋怨或怪罪與人，事成應感激。

· 民主是生活方式而非手段，民主修爲比民主政治更重要。

· 國家觀念——

日本人：無論他航空公司票價多低，一定買日本航空票。

台灣人：哪家便宜就買那家。

· 計程車撞倒機車，雖機車有錯，也應先扶起才理論。台灣社會是未扶起而先行吵架。怪象！

7/11　· 做人要認眞活，做事要認眞做。

· 在不斷的統獨之爭中，消耗台灣太多人力和資源。

· 唯道德才能敵過任何權力和財富。

7/14　· 黨的利益高於國家和人民。政黨將成幫派，自私自利，民主只成一黨之私的專利，無國家觀念，無法爲國民尋回公道，爲全民主持正義，只成爲吃天吃地吃人民的政治而已。

7/17　· 官員均靠告貸生存，不敢面對是非，主持公道正義，均在無是非之分中，犧牲公理來保持官位或升官而已，也即在犧牲國家社會利益的負面下求生存，可說是告貸而生。政府官員靠告貸吃飯，犧牲公權力，求一時之偏安。

7/18　· 拿存款來消費，總比用勞力所得消費來得舒服（譏官員浪費資源的做官方式）。

7/20　· 要活得有邏輯。

· 治國行仁，禮樂爲先，化民以德，忠孝爲先。

7/23　· 許多官員將國家和人民當作他的私產處理，也即將國家當作私人玩意兒。

· 不認同國家和國旗下的政黨是革命黨，而非政黨政治的正常政黨，因革命黨應有革命的路線。

7/24　· 怕你不做而不怕無錢（對爭預算的看法）。

7/25　· 爲了「中華民國」四個字，我們不知花了多少財力、精力、物

力，實划不來。因中華民國本來就是事實，政府何必爲此招牌而花費一切？台灣的中華民國，好像是人的存在與不存在，倘若台灣的人每日還在爭，後患無窮。

- 無倫理道德就無民主可言。台灣的政治人物，一方面說民主，一方面均以專制心態治理，因此民主是騙人的。無道德的社會永無民主的日子。看到民代及高層官員的行爲大部出於專制心態，很少人有民主素養的程序認知和作法。

- 八里「十三行遺址」有史前古物，民國四十六年時已發現，但古物史蹟管理機關均無動於衷。我說高官只會注意餐廳上之魚翅、鮑魚、燕窩，而不重視歷史價值的文物。

7/26 ・大官永不退休（終身職），能算民主嗎？

7/27 ・民意代表擔任不正當事業的顧問，保護惡勢力來對抗政府，公權力自無法伸張，難怪治安惡化。

- 驚聞黃崇西去年以來兩次被搶致生病，政府無責任嗎？
  一、被五人覆面搶劫，殺傷並被搶二百五十萬元。
  二、繼又以恐嚇勒索二百五十萬元。

7/28 ・台灣的環境和機關爲何髒亂不堪？主要均未編列維護的預算和人力。

7/29 ・台灣升官條件——
  一、酒海量，能說不三不四、五四三、瘋瘋癲癲的笑話，能高唱卡拉OK，長歌一呼之人。
  二、能假鬼假怪、假仙假瘋的人。

7/30 ・以文化藝術活動來淡化功利思想，以藝術生活來淨化人的價值觀。

8/1 ・大陸委員會與海基會之角色猶如幕後與幕前、白面與黑面、暗面與光面，這是台灣永遠矛盾之處。台灣就在矛盾中求生存，因此培養並形成了很多矛盾專家。不會有矛盾的人，好像很難在這個社會生存。

- 文化與經建競合時，應以文化爲優先，古蹟文物之價值和保存

應尊重學者專家的意見。郝院長主持院會一再強調法治，如今有《文化資產保存法》，爲什麼在指示時，不說應依《文化資產保存法》處理，足見法治是說說而已。

8/5 ・廟寺也分派系！神應是眞神眞理，不會有派系，只有是與非，然而人竟利用神，搞無是非的派系，不應該。

・台灣的分屍案何其多。十年來最進步的是分屍、搶劫的無人性而已。

8/8 ・「十三行遺址」是一筆爛帳，完全未依文化資產保存法辦理，郝先生的法治、依法行政，完全是假的。

・我們的文化非「文化生活化」而是「文化政治化」，我們的藝文活動是配合政治性活動居多。

8/12 ・各首長到現場視察均是作秀而已，很少人了解實情、掌握實情、解決難題，只做給電視和記者看。視察完任務也跟著完，騙騙民眾而已。

・爲什麼會不理性？爲什麼會兇殘？爲什麼會暴力？爲什麼會動手動腳？主要是在搶電視媒體鏡頭。倘若電視鏡頭不瞄準這些，作秀的人自然消失。

8/15 ・現在高官顯要大部分不敢說道德，因爲他們本身無道德修爲，故不敢說道德。爲什麼國民不要求官員要守道德？爲什麼不以道德來判定大官顯要的人格？來評定其是人還是官？

・晚間與偉峰長電中談到正義論。自由主義者到處囂張，我說：「有責任感的自由，才有資格談自由；無責任感的自由是社會的無賴。」

8/16 ・郝院長在中區職訓中心結業典禮時強調，品管也即品質的重要性。品管要好，要先注意人的品質；人的品質好，才能生產好品質的東西。

・成功的企業均以果斷的獨裁管制方式達成，如王永慶、張榮發。

8/22 ・既無較好的活法，只好就此遷就而活。

- 由行政院院會資料及內容看，層次不高、幼稚無知，如同國小學生上課時的程度，尤其輿情報告和大陸委員會的報告，浪費時間，不像是內閣會議的水準，大部分為枝枝節節，非政策問題。
- 全國不分區及僑胞之選舉制在台灣實施，不符合民主原則。
- 民主政治固為潮流所需，如有違反人性的政治制度，須斟酌。

8/24
- 韓國學生下級生對上級生很尊敬，不因民主自由而無倫理。因下級、上級機會平等，大家均有做下級和上級的機會，如父母對子女，大家均有機會，勿因民主自由而破壞人倫關係。

8/26
- 整夜未睡，為台灣實施全國不分區比例代表制，深感煩惱與不平。這是政黨的分贓，不透過人民對政治人物的評選而以政黨為切牌帶過，那些曾經人民唾棄的人，經不分區又取得政權，實不合理。
- 政黨健全和政治人物素質高，才有民主政治。
- 國民黨為解決大陸人參政，才設全國不分區及僑選之制，但破壞民主和公義，應負罪責，人人應聲討之，為了國事常整夜未入眠。
- 參加「世界和平高峰會議」（The Summit Council for world Peace），各國代表在開幕典禮上均強調民主、自由、人權、平和、經濟，與台灣的政客一樣。其實應維護人性尊嚴，才能達到真正民主、自由、人權和和平。
- 二十世紀各國政治人物、學者均強調資本主義、社會主義、共產主義、民主主義、集權主義、人權、自由，只注意財富和權力分配，而忽略文化、公義、人性的問題，無人性、無文化、無公義，一切等於零。

8/27
- 無真理就難統一；有真理自然統一。
- 學者追求權力，自不成為學者。

8/29
- 國民黨人大部分不負責又沒有智慧，分期靠出賣國民黨資源而生存，沒有智慧釐定正確的政策，只會以分期付款式的方式出

賣公權力，最後賠掉的是全體人民。

‧台灣加入世界組織之名義有「中華民國」，也有「中華台北」，而外國則稱「台灣」。一國三名，似乎有姓名，也有別號，也有「字」。

‧有些首長比較認真，但是朝著升官而為，而非真心而為。

9/8 ‧聽到有人說樂觀：在十大傑出青年頒獎會，說對前途樂觀的人是最自私不負責的人，說這種話的人不是無知，便是自己滿足本身現在地位和既得利益的人，否則他憑什麼說前途樂觀，是未來式的騙術而已。

9/12 ‧有人到市場買菜，向賣菜的人出價，賣菜的人說這裡不是國民黨可出價呀！

‧無責任的分割公權力，以維持苟且偷安的官位，而害了整體發展和下一代的生計，現在正如滿清末代靠割讓領土，如香港、九龍、台灣，以達一時偷安之局。滿清割讓領土，國民黨割其公權力，最後均走向亡國而已。

‧教育獨立比司法獨立更重要，過去在縣長任內經常提倡。

‧我們的法治只不過是當權者為妥協的籌碼？

‧法治首長無裁量權。

9/13 ‧為什麼反對派（民進黨）只攻擊國民黨，而不攻擊國民黨的人呢？因為本身也有問題。

9/21 ‧以高爾夫球為例說明人的哲學，高爾夫球是靜的，以靜制靜才能打到球，人也是如此，稍微成就就傲慢、忘恩負義、過河拆橋，他在社會上就如打高爾夫球一樣，揮桿落空容易失敗。因此要穩重，不輕易變來變去，否則永遠打不到球，永難有所成。

9/22 ‧國民黨因黨奸太多才會垮。

‧當你要參加政治人物的宴會或聚會，你就快編一套不要臉的版本應付，不要當真，因為那是假的、虛偽的。

9/24 ‧政黨比例代表制的實施完全在救國民黨，延續國民黨的執政及

惡官的存在。民進黨不知利害與國民黨互相因應，是民進黨一大敗筆。為了反對此惡制，必須著手組織，推翻分贓政黨，以還人民公道，使政治人物個個均應接受人民選票的嚴格選擇，不許以偷度方法抹殺民意。

9/26 ・「全國不分區代表制」適用於華僑，而民進黨竟接受，無異民進黨也贊成僑選。過去反僑選完全是酸葡萄心理，如今民進黨也在僑選，自打嘴巴。

・郝院長一再說自由化，但處處說要依國父遺教，矛盾。

9/28 ・「多元化」是朝向無是非社會的立論基礎。

・有是非才有永恆；無是非是暫時的、炒短線應付的。

10/1 ・國民黨財產的清算對民主發展很重要，也是最合理的抗爭。一定要鬥爭清算國民黨的鉅額財產，這些財產是黨國之下劫來的。

10/2 ・台灣是壞人的天堂，適於惡人生存，真正打拚做事的人難生存，縱有些大官顯要表面上是替國家社會做事，其實並未具道德、智慧和能力做事，所做的是表面的，雖一時看不見，累積久了成無底洞，子孫承擔。因此，應唾棄那些政客。

・私人可容壞人，國家不容壞人。有領導人說好人也用，壞人也要用，錯了！國家不是私人的，私人可容許壞人，公家不行。

10/3 ・自上週郝院長施政報告後，我已對這個政府失去信心，這樣無尊嚴，將人民的稅款如此踐踏，只為做官不怕丟臉，太不應該。

10/4 ・經過準備的不會真，自然才會真。

・同樣的不要活那麼多，要活得多采多姿、豐富的人生。

10/9 ・國民黨的財產應充公，應為充公國民黨財產而抗爭。全世界沒有一個黨有鉅額財產，反對力量為何不訴求呢？

・不會說假話、不會搬弄來搬弄去、不會說瘋話、不會喝酒、不會唱歌，以上均不適應當官的條件。

10/10 ・韓國已換數朝代，為何國民黨還不動搖？現在李先生也極力

維護國民黨，台灣人如何出頭天。

- 閱兵是軍國思想的最愛。蔣家父子均有閱兵癮，現在領導人也在過閱兵癮。

10/11 · 李總統說：「不斷革新才能維持安定。」（《自由時報》第二版）唯所用之人均為四十多年來同一血統的人，怎能革新呢？應起用新人，也許可革新，否則革新將成口號和騙人的名詞。

- 民主既是維護人的尊嚴，也即互相尊重，儒家倫理的內化修為，始能做到。

10/12 · 反對力量抗爭的兩大主題（現階段）——

一、清算國民黨黨國合一的財產，對吃國家財產可劇烈抗爭，人民會支持抗爭。

二、切斷蔣家二代與李先生政權延續。李先生似在延續專制統治時代蔣家的勢力，企圖討好那些專制大老。

- 民進黨黃信介、張俊宏如被宋楚瑜統戰，將淪（落入）如民社黨、青年黨，做國民黨花瓶。

- 政治家只有是非無妥協，無是非才需妥協。有能力、有智慧的政治人物不會以妥協方式解決問題。公權力怎可妥協，也不是私權，怎可妥協分贓？反對派無是非才會藉妥協寄生，靠妥協起家將是歷史罪人。

10/14 · 科技發達、資訊進步不怕專制，隨時可消失專制。因此，政治觀念應改變，有好的專制，效率高、品質佳，如腐敗的專制可以科技和資訊消失它。

10/15 · 長榮海運會成為世界第一，其功應歸於台灣外銷績效佳之故，如台灣經濟不好，長榮也無從發展。因此，長榮固然努力，但服務業是要靠產業的發展、全國國民打拚，經濟繁榮、外銷旺盛，海運才會有生意。

10/22 · 立法院院會又大亂一團。民進黨訴求台獨，國民黨力保既得利益，我想台灣如不獨立，政府應重新洗牌。韓國已洗四次牌，而台灣一次都未洗，才會造成今日積重難返的腐敗。

10/24 ・國民黨一再強調台灣當前亟需工作為憲政改革、落實民主政治，其實大官顯要均是終身職，與民主政治條件不符，無資格強調民主政治。

10/25 ・坐專機陪郝院長在機上，郝院長突叫我組新黨，我可當主席，我們可組聯合政府，在座有高明輝政務委員及郭組長天佑。

10/27 ・有些官員說理論不說實情才不會惹事端，這種官員不但不負責，且對實際未進入狀況。

10/28 ・對國民黨之訴求——

一、違背民主政治體制

（一）政務官不得終身職。

（二）總統府組織法應修改，對專制世襲酬庸的資政和國策顧問應廢除。

二、國民黨財產屬國庫的應充公。世界上有哪一個國家的政黨有那麼多黨產和黨營事業。

10/30 ・華視夜晚布道，基督教教義，我的感想——

一、一再說祂才是真神，信他的人可到天堂，不信他的人均有罪，如此其他宗教算什麼，有違信仰宗教的自由，也許不是上帝的意。

二、不說因果，很壞的人只要相信上帝都無罪，我不解。

11/1 ・明快的是非，才能使台灣長治久安，倘若一味無是非的妥協，台灣將永無安寧之日（聽立法院總質詢有感）。

・今日立法院之亂，在於官員無目標、無擔當，而以無是非的妥協求一時之安，亦即保一官之職而已。

・民進黨一味求見郝院長令人費解，民主先進國家是執政黨閣揆求見反對黨議員，均被反對黨國會議員拒絕，而我們的反對黨適得其反！

11/3 ・政治人物之言行最不一致，說的一套、做的一套、明的一套、暗的一套。最會說好聽話，心肝惡又殘，最怕與政治人物為伍。

11/4 ・學者對事實缺了解，因此無法提出事實的整合，也就是以事實的邏輯，形成論點看法和主張，對事實不了解就不會客觀。

11/5 ・台灣的政黨政治是政黨分贓，而非政黨政治，因私心作祟，很少人有智慧和良知爲整體國民設想，民進黨只要有分贓就滿意，國民黨擁有獨裁體制下的無限資源，縱使分一點給民進黨也無損其大資源，而民進黨就滿足了，很好統治。

・眼看政黨分贓和財團，掌握社會是非的環境下，我的生存慾大大降低，餘下的時光不知如何活。

・一生分秒爲人類、人性的維護和社會大是大非而爭的我，目睹目前社會無是非，而人性又漸消失，倫理道德淪落的社會，將做何選擇？我應找到一個較有是非，較有倫道的地方，才適合我生存的空間。

・我眞是生不逢時，偏偏生在這無是非、無倫理道德的時代，雖然有轟轟烈烈的奮鬥過程，但看到人性仍然繼續消失，已無我的生存空間，將何去何從。

・過去我常想，短短數十載人生，眞的活不夠了，哪有時間去活假的（虛僞、形式、作秀、騙人的）。如今看到活眞的太少，大都是活假的，我應否調整活眞的百分之五十，還是堅持絕對活眞的？倘百分之百活眞的，可能在這個社會將是孤單地唱獨腳戲，將是寂寞的。

・「妥協」是無是非的結果，也是解決問題的最下策，將貽害後代，並產生後遺症、副作用，所付出的代價比妥協的結果更重。妥協是無能力、無是非、無公義，政客分贓的專利品。

・妥協是人治，法治無妥協。

・法律問題如以政治手段解決，將無法治可言。凡言之，政治手段即妥協，如此只要披上政治外衣，世上就無是非、無法律了。

・李勝峰在質詢時說，國民黨政府不必解散民進黨。國民黨居然還是以統治者心態出現，根本無法治可言。法律規定可由國民

黨選擇，足見台灣迄無法治。民進黨如違法，國民黨不辦，民進黨也高興，如此，還有什麼希望呢？

11/6 ・政治人物大部分很虛偽、厲害、心殘、最絕，我看到政治人物都怕怕，猶如看到殺人犯胡關寶、林來福。

11/7 ・行政院院會之輿情報告及大陸工作報告，猶如讀訓浪費時間，品質低、幼稚、無目標、內容空洞、自言自語，如此內閣！

・政治破壞公權力最嚴重，即政治人物與政治因素破壞公權力。

・在台灣，官員無公權力概念的環境下，只有倒楣（運氣不好）的人，才會受公權力管制。

・公權力不能妥協，如要妥協應先修改公權力。

・官員相繼出賣公權力做好人、做人情，準備下任後的回饋。

・亞太經濟合作會議（APEC）以「Chinese Taipei」名義參加，還是不能以「R.O.C」或「台灣」參加。

・官員將公權力當作他好惡的情緒籌碼、榮華富貴的資源，很少官員將公權力當作辦事的依據。

11/8 ・公權力不彰之主因，為官員無擔當，將公權力當作他升官發財和公關的籌碼，當作他自私自利的祭品。

・巴結記者升官的最多。有些官員不做事，專門巴結記者，這是做官的高招，也是最缺道德、無是非的官員。

11/9 ・會做官的比較會出賣公權力（做人情）。

11/10 ・當「利」、「名」當頭時，誰會去欣賞文化藝術呢？

・只有台灣有職業「政務官」，外國只有事務官是職業的，也就是文官制度。如果我們有那麼多優秀終身職業政務官，我們就不必設選舉制度，有那麼多好皇帝，我們應恢復帝制，不必民主。

11/12 ・國民黨與民進黨的妥協是政黨分贓，也是全民皆輸。

11/14 ・萬年國會的民代也列入褒揚，顯示褒揚之浮濫毫無章節，更無價值可言。

・院會中，郝院長「政治奇蹟」是指李總統領導下的中華民國憲

法體制內的憲政改革完成而言。我想不會有奇蹟的，是另外一版騙局，是在國民黨腐化政府的體制內繼續腐敗而已。

· 李總統國宴南非總統戴‧克拉克（De klerk）在中山樓，資政和國策顧問均排在前面，專制世襲，非民主體制。

11/15 · 郝院長「同一條船」，但頭等艙永遠是國民黨老臉孔占著，這條船是專制的船，非公義的船。

· 過去有「反攻大陸」的神話，現在改以「統一」的夢想。

11/16 · 大官的眼中只有記者，當大官與記者同時出現時，那個大官趨前先向記者問好，不大理會其他的同僚官員。

11/17 · 多做不說。

· 對自己可說滿足、有信心，對社會不能隨便說滿足。

11/19 · 專制世襲下，大官當一輩子，然後成為資政、國策顧問，最後還有隆重治喪，再來個總統褒揚，全世界有史以來的奇蹟，只有存在於口口聲聲喊叫民主的國民黨。

· 郝說台獨是癌；民進黨說統一是癌；無黨則說不獨不統無癌。

· 民進黨主張台獨，應以台獨立場建立有效能政府，務實地與國民黨之中華民國做真實和負責地比較和評估。民進黨不可只喊台獨口號，應以台灣的遠景，具體地提出理想才對。

· 郝說國民黨政府是有能政府，舉台灣國民生產總值（GNP）八千美金較東南亞國家高為證，民進黨無法反駁。台灣與日本均在一九四五年第二次世界大戰結束後開始起步，戰敗國的日本GNP早已近三萬美金，而台灣在戰勝國的國民黨統治下只有八千美金而已，顯示國民黨政府的無能。

11/21 · 興建體育場，因無油水，審計室極盡刁難阻礙之能事，可說無油如機械轉不動，迄今記憶猶新。

11/24 · 國民黨政府的官不可有是非，否則就要下台。

11/25 · 民主＝選舉、選票、民代利益＝公權力零；
專制＝不選舉、不需選票、免受民代剝削＝公權力強。
在國民氣質低、民主素養無的條件下，講民主只有做官和民代

特權利益者有好處外，人民均慘，比專制時代一個皇帝的時代更慘。現在有千百個皇帝在漁肉人民，因此造成反淘汰。惡人騎在善良人民之上，人民的悲哀。

11/26 ・經選舉的國民黨人員部分爲惡勢力，如此惡勢力本已危害社會匪淺，今再加上取得公權力，將更爲可怕。尤其國民黨的政府很難使有道德的人出頭。

11/27 ・各政黨表裡不一。國民黨——表面善裡面惡；民進黨——表面兇裡面空。

11/28 ・國民黨官員只怕民代及記者，其餘就是他們最大。

・未經民選的中央官員講話一相情願，不知經民主選舉的地方政府的運作，只會說官話，不知民情，更不知民代的難纏。中央如意算盤往往與實情不符，很難做下去。

12/10 ・我們的婚喪禮也成爲政治人物的秀場，告別式成爲政治喪禮，結婚也成爲政治婚禮。

12/12 ・李總統在昨晚與醫界餐會中說，民主時代少聽話、多說話，認爲多聽話、少說話是日本統治下的悲哀！（《聯合報》第二版）聽起來很動聽，這句話只限於李先生本人而已。記得十一月二十七日到總統府，多說一點話，次日他到圓山大飯店時就說，昨天我說的話，讓他回去想了一夜，言下之意，對我昨天說的話甚不悅。可見還是多聽話少說話爲妙。

・我的生活只講求是非善惡之分，絕不屈服於無是非善惡之分的任何威權者，我最唾棄爲非爲惡的權威者，絕不妥協。

・文化是無形建設與空氣一樣，看不到，但人缺空氣無法生存，文化也如空氣看不到，但人如無文化就和禽獸一樣了。因此文化建設雖難看到，但非做不可。

・政治人物大部分口是心非，說的一套、做的另一套，明的一套、暗的又一套，令人很難揣測摸索，如要配合只能靠運氣。

・林洋港以台灣今日經濟繁榮進步，歸功於台灣光復之初，大批教育文化界來台和精英的領導才有今日。我不贊同此說法。台

灣和日本在同一環境起點，而日本是戰敗國，台灣受戰勝國統治，照理至少應和日本一樣的水平相比，然日本國民所得早已二萬多元美金，而台灣只有八千多美金，如此懸殊差距，焉可沾沾自喜、自認成就。還是騙無是非之分的台灣人。

· 李先生要人多說話、少聽話，然社會事實相反。多說話、少聽話、不聽話，均無法存在（生存）。縱然多說話，也應說有智慧的話、說有責任的話、說自己能做到的話。我認為應多做事，少說話，如果光說不做，還不是騙人的嗎？

12/16 · 過去選舉，國民黨黨員不敢在宣傳車或宣傳物上註明國民黨籍或黨徽，而今年國代選舉，且出現國民黨或青天白日黨徽於宣傳車上或宣傳品上，足見國民黨景氣好轉且強起來，民進黨成為攪局的角色而已。

12/17 · 民進黨及反對力量在競選時的演講聽眾少之又少，顯示反對力量的消失，證明國民黨比過去強多了，也是反對力量的失敗。

12/18 · 國民黨在政黨電視節目中一再強調「革新」、「安定」、「繁榮」口號。我覺得「公道」、「公平」比安定繁榮更重要。國民黨不敢說公道、公平，而以安定和繁榮的功利思想來騙人民較簡單。如果這個社會永無公道、公義，則任何安定和繁榮均無補於事。

12/19 · 高檢署每逢遊行集會抗爭時，均只強調蒐證不立即取締或法辦，顯有失職。因高檢署之職權並非只蒐證，取締和法辦是檢察官之責，然蒐證為恫嚇之詞，配合執政黨的行事和工具而已。

· 郝先生今晨院會對電視公司發表即將投票的選舉談話，一反過去只強調反暴力，不敢說杜絕賄選，與過去在院會振振有詞，決心杜絕賄選之高論迥異。因國民黨是靠賄選起家，如杜絕賄選，國民黨就崩盤。

12/20 · 花無百日紅，除非是塑膠花，假花才有百日紅。國民黨竟然在台紅五十年，就是塑膠黨，才能紅五十年。

12/21 ・國民黨的大官和高幹說的一套，做的又一套，因為他們的談話
　　　均要準備稿，看稿才讀出來。這些稿與事實均不符，是騙人
　　　的，是有備而來，自不會是真的。

12/23 ・如果這個社會是永遠要混的活，我已活不下去了。

12/26 ・郝說南迴鐵路非竣工典禮而是通車典禮。無竣工怎可通車？通
　　　車典禮之意義何在？全世界無一個國家鐵路未完工，而舉行通
　　　車典禮，可笑。

　　　・賄選是民主致命的主因。台灣在非法經濟運作下，形成金錢世
　　　界。在金錢氾濫下賄選，是台灣政治學上的重要課題，讀政治
　　　學如不好好研究台灣的賄選，政治學是白學的。

　　　・偉峰說：一、憲法不可採多數決；二、政府組成才可以多數決
　　　為之。

　　　・李總統昨天說：「修憲不能有黨派和個人之私。」很正確。惜
　　　國民黨的設計和賄選國代（多數），完全是國民黨之私，說的
　　　一套，做的另一套。

　　　・暴發戶心態的價值觀，對富有人性的文化、文物自無保存的價
　　　值。

　　　・不符人性的現代化，才有癌症、愛滋病（AIDS）、中風、糖
　　　尿病、心臟病、高血壓的結果。

　　　・功利思想下的任何工作，只是炒短線的應付而已，而非有責
　　　任、有系統、有計劃的成果，均是應付過去就算了，幾個人有
　　　責任地負責到底呢？

12/28 ・西方的個人自由，自無倫理觀念可言，因所謂倫理是指兩人以
　　　上的關係。如僅說個人自由，不管兩人以上的人，當然不會有
　　　倫理的。
　　　第二屆國代選舉，政府否定百分之五以下政黨的人存在，等於
　　　修憲已不包括百分之五以下的意見在內。如此修憲已剝奪部分
　　　人民修憲權。

1992年

1/2　・一個人能在不公道的社會生活而毫無感覺，這個人是麻木了。一個人在不公道社會下仍高唱公道，是違心者、是老奸。對不公道社會，不主持公道者，尤其領導階層，更可惡。

・在這個社會只要你對社會國家無責任感，而事事抱著作秀應付、騙騙人，你就很好過日子；倘若對社會國家有強烈責任感，你就很難過日子。台灣偏偏屬於前者的人居多，尤其政界人士。

・在這種不公道的社會還能活得有聲有色，毫無感嘆怨言，真是修養功夫十足了。

・報紙雜誌是政治騙子的工具、應聲蟲。

1/3　・國代一票補貼三十元，等於投你一票，你淨賺三十元，等於獎勵買票。你一票賺三十元，我收三百元何妨？不能讓你淨賺也。

1/4　・做錢的龜里（搬運工之意）。

1/6　・要做國民黨政府的大官，只要你會拍馬屁和被拍馬屁，你就可當之無愧（國建會有感）。

・我對國民黨政府最不諒解的是，由最高階層至下層均言行不一致，說的一套、做的又一套，明的一套、暗的又一套，如此騙人的政府、騙人的領導者，怎會有公平、正義的社會？如此騙人的社會，如何生活下去。

1/7　・權力與金錢只不過是功利的工具，而不是道德的標準。

・真正吃素的人不會有野心或橫心，有野心的人吃素是騙人的。陳江章說，大部分的人從不檢討自己，只有批評人、罵人，我想有些企業家當之無愧。

・為什麼國民黨喜用壞人？因惡人才能保護惡人的權位。

1/9　・我已看破紅塵，這個政府已不是朝著真正好的方向走，而是維護專制、虛偽、自私、權貴結合永久統治的路，我已無能力挽回。我日夜心力交瘁，常常整夜輾轉失眠，為了國事、民眾、社會事，煩心又得罪人。統治階層是為自己的權力，並無心為

整體，整天在騙人騙世界，因此我不想多說話。過去我說的均是重點，夠多了，但得罪人又不討好，既已了解不是好的政府，又何必多講呢？

1/11
- 檳榔文化的氾濫，怎會有好的生活品質。
- 應搜集美、英、日、德、法領導者強調的施政內涵。台灣所強調的施政內容每年均相同，預算也然，了無新意。

1/12
- 政府官員在公共場所講大話、講多話的，均是說謊的人，尤其說到公共工程方面「是做不是說」。自己當家做主，不做要說給誰聽呢？（尤清在蘆洲扶輪社演講有感）

1/15
- 綠燈慢慢走，紅燈搶著走，這是台灣人的現象。

1/16
- 六年國建宣傳到世界各國，各國有關部門紛紛來台探詢爭取工程。外國不懂台灣的內情，將來會感到失望。台灣政府經常騙國人，如今連無知的外國人也騙。過去騙取外匯，如今騙外國人。
- 無骨氣、無尊嚴的人，見到「權」或「錢」就低頭，無原則也（看到不少大官的態度）。

1/18
- 妥協只能爲公而妥協，絕不能爲私而妥協。政治上爲私妥協是最不道德的行爲。台灣的政治，取得權力後則以其權力巧取私利，在妥協中謀取私利，因此搞政治的人一嚐到權力的滋味就腐化。

1/20
- 院長在審查八二預算會上說，水利防洪年花數百億，經抽查結果百分之八十七不合格，浪費預算，這是國民黨政權一貫的現象。

1/23
- 先取得權力，然後以權力搜刮財富，再以財富擴張更大權力，然後以更大權力謀取更大財富，這種「財」、「權」循環滾滾而來的暴發戶，是台灣政治社會的病態。
- 過去人是萬物之靈，現在錢是萬人之靈。人是錢的奴隸，人已失去自主性，錢是正義（有錢的聲音大）！但有錢也煩：一、怕被倒掉、被搶、被盜；二、沒有地方放；三、惹來殺身之

禍，有錢也煩。

1/24 · 不但要能做事，更重要的是能「解決問題」。

1/25 · 要活深層一點會更真，不可只活表面形式，因為表面和形式往往是虛偽的，也是騙人的。任何事物表層與內層均不一致，政治也然。政治人物講的一套、做的又一套，明的一套、暗的又一套，表面一套、裡面又一套。

· 以政治的角度看政治只有利害不會正確，以文化的角度來看政治才會求真正確。

· 政治人物較無人性，因為他是官，會利用權術玩弄人類。

1/27 · 以柔克剛，以靜制動的哲學值得深思。

1/28 · 在這個社會好人不及壞人，因為大家均怕壞人，只要把壞人打發了，他就可高枕無憂，尤其大官顯要均此心態，這是社會無正義，無是非善惡之故，造成反淘汰和惡性循環的惡果。

1/30 · 我無時間和生命去想假的、做假的、講假的。

2/1 · 傳家有道，唯存厚；處世無奇，但率真。詩書傳家，致敦厚；積學養氣，涵古今。

2/9 · 道高一尺（給民進黨一尺小甜頭），魔高一丈（國民黨獲利一丈）。

· 民進黨訴求公共政策不當，除非國民黨無其他缺失，否則訴求公共政策是陪襯。

2/13 · 強調以中華民族的發展與繁榮，也許可解決目前國家認同統獨的問題，亦即以中華民族解決中國與台灣的國家認同。

· 由於民進黨的成立，使國民黨過去違法的，而今均成為合法化。因此民進黨已無抗爭藉口，亦即民進黨走下坡之時。民進黨得到不分區代表的甜頭，但何知，道高一尺魔高百丈，也即民進黨受惠一尺，國民黨受惠百丈。

· 國民黨的高官只會說大聲話、官話，無革新、創新的智慧與能力，是保持現狀、保護官位、反淘汰的能手而已。

· 我對國事與公義的堅強意識，好比一針一線地織著。

- 絕不與惡人妥協，尤其更不與政治的惡勢力妥協，這是我的個性。

- 政治安定，經濟才能繁榮。政治安定必須穿著民主的外衣，骨子裡行專制獨裁才能安定，台灣就是這樣起家的。現在經濟搞好了，又與民間大財閥掛勾，裡外通吃，威脅人民。

- 春節高速路收費二點八八億，人民為此開十五小時（高雄至台北）或七小時車（台中至台北），在車內忍受尿急之苦。要錢比黑牛更殘的國民黨政府一點也不體貼，如此的政府竟說是愛民的政府（院會交通部報告春節交通和郝的發言），真是睜眼說瞎話。明明交通一塌糊塗，偏偏說是今年交通秩序比去年好。這種以官為本位的說法，不切實際，更悖民眾利益，尤其車子開慢噴出之油煙，造成空氣汙染，對人民健康的影響，並非多收二點八八億所能彌補的。

- 一、言行（說做）不一致；二、表裡不一致；三、明暗不一致。

2/17
- 《紐約時報》說，台灣政治奇蹟融合經濟奇蹟，這是不知內情的。其實台灣的政治過去是硬騙，現在是軟騙，是將過去的不法之騙合法化而已。

2/20
- 國民黨的賄選如同一面喊捉賊，另一面又派人去做賊。做賊的自負其責，喊賊者坐享群賊之成。

- 專制體制下大喊民主政治，民主精神下又要求專制的效率。不了解民主體制和精神的任何運作，只是互為抵銷，難有成效可言。

- 專制和民主定義不明確的制度下，無法活得清楚。今生將是不清楚的人生。

- 美國僅重視政治人權，至於其他生存權的人權從不重視，如非洲國家饑荒餓死，美國從不關心。

- 核能廠是敵人最好的現成武器。

2/21
- 年老的人與生命搏鬥都不夠了，焉有精神管公事。

- 反對黨竟要求擔任各委員會召集委員，政治責任如何劃分呢？尤其以協商方式為之，更不妥。
- 為什麼國民黨不真正注重倫理道德和民主教育，因為有倫理道德，有真正民主，國民黨政權就要垮台了。
- 台灣的政治人物幾乎「名要利也要」，亦即「名利」雙收。只有名利而無「國和民」存在。

2/25
- 老子說：「自知者明」。能認識自己本心本性的，才可算是清明。
- 「道」雖淡泊無味，看不見、聽不到，卻是使用不完。
- 「仁義禮法」之治像音樂和美食一樣，僅能滿足人的耳目和口腹之欲。「道」卻能使人得到心靈的滿足。
- 柔弱是治國的根本，治國不用柔弱必定滅亡。
- 「道德修養」共分道、德、仁、義、禮、智。合於「道」的社會，一切須自然而行。當社會需要禮智來維繫時，詐偽叢生，已經是不堪設想的時候了。
- 「無」是道之體；「有」是道之用。人應無為、無事、無智、無知、無欲、無我、無私，才能達到道的最高境界。
- 天下無道的時候，人人便逐利爭名。
- 人人知足，天下就太平了。

2/26
- 以私利立場談國事、社會事，是台灣政治人物普遍現象。
- 疾惡如仇，在現在社會將樹敵無數，因此大家不敢疾惡如仇。
- 郝伯村在立法院質詢時，說環保署購地案絕無舞弊，他比檢察官更檢察。無檢察權的大官能凌駕司法之上，無知也。

2/28
- 二二八的真正彌補，是真正民主的實現，而非音樂會或道歉或金錢的賠償所取代。很可惜家屬、民進黨員均無眼光向民主方面訴求，而只求一時的作秀和滿足，太可惜。

3/1
- 治喪委員也是政治人物的最愛。民主化的成就是大官競相擔任治喪委員。
- 只有反賄選是不夠的，該對那些買票當選的，發動全社會唾棄

他、制裁他。

3/2　‧生活計劃：一、休閒計劃；二、服務計劃；三、工作計劃；四、進修計劃；五、健康計劃。

3/3　‧若能內觀反省，除私去欲，不出門外就能知天下事理，不望窗外就可明瞭自然的法則。

　　‧人活著時的身體是柔軟的，死了的時候就變僵硬了，所以堅強的東西屬於死亡的一類，柔弱的東西屬於生存的一類。

　　‧聖人說，承擔全國的屈辱，才配稱社會的君王；承擔全國的禍難，才配國家的君王。

　　‧弱勝過強，柔勝過剛，天下沒有人不知道，但沒有人能實行。

　　‧行為良善的人不巧辯，巧辯的不良善。真實的話不好聽，好聽的話不真實。

　　‧人的巧智越多，欺詐、狡猾、詭辯種種花樣就多了。

3/5　‧以做事不做官的心態生活，較平淡自然。

　　‧「官位」、「錢位」不重要，「人位」最重要。沒有人位的官位和錢位，對人類均有害的。

　　‧行政革新只有換血才有辦法，血不換（政權不換），換來換去還是同一濁血，須全面換新生的血，才有革新可能。國民黨黨員是同一模型產製出來的，如不換鮮血，很難行政革新。

　　‧不要被名詞及符號所騙，台灣的人一生被符號及名詞騙得麻木了，因為很少注意實質的問題，如果了解符號及名詞是政治人物或媒體操弄人民的法寶，自會對那些符號及名詞厭惡的。

　　‧安排——有能力的人不被安排，有能力的人是在安排人家，無能力的人才接受人家的安排。台灣政治是無能力的人在安排有能力的人。

3/6　‧內閣無法杜絕賄選應總辭，賄選既是違法，違法無法消除，這個政府就無存在的必要。

　　‧一、人要表現柔弱，不要剛強；二、人要表現愚魯，不要聰明；三、人要無為、無私、無我、無欲、居下、謙虛、自然。

- 儒家的聖人：是典範化的道德人；道家的聖人：體任自然、拓展內在的生命，以「虛靜」、「不爭」為理想的生活，摒棄名教，揚棄一切影響身心自由活動的束縛（甚至包括倫常規範在內）。

- 聖人以無為的態度來處理世事，實行「不言」的教導。不言，不用政令，而以潛移默化的引導。

- 聖人處處謙虛、退讓，反而能夠贏得愛戴。事事不計較利害得失，反而受其益。

- 有道德的人就像水一樣，水有三種特性：一、能滋養萬物；二、本性柔弱，順自然而不爭；三、蓄居流注於人人所厭惡卑下之處。

- 鋒芒太露很容易折斷，人在成功之後，就急流勇退，才合於自然之道。

- 得道的聖人，生活簡單，只求填飽肚子，不求官能享受。寧取質樸寧靜，不求奢侈浮華（亦即我常說的，享用越多，磨損越多的意思）。

- 國君治理國政分四等級——

  最上等的國君：推行不言的教化，使人民各順其性，各安其生（老子）。

  次一等國君：用德教感化人民，用仁義治理人民。

  第三等國君：用政教治理人民，用刑法威嚇人民。

  第四等國君：用權術愚弄人民，用詭計欺騙人民。

- 大道廢，有仁義；智慧出，有大偽；六親不和，有孝慈；國家昏亂，有忠臣。

  仁義、智慧、孝慈、忠臣，這些都是大道廢棄、純樸破滅以後才產生的。它們的產生正說明了道德的破產，人心墮落，這是社會退步，不是進步。

- 國民黨說要行政革新，除非政權解體，否則難革新。「賊性難改」，要做賊成性的人不做賊很難，何況國民黨未曾受感化教

育，哪會有改過自新（即革新）之意。

3/7　・聊天才會真實，討論的就不會真實。不準備的較真實。

　　　・對人類來説，化學製品與説謊同等價值。

3/10　・言行不一之例——

　　　　一、民意代表增加人民負擔，自肥，將自己待遇福利提高超過
　　　　　　高層官員之決議（違法）。

　　　　二、國代無給勝有給。

　　　・政治人物對自身利益非常屬害，對國家社會利益就不屬害了，
　　　　真是「置國家社會生死於度外」。

　　　・民意代表並無誠心要政治好。他們一心希望政府官員有毛病，
　　　　然後將毛病作爲達成他們自己予取予求的籌碼而已，很少人關
　　　　心整體利益，政治自然不會好。

　　　・「活淨」、「淨活」是我的人生。

　　　・人能修德啓智，對社會有貢獻，才稱爲「眞人」。

　　　・總統選舉：公民直選才是明確，「委任直選」在騙人家，既然
　　　　委任了還能直接嗎？這個社會是非不分，連「委任」和「直
　　　　接」都搞不清。所謂「委任」是間接，一委任了就無直接可
　　　　談。

　　　・陶淵明：「盛年不重來，一日難再晨」。

　　　・朱子：「青年易老學難成，一寸光陰不可輕」。

　　　・日本昭憲皇太后（明治天皇后）的御歌：「心地好，黃金是財
　　　　寶；心機壞，黃金帶災害」。

　　　・《孟子》中的陽虎曰：「爲富不仁矣，爲仁不富矣」。

　　　・「御用商人」：台灣不少鉅富均屬此類。

3/12　・行政要革新，必先政權轉移或主管人員輪調，否則不可能革
　　　　新。同樣的人馬同樣結構，不可能革新，要革新，先革己。

3/13　・佛陀：一切的痛苦均由慾望和無知引起的。

　　　・佛教八正道，是個人修養及待人處世的道德標準。主張容忍、
　　　　自力、慈悲、平等是佛教的宗旨，人人有佛性，人人可成佛，

主張因果律是符合科學。佛陀是人間的覺者。

- 佛陀說受尊敬的條件（階級不一定受尊敬）：一、克制自己欲望；二、不做壞事；三、對人謙虛有禮；四、有智慧；五、能過清淨的生活。

- 四聖諦：苦、集、滅、道——

  苦諦：生理、精神痛苦。

  集諦：（苦的原因）慾望和無知。

  滅諦：（苦滅的境界）痛苦的斬除。

  道諦：中道、八正道。

- 一、健康是最大的利益；二、知足是最大的財富；三、一個可信賴的朋友是最好的親人；四、涅槃是最大的快樂。

- 八正道——

  一、正見：正確的見解。

  二、正思維：純正的念頭，不起貪婪、憤恨等邪惡念頭。

  三、正語：真誠溫和語言。

  四、正業：良好的行為，就是不傷害生命，不偷竊他人財物又不違背道德。

  五、正命：正當職業。

  六、正精進：制止惡行，進修善行。

  七、正念：保持清醒意念，注意自己的思想、言語、行為。

  八、正定：修行禪定。

3/17
- 「實」是我生存處世唯一本錢。

- 佛陀說，貪和怒是痛苦的主要來源。唯「無公道」才是我最痛苦的來源。

- 射魚、射蛙，殘忍無比的台灣社會。

3/19
- 民主政治是相對性政治，施政的結果，是相對性的結果，不可能有絕對性結果。但無民主常識和素養的社會，以吹毛求疵的手段否定民主相對精神的成果，造成惡性循環的反淘汰。

  專制政治是絕對性政治，可吹毛求疵。

3/20　•「三寶」是佛、法、僧——

　　佛：是「覺者」之意，是對證悟眞理的人的尊稱。

　　法：解釋了宇宙和生命的眞相，它能幫助人們證悟眞理，解脫
　　　　生死輪迴。

　　僧：只有高尚品德和超凡智慧的聖僧。

　　　　佛教徒皈依三寶是在尋求眞理開始，希望透過道德的培養
　　　　和禪定的修習，來達到知足、自制、有清醒冷靜的頭腦和
　　　　有智慧的目的。

　•三藏是經、律、論。

　　經藏：記載佛陀的道理。

　　律藏：出家的戒律。

　　論藏：收集佛教哲學和心理學的著作。

　•五戒：一、不殺生；二、不竊盜；三、不邪淫；四、不妄語；
　　五、不飲酒。

　•禮教六方：東方代表父母，南方代表師長，西方代表夫婦，北
　　方代表朋友，上方代表宗教師，下方代表雇員。

　•四無量心——

　　一、慈心：愛心。

　　二、悲心：解除一切眾生痛苦的心懷。

　　三、喜心：快樂和善行心懷。

　　四、捨心：一視同仁的平等心懷。

　•西方只有「物化」，而缺「文化」。

3/21　•一切改革均止於口號，很少落實，原因在於國民品質不好，無
　　落實的人才，也就是會負責任的人少，說口號較簡單，做下去
　　較難，因此均止於口號。

　•許多官員把所有時間和精力用於應付，以保住官位和過舒適生
　　活，不用心去解決問題，無心於眞正理想工作。

3/24　•一、立委審查教師法竟要求罷課權，爲人師表尊嚴盡失。

　　二、媽媽做家事也要領薪水，家庭倫理破壞，功利汙染家庭

（婦女新知基金會竟做破壞安定倫理的調查）。

· 致偉峰：無人性的科學會消滅人類的生命，無人性的民主會消滅人類的本質。

· 菩薩的六度爲布施、持戒、忍辱、精進、禪定、智慧。

3/26 · 黑道介入公共工程固可怕，而民意代表介入才是大問題。黑道的介入是下游和零碎問題，民代介入，不但威脅取得底價強行搶標，造成官商勾結、偷工減料和工期的延緩，迫使監工人員和驗收人員無法盡責地依法令規定辦事，致工程品質不佳，浪費公幣。如此重大癥結，爲何郝院長不說，主管公共工程督導會報的陳預也不提起？老實說，黑道比民代還好，如此欺善怕惡的鄉愿作風，豈能解決問題。

· 書櫃上僅陳列文化、倫理道德、教育、歷史、哲學、人性、民俗有關書籍，不陳列政治方面的書籍。政治是政客騙人的溫床。

· 挖自己具人性文化的根，引進不明不白、缺人性的西方政治社會制度，才成今日混水摸魚的無是非、不倫不類的社會現象。

· 過去的「禮」是善良的、純潔的、有感情的、有靈性的；現在的「禮」是惡的、假的、無感情、有心機，而是爭權奪利的工具，以退爲進的策略，很可怕。

· 老子說得好，見到禮就要有防心。

· 「策略性禮貌」比「無禮」更可怕，危險。

· 「企業化的禮貌」是手段，而無感情、無親情存在。

4/1 · 站在利害刀口上，能堅持道德的人才值得尊敬。

4/2 · 院會中，院長對私人土地課稅問題，主張不要稅而要分土地，趙少康說可持分土地，如此豈非政府劫取私人土地嗎？在法理上不可以，所有權神聖不可侵犯，財產權受法律保障，政府不能要人家的土地。

· 縣長任內從未向警察局長及稅捐處長關說過案件，因爲我主張維護公權力最力，要以身作則。

4/16 ・香港建設品質高，台灣品質劣，足見人的品質差。

・每日活得很密集、很豐富又有人性，人生才有價值。

・自由和民主仍應以文化為基礎，否則自由民主空洞又難實現。

・善心才有愛心，才有積德。無善心，不可能有積德。

・保持生命鮮度的兩個冰箱——
一為讀書。以無知的心情追求更多的知，並非為考試、為做官、為功利而讀書，是純粹追求更多的知識學問充實人生，豐富人生的讀書才能符合冰箱上的讀書。
二為積德。有善心、有愛心、仁心才能積德，非為一定目的或另高層次的功利而行善。

・台灣的假民主造成社會的反淘汰，和惡性循環。

4/17 ・領導階層以獨裁專制的心態和素養來喊民主，台灣的社會怎不矛盾！

4/19 ・一場全國性藝文活動不及一場告別式（參加南瀛獎頒獎有感），如此社會怎會有希望（官員和民代不參加藝文，而喜參加告別式）。

4/21 ・政府規定要到大陸（人或貿易）均應經香港或第三國，如此彎彎曲曲的制度，而不直接的作為，養成國民也成為彎彎曲曲的品質。難怪台灣人民有那麼大的矛盾，不講理。

4/23 ・政治、經濟、社會功利太重，學校道德教育難推行。

・無大公無私的絕對性格和對人類歷史負責的政治領袖，我都不會尊敬的，反而要聲討他。

4/27 ・官場的應酬，既無感情，只有利害，等於最無意義，也是多餘的。

4/28 ・我一生的路向，除了維護身心健康和勞動外，只有讀書和積德。

・施啟揚在主持行政院組織法修正草案中，關於環境保護時說，現在更需政治生態保護，不知如何能改進政治生態。我認為先有「無私」，政治生態馬上好。如果自己永遠做大官，叫人安

定和諧，那是太自私了，怎會有好的政治生態。

4/29　·權力取得前與取得後的態度和言行應完全一致。

4/30　·領導階層心態，官照做，台灣無希望，是大家事。
　　　往好方面解釋為一、無心無能；二、有心無能。

　　·院長說美國採用三○一條款，可見我們部門被動，無法主動解決本身的問題，如智慧財產權迄無法解決。惜院長所用人才大部分為被動奉承之人，並無主動負責真正做事的人，要怪誰，應怪自己。

　　·為什麼抗爭就改變態度，顯示政府機關無法治觀念，和對自己政策無信心之故。

　　·為什麼政府政策要考慮選舉時期？選舉年該做的不敢做。為維護其政權的延續，只考慮選票，非真正為國為民也。

　　·院長說，日本國民所得為我們的三倍，但不用外來勞工，顯示日本國民勤勞精神，而我們竟大量引進外來勞工，表示勞工政策失敗。

5/1　·文化有如弱勢團體，大家較不重視，因此文化活動有權有勢的人也較不參與。

5/5　·總統府設資政及國策顧問，行政院也設顧問，省府也有顧問，浪費公帑。這些酬庸性職務與民主精神違背，是專制世襲的產物，完全與民主制度不合。

　　·民主政治不是終身政治，是要打破終身政治。除非每次經民選的人，才能站在政治舞台，除實質的文官外，任何人不得運用特權占據政府名譽職，如資政、顧問……否則變成終身政治，也是專制政治，也是反民主的制度。

　　·應先剷除現行違背民主精神的制度，方有真正民主政治出現。

5/7　·甲等考試是破壞文官制度的首禍。經甲等考試者，均為權貴或國民黨黨員，用旁門走道方法進入權力核心，是他升官的助力和踏板，大部分躍升為政務官，難怪台灣永無如日本健全的文官制度。

- 內閣閣員大部分未經基層磨練而上來的，多為留美博士，只會說一口流利的英語，將政府當作他們研究的課題而已，無經驗又無實際了解，盲目的決策，只是將政府社會和人民當作他做官升官的試驗品。

- 國中志願升學不必五育均經評量，應只注重生活教育中的「德」育加以評量則可。德育是五育之首，台灣今日教育的失敗在於人性教育的失敗，尤其倫理道德的教育破產，造成今日嚴重社會問題，價值觀的崩潰。「德育」辦好，智、體、群、美四育自然解決。

- 由於台灣金錢泛濫造成賄選的嚴重選風，可說金錢代表政權，大財閥也可控制政權，賄選的人也控制政權。

5/12
- 我與人家不同之處，最主要是我要求的「標準高」、「品質高」而已。

5/13
- 地方民俗文化和典籍文獻慢慢流失，原因是選出之政治人物大部不學無術，甚至黑社會、無學識、無品德，怎能保存民俗文化，更不會保存典籍文獻，也無法創造更有價值的文化。因此，地方民俗文化典籍文獻一再流失，值得省思。

5/14
- 院會談到中和自強保齡球館火災燒死十九條人命時，院長說是行政人員不負責的結果。話是不錯的，最主要應是民代問題。現在公務員應付民代都夠忙了，那有時間去徹底想問題、解決問題？況想問題、解決問題也會得罪人、得罪民代，自找麻煩，因此這些行政機關老問題，除非解決民代外，永難解決。應檢討整個政治制度，須知萬惡之源在民代呀！

- 反賄選比反核重要。反對黨如想執政，唯有消除國民黨的賄選，否則難也。

- 台灣政府官員的話和書面報告均與事實相差甚遠，因此不可聽信，政治人物的話和報告，不可輕易採信。

5/16
- 災害發生時（如自強保齡球館燒死十九人、幼稚園交通車燒死二十三人），正是官員到處亮相作秀的大好時機（名為慰

問），從不自責辭職謝罪，均是厚臉無恥地戀棧下去，如此政府怎有希望呢！

‧不但不可有「位」的死豬占砧，也不可「名」的死豬占砧。

5/19 ‧權力足以使人腐化，國民黨領導階層在決策時，從未經思考國家整體利益和長期歷史的責任，均是隨時說什麼就是政策。權力一到手，什麼都可應付。應付式的領導階層，怎會有好的國民、好的社會、好的政府、好的國家呢？

5/20 ‧人活在世間無法掌握正義和公平，將錯失做人的機會。

5/23 ‧國民黨在立法院國民大會對罵不休，國民黨內的代表（委選與直選），也發生肢體抗爭，顯示與民進黨半斤八兩。

‧李總統告知下列事——

一、郝院長有意使國代臨時會不修憲。

二、捷運工程問題多，每公里二十五億，顧問費二百四十億。

三、對吳大猷、趙耀東訪大陸不滿。

四、大陸核爆目的。邱說：故意給美國看，表示蘇俄雖垮，中共可領導。

五、總統關心住宅問題。

六、總統關心年底立委選舉，我與邱進益均主張提名清流的人士。

七、對立委在立法院批評總統特支費事不滿，總統說，要修改預算法。

八、臨時決定，不讓邱俊男立委（批評李夫人參觀畫展向人討劃及陳癸淼也同樣）及李勝峰參加午餐、晚餐會。

九、對郝院長就健康幼稚園事件歸責於簡又新不滿（簡與張榮發關係之故）。

十、民進黨及無黨籍退出國大臨時會不智，應參加逐條辯論。

十一、總統在嘉義縣大林鎮湖北社區時強調社區文化倫理，儒教道德建設，這是我在一九八一年任彰化縣長時施政方針第一條「提高縣民氣質，建設彰化為道德縣。」的目

標一致，一直推動八年，現在他們才開始遲了些。

十二、婦聯會有存款二十七億。

5/28 ・老代表關說壓力少，因不需選票；新代表關說壓力多，因需選票之故。當然民代自私自利是絕對的，很少有知識和公義觀念，真正為社會國家設想。

・院長的公權力觀念只限於自力救濟之抗爭，其實是平時公權力的不彰，才是政府腐敗的主因。前者是明的，後者是暗，暗的腐化才是可怕。

5/29 ・連鴿子都不敢來與台灣人相處。

6/3 ・「非黑即白」才有是非，才有分明的責任，才有公道。正義，也是道德結果，倘政治不是非黑即白，將是是非不分。黑白不明的政治，是最無道德的政治。

6/4 ・如果不「非黑即白」，將變成黑道與白道不分的社會，社會無黑白之分，則成為動物園的動物。

6/5 ・活水的源頭是倫理道德，無道德的水是死水，非活水也。

6/6 ・中道：最有是非黑白之分的才採中道，並非無黑白之分的中道，更非黑白的結合，善與惡、黑與白不等值。

6/9 ・財團有本錢說謊話，你沒有本錢說謊話。

6/11 ・無是非觀念的民主制度，權力落入金權之手。台灣政界高官受大財閥牽制，而台灣外匯名列前茅，因此連美國也受台灣牽制。如智慧財產權之談判，在台灣金錢攻勢下，畢竟台灣還是戰勝美國。

・《平均地權條例》修正，新的都市土地政策，要按實際土地成交價為課土地增值稅的依據及限制私人面積等措施，這些對過去已獲暴利的大財閥不適用，只是在限制未來新發展的人，而那些已獲暴利的大財閥可高枕無憂，永成為台灣的大富豪，無人可再超過他們，因政府只在限制未來發展的新貴。

・說實在的話，說事實的話，較不簡單；說不真實的，說不負責的話，只要不是啞巴，大家都會說。不真實就不負責，現在官

員大部分是說不負責的話。

・無是非的社會，唯有「無為而治」的方式，始能真正做事。

・敢死也要敢活。

・官員在兩蔣時代做錯了會感到嚴重，如吳伯雄負輔選歐憲瑜失敗之責。現在官員做錯了，無動於衷，官照做，官照升，無是非也。

・不要有「貨底」的政治。剛開業無貨底，久而久之，貨底一大堆，會拖垮公司。新官無貨底，有資源可發揮，但久而久之貨底多了，也會拖垮政府。

6/15 ・總統府月會舉行宣誓，由謝生富等宣誓。我的感想：宣誓歸宣誓，做歸做，很少人依宣誓內容實踐，只不過在騙人而已。

・台灣政治要好，應徹底執行追蹤制度，依誓詞內容追蹤。

・只要政治有是非，威權體制何妨，最怕是政治無是非，社會無是非。

・有是非的威權比無是非的民主好，其實無是非自然無民主可言。

6/18 ・文化工作最不需要錢，大家都不做了，如果需用大筆錢，還有誰要做呢？（院會簡報六年國建有感）

・對「人」不可現實化，對「事」應現實化。

6/19 ・民主政治，有支持也有反對，正確答案「是非分明」最重要。

・無倫理道德的行為，只有功利的買賣行為而已，包括老師的教學也成為買賣行為。

6/21 ・他（權勢者）敢得罪道德，不敢得罪金錢，這是政客型的人。

・《自立早報》徐璐前來採訪，她問我既不加入國民黨也不加入民進黨，你的政治前途如何？我如是回答：「我無自己的政治前途，只有國家子孫的前途，任何說自己的政治前途，均為自私自利的政客。」

6/23 ・競選時我連「拜託」都不敢說了，現在不少候選人還拿錢去買票，甚至下跪求票，天壤之別。

- 賄選的天下，主政者還有資格說民主嗎？應是錢主吧！
- 我一生所爭的是倫理道德和分明是非，而非爭權奪利呀！
- 國民黨過去是硬中無刺，現在是軟中帶刺，反對力量在軟中帶刺下，無可奈何！
- 競選說「拜託」是最無格的人，「買票」更是無格。
- 無公義只有黨派利益之人，本來就不美了，還有人提倡文化。面前不美了，還說什麼美術，真是騙人的。

6/25
- 《戶籍法》廢本籍，採出生地，用意在消除省籍對立，唯將祖籍消除，違反認祖歸根的傳統，貿然採無根觀念的西方出生地主義，是消滅文化傳統的例證，是倒行逆施又一例。
- 台灣產業衰退原因——
  一、往大陸發展，低地價、多勞工、環境好、成本低。
  二、台灣地價高，勞工成本高及問題多、抗爭多。
  三、政治：黑金政治、人性消失、倫理道德喪失。

6/29
- 在民主時代，想要當官的就去參加選舉，不經選舉出來而想當官的是反常，無民意基礎非民主也。
- 賄選腐蝕政治，缺德腐化社會。

6/30
- 只注重國民所得之多少，不注重文化人口、藝術人口、音樂人口之多少，國民所得越多，文化人口越少，非開發國家。
- 我說話是說「做」這一階段，不說「空話」那一階段。

7/2
- 國民黨如此腐化，違背公義的決策，為何輿論和學者民眾無法以正義意識攻擊國民黨，讓國民黨公然腐化下去，足見這個國家已乏正義之士。
- 邀請業者座談是形式的，業者還是說的一套、做又一套，明的一套、暗又一套，是是非非、真真假假，是台灣社會的正常面。
- 不重視文化與道德建設的政務官，是歷史罪人。

7/3
- 有官無德反足以為惡，有才無德也足以為惡。

7/7
- 國代既為無給職，然國代祕書長陳金讓及國民黨書記長謝隆盛

不死心，仍以對監委、大法官、考委之同意權爲要脅，壓迫黨中央支持爲有給職。以投機取巧的方式，鑽法律空隙，將無給職變爲有給職，輿論爲何不監督？國民黨領導違憲、違法，還有資格叫國民守法嗎？

7/9 ・如此內閣，當郝院長提起新莊市公所將垃圾運至中南部亂倒時，環保署長及連主席均在說蓋焚化爐，而不針對新莊市公所目前違法行爲如何處置，因此我提出要以違反廢棄物處理法或其他法令之規定處分違法的新莊市公所，結果院長只裁示供環保署參考。虎頭老鼠尾。

・院長說賄選要由教育著手，但教育主管迄未提出有關「賄選的教材」，怎能推動反賄選教育呢？

・大腦的功能：一、吸收；二、理解；三、記憶；四、創作。

・民主國家還有「褒揚」嗎？

7/11 ・不能以社會結構的改變、多元化、轉型期社會，來解釋政府的無能。

・政治人物要公私分明、是非分清、有善惡之心，尤其要有疾惡如仇的氣節。

・法治的國家，是將人當作動物管理；道德的國家，是將人當作萬物之靈的尊嚴管理。

7/12 ・新加坡國會議員均一時之選，學問、智慧、能力、品德均爲上乘，無包工程、包娼、包賭。台灣用賄選，然後用包工程、包娼、包賭起家，因此台灣的權力結構是金權，是包工程、包賭、包娼，是無知、無德之徒，台灣的政治自然不會好。

7/13 ・賄選是國民黨的法寶，無賄選國民黨就要消失。

7/14 ・民主是負責的，不是不負責的，台灣的民主只是不負責任的爭權爭利而已，有負責任的人很少，這種民主造成反淘汰的社會。

・我每日以嚴責己，反省自己、檢討自己，這些累積就是我今日的一切。

7/15	· 喜維護古蹟歷史文化的人，較念舊、較會感恩。

7/16　· 愛心更應有是非之心。倘若是非善惡無法分明，那種愛心只是偏心而已，並非真正愛心。尤其公職人員更不可以自己的喜怒哀樂來決定愛心。以自己喜怒哀樂決定的愛心，是私心、偏心，而非愛心，應弄清楚。很多政府首長公私不分，高唱愛心，造成倒行逆施的反淘汰施政。自私自利的愛心，存於政府首長者不少。

8/3　· 抵銷性的措施不應由政府提倡，如彩券之發行。

　　　· 國民黨只求選舉勝利永遠執政，然參選者，地痞、流氓、黑道、投機的股票戶、賭徒、包工程、包娼、包賭者，均為其熱門人選。他們拚命使其順利當選繼續執政，如此為害社會子孫，將一片清淨鄉土汙染成垃圾地，實為歷史上最不負責任、最可惡的黨。

8/4　· 好官與惡官之分在於私心之有無，私心可從其言行舉動看出，是很簡單的事。

8/6　· 林洋港最近才提倡道德。他在縣長、台北市、省主席、內政部長任內，並未大力提倡。本人在一九八一年就任縣長時之施政計劃，施政方針第一條即為建設彰化為道德縣，他們迄今才說道德建設。唯道德非口號也，由人的言行舉動就可看出有無道德，要由本身做起，以身作則，做模範也。誰有資格說道德？國民黨的大官大部分是爭權奪利、自私自利，怎有資格說道德呢？

　　　· 唯有真正倫理道德與文化，才能消除不道德、假文化的政權。

8/8　· 道德心強的人領導國家，則其國民幸甚。

　　　· 高速公路上大貨車客車開內線誰去管？壞人不會開車，統統到高速路走，誰去管？只管超速、路肩而已。他們為了執政，怕得罪大貨客車的人，因此不敢取締。

8/10　· 無是非的民主比獨裁更嚴重。

8/13　· 行政院祕書長違背為政務委員與人團法理事不得兼任祕書長之

規定，堂堂行政院率先違法，教國民如何守法。

．行政院院會並非內閣會議，大部是列席人員發言，不成院會。

8/14　．如果要我說假的（說謊）我寧不說。但現在政治人物，只要無啞巴什麼都說，尤其說謊才能升官。

8/16　．寧為啞子，不願說損人利己的謊話、假話。

．日本高校運動會中看到各校熱情的啦啦隊，台灣的運動會有此運動熱情嗎？

8/23　．台灣政治和社會欲淨化是很困難的事，因官員本身並無淨化，怎樣去淨化他人呢？如交通違規取締，交警和官員已有違規習慣，怎樣會持久執行呢？環境衛生也然。

8/24　．漢儒賈誼說：「知善而不行，謂之不明。知惡而不改，必受天殃。」

8/25　．不管你有多大權勢、財勢，你的人生價值是倫理道德。有倫理道德，才有人的氣質；有人的氣質，你才可活得像人、成人。否則縱有權勢可玩弄權力把戲，有財勢玩弄政客和踐踏社會，以權力和財力的壓力使人不得不尊重（勉強的尊重），可過著貼金粉飾美麗的榮華富貴，但本質上既無倫理道德的感受，人生有何意義？政治人物和財勢者大部是活假的，每日應付玩弄權力財金就不夠了，哪有冷靜的環境去活真的，因此我對無倫理道德的大官、大富，絕不尊敬。

．有錢的人用金錢來包藏惡心，而成偽善偽君子；有權力的人，用權力來包藏惡心，而成偽善偽君子。

8/27　．李先生取得政權後，因受權力基礎未堅固之影響，並無針對台灣真正問題，如社會風氣、教育、政治改革……根本問題下功夫解決，只是以官式的一方面參觀建設，一方面與政治人物和財團的應酬。他並沒有當省主席、副總統時的企圖心。現在是總統照做、官話照說、腐化照腐，我實在很擔憂這個國家和子孫的未來，照這樣下去，台灣人很不幸。

．甘願花五千四百萬元來做六年國建的宣傳費用，其意義何在？

為何國民不相信政府六年國建呢？如此高達八點三兆的預算，國民竟不相信，還要花五千四百萬老百姓血汗錢來大作宣傳，政府該檢討之點在此。政府不務實的作風是人民不信任的主因，騙久了自然無人相信，才要大作宣傳。宣傳與完成是一段很遠的距離。六年國建每日電視新聞媒體報導還不夠嗎，還要花那麼多錢宣傳？宣傳是騙人的。政府應務實，不重宣傳。如果政府還像藥廠一樣宣傳，像什麼政府？五千四百萬可建設許多水溝、道路，如此揮霍大手筆，並非勤儉建國精神。如果我主政，我不會花此無意義的錢。

9/2 ・倫理道德是當自己日常生活能絕對的力行，然後才有資格提倡，道德不可被政客當作其包裝權力野心的利器。

・溫故知新是指知能而已。至於道德就是道德，不可能有新的，尤其私人力量能創新道德嗎？騙人也不要騙那麼厲害。

・為什麼喜喪事會冠蓋雲集、車水馬龍？因為台灣的權貴只有參加喜喪事的水準和程度而已，他們不敢參加文化活動，因需具備道德性和文化素養，他們才敢參加，難怪文化活動比不上一場喜喪事。

9/3 ・要清除國民黨政府的腐敗政治，必先追蹤政治人物道德條件：言行、舉止、行動。

・只要有災害（水災、風災），地方政府及水利機構都皆大歡喜，因搶救災、復建均有利可圖。它們心態並非在「災」，而在「錢」的機會來臨（人性和道德問題）。

・追蹤比說話更重要（追蹤說話的人有無照話做）。

9/5 ・不重是非的官員會讓下屬很難工作，做事只有靠運氣不是靠努力，將造成反淘汰。

・有道德才有權威，無道德不管官多大、財多少，均權威不起來！

9/7 ・不遵守道德的人是不會守法的。

・先考量道德再考量功利。

9/10　‧民主政治是無是非政治（政策無明確的是非感），明明是「是」，但政策不朝「是」方面走。

9/12　‧無是非就無公道，也就無正義可言。

9/14　‧無公道的勝利是永遠的不勝利，也是野蠻的勝利、霸道的勝利！

　　　‧無公道的生活習慣，就是無良心的人。

　　　‧有良心才有公道。

　　　‧柴契爾夫人說：一、人性不管是好是壞，都不會改變；二、自由不應變成為「無政府狀態」。自由必須是法律的產物，否則有如「洪水猛獸」。

9/18　‧正義公道與政治很難一致（觀政治人物的決策，第一著眼於既得利益，自難有公道之考量）。

　　　‧大陸與台灣問題無法解決，省籍意識深，台灣的政治自難搞好。國家認同與省籍意識存在，使台灣的政治無法做好，彼此均在說謊話，虛偽、虛應，怎有心求工作績效呢！

9/19　‧土地增值稅如不按實際出售價格計算，則其他商品之買賣均可不按實際售價計算。如不按實際售價計算，這個政府將成為不實在的政府，這個社會永遠是不實在（假）的社會。

9/21　‧政治人物無實力說實話，無實力做實事，因此一切都是假的。

9/23　‧日本參議員井上裕（前文部大臣）說，日本大臣最多做二到三年，大部分一年多。而我們均由這些職業部會首長霸占輪流做，自無法革新。

9/25　‧多數黨不得以其多數侵犯既存法律，既存法律不管多數或少數，大家均應遵守，不得以多數表決遵守與不遵守。國民大會大法官會議解釋為無給職，國民黨竟擅改為有給職。

　　　‧民進黨的成立只是給國民黨過去違憲違法將為人民唾棄之局，反而成為合法化的違憲違法而已，其他並無功勞可言。

　　　‧民進黨只在爭取立法院召集委員多寡而已，並非在監督。

　　　‧國代支給條例是違憲。國民黨利用多數違法，同樣帶給郝院長

難堪，郝院長怎麼做均被抵銷。

- 在立法院的感想——

　　一、國民黨立委只想利益，無是非、無責任，更不想做事，只在考慮未來提不提名而已。

　　二、民進黨只在作秀，對問題無通盤了解，有頭無尾，無法追蹤到底，永無結果。

　　三、行政院長施政報告和首長答詢，說的跟做的完全不一致，不能做的也在騙，能做又不做的也在騙。哪位立委能道出究竟？總之，站在公道、正義的心情，我實在很痛心，不想滯留，過著非常不明確的矛盾生活，這樣會生病的。

- 希臘哲學家普洛塔哥拉斯（Protagoras）說：「人是萬物的尺度」（Man is the measure of things）。

- 財團的財富大於國家資源，又介入政治，而領導階層又與財團掛勾，是危險的一件重大問題。如大財團均在政治上操作起來，我們的政府將是財團屬下的一個單位。

- 郝院長說，法治不佳是政府執法不力。人民不守法，其實是政府自己不守法，失去公信力，人民自無必守法，如國代無給職又變為有給職、新莊公所垃圾載到他縣市偷倒。

- 貪汙案件那麼細密都可抓了，公開的賄選無法抓，其他刑案可破得那麼多，賄選應更容易抓，為什麼不抓？是為與不為也。甚至政府（國民黨）人員還在保護買票呢，否則會失去政權。

9/28 ・孔子說：「從心所欲，不逾矩。表示可自由，但不超出道德。與德國憲法規定同。

9/29 ・一、修身以道，修道以仁，仁者人也（《中庸》）。

　　二、仁愛的思想從小培養出來的，也即始於「孝弟」。君子務本，本立而道生；孝弟也者，其為仁之本與（《論語》）。

　　三、無仁心者，不能算是人（《孟子》）。

- 《論語》〈為政篇〉有云「道之以政，齊之以刑，民免而無

恥；道之以德，齊之以禮，有恥且格」。

9/30 ・我的思維很快成爲決策，不成爲決策的思維等於做夢。

・最高法院檢察長陳涵聲明，嚴抓賄選，並提供一千萬檢舉獎金，這是政治號召，是配合政治欺騙人民，誤導人民的騙局。到時會抓幾個人？數百萬票的賄選，只抓幾隻貓，如此檢察有何效能？

10/1 ・我說的是行動的話，別人說的是作秀好聽話而已。

・官員均做給記者看，並非眞正爲國爲民，倘若不爲記者而做，記者可一筆勾消，否定一切。大家只要怕記者，討好記者，就可爲官，長治久安了。

・民主國家怎會有職業部長？台灣口說民主，但大部爲職業部長。

・民進黨的成立使國民黨的專制合法化，李先生的就任使國民黨的因果關係中斷（使國民黨免受清算鬥爭），也即救了國民黨及外省人，這點台灣人均不清楚。

10/2 ・民進黨在立法院進行抗爭時，國民黨立委即出來纏住民進黨立委，而民進黨立委也都受他們纏住後失去威力，爲何民進黨會接受此種招式。

・民進黨立委今晨院會一直要求王建寧部長下台。民進黨爲了選票向惡勢力低頭，違背正義，如果政治人物能支持王建寧的主張，相信對台灣有很大的幫助，尤其改革才能達成。

・君子有三樂，而王天下不與存焉。父母俱存，兄弟無故，一樂也；仰不愧於天，俯不怍於人，二樂也；得天下英才而教育之，三樂也。（《孟子》〈盡心〉上）

10/6 ・無道德的政策是好的政策嗎？無道德可行嗎？無道德只談可行政策，我想販夫走卒都會做。道德修養是最難行。無德道大家都會做，不需總統或行政院長。

・無道德、無是非、無公義的政治是動物園內的政治。

・民進黨立委的提案，不管內容如何，國民黨立委一定否決，如

此無是非觀念的政治，國家不亂、社會不亂才怪，很悲哀！我們的領導階層缺道德理念和素養，使我對這個國家的未來已心力交瘁、絕望又絕望。

・立委總質詢，國民黨立委充當皮條客，進行阻止或疏導質詢委員。

・林宏宗為大林浦居民被押提出質詢時，郝院長答：「居民圍廠是違法，當然要嚴加處罰，居民可圍廠還像什麼政府呢？」如果政府侵害人民權益，政府又無法解決，不要說是圍廠，就是推翻政府也應該的。郝院長站在統治者的姿態來對付人民，須知現在是民主國家也。

・不分區代表制之目的原為容納專家學者參加，如今淪為政黨分贓策略性運用的籌碼而已。

10/8 ・如果無道德為基準，只靠權威和現實的領導，無人敢做真事，只有靠運氣了，台灣的領導者為建立個人權威，排斥道德，如此才能上下其手，大小通吃，將成權力足以使人腐化的政府。

・無道德就無價值觀，就無是非善惡之分了，難怪這個社會變成「誰怕誰」的社會。

・郝院長強調「決策應本良知，是非道德正義而為」，與李總統「可行才是好的政策，無關道德」相對立。郝又說，決策以是非之分為前提，非考慮得罪誰而為衡量決策的標準。我感到郝說的不錯，但他做起來是兩碼事。他如能言行一致，是國家福。

10/10 ・民主政治是功利政治嗎？無道德的功利有何感受嗎？人類的進步應講求有道德的利害，有是非為前提的利害。現在的民主是談利害，無是非可言，將毀滅人類的道德良知，甚至人的尊嚴。

今日的國慶充滿著輝煌功利的成果，是國民黨政府破壞傳統倫理道德的總成績。

・社會如有是非，國民黨就會消失。

10/13 ・洪奇昌發言時，國民黨外省立委葛雨琴、洪秀柱、周荃、王天競、郁慕明、趙振鵬、周書府、陳歷健（僑選）在台下鬧場，而本省籍立委均無動靜，足見要破除國民黨政權，迫不得已要順勢挑起省籍之爭，才有辦法引起風潮，國民黨才能崩潰，否則已無藥可救。

・蔣介石以「反攻復國」神話，騙了四十年，統治四十年。李登輝又以「統一綱領」來騙外省人，統治台灣。

10/15 ・可行的政策，盜、賭都不要流汗、流血，就可得到可觀的目的，是最可行的辦法。

・掃除六害，六害爲嫖、賭、毒、盜、搶劫、賣淫。

・中共經大改革，政治維持威權統治，是新加坡模式。

10/16 ・立法委員絕大多數無良知，每個提案不分是非清紅皂白，也不管對國家對人民是否有利，甲否定乙、乙否定丙，而國民黨打手黃正一、李友吉，專門充當皮條客，當說客兼否定人家的提案，實在可惡。

・對問題的分析應如電腦斷層掃描切片的精密，才會迅速正確。

・出國時，入國境申報單（外國）填「R.O.C」均不通，郝說就是要堅持填「R.O.C」，謝長廷說如此完全不能入他國境。我們今日經濟好是靠貿易人才到處奔波而得來的，然這些人如填「R.O.C」就不能入其國境，如何做生意？故他們均填「Taiwan」才能進去。因之，台灣今日經濟繁榮完全是填「Taiwan」所賺來的，不是「R.O.C」賺來的。

・立法院總質詢看到國民黨兩位打手趙振鵬、周大府，完全不是以立委身分參加，而是充當國民黨打手而參加立法院。民意代表如此材料，難怪政治辦不好。

10/19 ・無道德而一味強調守法、法治，是無效的。

10/20 ・「世間的七宗罪」的第一宗罪爲沒有道德的政治。如今李先生說「可行的政策就是好政策，無關道德」，顯然與甘地矛盾。國家的政策、個人的發展策略均應基於道德，無道德的政

策和行為均非人類之福。

- 陳水扁總質詢內容具體殺傷力大——

　一、郝惱羞成怒。

　二、外省立委護航，劉松藩也護航。

　三、不公道、不正義的立法院，始終無道德出現的立法院，可
　　　恨可悲！

- 道德：無形的誠信、守約（不需書面約定）。

　法律：以書面合約才信守。

10/22 ·李總統前日說監委不需具備「高風亮節」條件，只需各行各業
　　　的知識則可。這真是令人遺憾，殊不知法官、檢察官最具專業
　　　知識，但司法最為黑暗，原因是司法人員欠缺高風亮節。「高
　　　風亮節」是公務人員最基本的條件，監委更需高風亮節。

10/28 ·過去我常說：「萬惡之源在民代」，現在「萬惡之源在政
　　　治」。萬事摻入政治成分，說政治話均會避開道德良知，全部
　　　是假的，是騙人的。

- 政治人物是職業的說謊者（台灣）。

10/29 ·實施民主自由就要付出相當代價？也即付出無是非的代價。

11/4 ·政治雖應考量各層面利害得失，但絕不能犧牲人的品質而達成
　　　其他的目的。

11/8 ·中共一黨專制，日本一黨專政（自民黨以金權的一黨專政，不
　　　比中共高明），台灣也是一黨專政，也是由金權和黑道結合的
　　　政權。

- 一、中共（窮人）：窮人的環境必須解決，窮人需要的政治。

　二、美、日（富人）：富人的環境，自需符合富人生存的政
　　　治。

　三、窮人與富人的政策不可能一致。窮人的國家實施社會主
　　　義，富人的國家實施資本主義。

　四、窮人與富人的政策均需人性、倫理、道德和精神文化。

- 國民黨四十多年也是靠獨裁，違反人權而坐大的。中共正在學

國民黨十年來的台灣經驗，來振興大陸經濟。

11/14 ・失去倫理道德的自由民主，將是惡性的自由競爭，會造成反淘汰，最後到達的理想，也只是「動物園」而已。

11/17 ・鄉間民俗文化漸漸消失，政府應多加輔導和保護。

11/19 ・真（事）實意識的形成，能做事才有用，只會說、寫、應付的人，是不會「做」的。不做、不會做，什麼也沒用。

11/20 ・有權力不做裡子，只做外表，是枉費。

・做外表即在作秀。掌握權力的人，大部是做外表秀。

11/23 ・政治是權威的價值分配，而非價格的分配。

12/1 ・美國貿易代表奚爾斯（Carla A. Hills）來訪。台灣只高興美國自斷交後第一位閣員來台，這是台灣主政者的目的。他們不擔心奚爾斯來訪，會不會在經貿上帶給我們的壓力或造成不利。如果有不利，而他們又高興美國第一位部長的來訪，實在是國民黨政府一貫騙老百姓的伎倆。

12/5 ・郝柏村四日在公視《有話要問》節目中說，政治人物應具四項修養：良知、抱負、智慧，並講求藝術。其實最主要的是「能力」，也即能做事的能力。無能力做事的人縱有良知、抱負、智慧，也無成果可言，可見台灣的政客，不但不會做事，也無能力做事。

・陳哲男既已被國民黨開除黨籍，其得票仍計為國民黨的票。縱有法律規定該法是惡法，也是惡人所立的無水準的法。如此無是非、無公道的社會。

・出名方式——

一、殺人、放火、強姦、搶劫，最容易出名。

二、爭權奪利，為目的不擇手段的奸商、政客亦容易出鋒頭，但很快就消逝。

三、擁有立德、立功、立言的智慧和完美人格的慈善家。

12/17 ・政府迄未准許人民到大陸旅遊，但到大陸投資卻如火如荼的熱烈，公權力在那裡！

‧民間對公共設施投資不熱衷原因——

一、與政府做生意或發生關係，易生「瓜田李下」之閒話（圖利）。

二、公權力不彰又不振的情形下，易成為抗爭對象。

三、易受民意代表的牽制和干擾。

四、利潤不高又易惹來滿身腥的後果。

五、自己做生意不會樹大招風，有獨立自主性，利潤又較優厚（行政院院會審查「都市計劃公共設施用地多，目標使用方案。」提供民間投資有感）。

12/24 ‧國民黨到現在還在談意識形態，還說什麼憲政改革，以此來掩蓋建設（有形、無形）的不力和失敗。其實台灣如果有正經的人執政，實不應該再談意識形態和什麼憲政改革，應把精神放在國家建設上面，尤其是教育文化、國民品質的提升，然後注重開發國家的公共建設。

‧行政院院會郝院長說，這次立委選舉，賄選者均落選。其實國民黨提名候選人並非賢能，只有準備賄選又有賄選能力的始被提名。如今要打擊賄選，造成國民黨的大敗。國民黨一方面提名金牛及準備賄選的人，另一方面又要反賄選、抓賄選，這種的黨矛盾真可惡。

12/28 ‧監委提名小組成員洪壽南、鄺景福、溫子亞、羅光等均係年邁過時又與外界隔絕人物，叫他們提名猶如瞎子摸象，至多是橡皮章而已。

12/31 ‧輿情報告時「大家對賄選深惡痛絕」。賄選絕大多數為國民黨，如此可說，大家對國民黨深惡痛絕。

1993年

I/4 ・國民黨及其政府的人事布局非以有能力做事為條件，而是以酬庸性或背景利害而決定人事，因此這個黨及政府一定會爛掉。

I/6 ・謝東閔經常說：「有容乃大」，這話不錯，唯應有是非善惡之分。如果容納「非」與「惡」，會「乃大」嗎？如果是「是」與「善」，當然要容納下去，自能「乃大」。

・台灣參加政治的人如不重倫理道德，將比洪水猛獸，魚肉人民更甚！

I/8 ・有些財團以偽善來掩護其最大獲利的罪惡。

I/10 ・所謂「民主」是你歪我歪、你亂我亂，大家歪大家亂，這樣大家甘願。

I/12 ・看到立法委員及國代開會，不是「罵」就是「打」，可請問教育部長，教育是否成功？

・如何做一個受尊敬尊重的人，可能就是現代價值觀的關鍵問題。

I/13 ・抗爭遊行那麼多，政府一點反省檢討都沒有，只會靠鎮壓和鐵欄杆對抗。

I/14 ・經建會報告兩年來經濟發展情形——

一、經濟成長率百分之七，為亞洲四條龍及各工業國之冠（但原因是靠大陸出超，也就是經香港而來的，非正常現象）。

二、國家投資增百分之十四點一（但未估計關閉廠商數，是報喜不報憂的騙人伎倆）。

I/16 ・政治人物的心態與賭博幾乎相同。當政治人物未取得權力時，什麼都幹下去，一旦取得權力後就保守不作為，猶如賭輸錢越賭越大，走極端，賭贏錢就越賭越小、越保守。因此由賭博心理，可看出政治人物的作為。

I/17 ・權力與道德成反比例，悲哉！

I/18 ・任何事均應從政策層面考量，非車站叫客式野雞車的作法，台灣是野雞車式的政府。

1/19 ・現在的報紙才是真正的「紙老虎」。

1/20 ・以郝趕李，李走後郝又不走，猶如我的同學曾金兆找老兵趕走占住戶，後來老兵不走一樣。

1/21 ・內閣總辭是體制及道德問題，豈可提國民黨中常會決定。倘若民進黨立委超過半數，國民黨不要經中常會決定總辭嗎？倘若中常會決定不總辭，民進黨過半數以上立委席次還不能執政嗎？

・綜觀全體內閣閣員，幾位有智慧、有擔當、有能力、有整體眼光規劃百年大計之才，要找幾位真正能替國家歷史負責的人，實在相當困難，大部分是做官的材料，並非能做事的。

・由內閣總辭可看出國民黨外省大老及部分台籍政客的猙獰面目，說為民為國是外衣，真正的心是爭權奪利。松江路論情西餐廳火災，奪取三十三條生命，造成二十多人輕重傷，他們有點惻隱之心嗎？表面上是到火災場地作秀，其實滿心在奪權。況且一連串火災，每次死亡數十人，均無法解決，且一再發生，如此，主政者誰有心負責？既無能力阻止災禍一再發生，政府可不負責嗎？早該下台，人民何幸？

・政治和社會「事實惡化的嚴重」，為政者迄仍滯留於老觀念舊認知的階段而已，因此在政策的形成往往無法對症下藥。如論情西餐廳火災後，黃大洲市長的報告仍是一片濫調，找不出有魄力和辦法來杜絕類似情形發生。

・目前沒有能力和品德皆好的政務官，應建立絕對健全的文官制度，國家才能健全發展。

・前晚郝柏村宴請李煥、林洋港、梁肅戎、李國鼎、邱創煥、許歷農、沈昌煥、王惕吾等人，在決定新閣揆及考試院長。這些是總統的職權，他們憑什麼要去侵犯總統的職權呢？

・如果是民主國家就不應永久占位，永遠盤踞要津，否則就無資格談民主政治。台灣的政界大老最不要臉，要終身占據權位，又大言不慚地大聲喊民主政治。

1/24　‧國民黨部分黨員終身利用國民黨，吃國民黨，又不滿國民黨，罵國民黨太可惡。

‧國民黨氣數將盡，中央還在奪權，探訪民隱時聽到百姓心聲。

‧一夜難眠，對世局和台灣政治發展深為憂慮，壞人出頭的民主更感不安。

‧郝內閣打擊農業，如禁止養豬、壓抑菜價、批判農業基金、取締漁塭⋯⋯造成立委選舉農民選票大量流失，這個責任完全應由郝柏村負責。履次院會他對農委會余主委極盡刁難，而農委會預算盡力刪減，我早已覺察到。他認為農民較可欺侮，而盡力捧工商界，殊不知工商人士講利害，農民忠厚可靠，加以幕僚無知又不關心農民，才造成今日之局。

1/27　‧內閣閣員不知國家的格局，只知道如何應付保護官位和再升官而已，可說是「做便官」。

1/28　‧每位閣員或政務官，除了專業知識經驗和能力外，均首應具備國家意識整體觀念和對子孫的歷史責任感，但很可惜在威權僵化統治下，閣員和政務官很少有上列條件。

‧讓學生多看忠孝節義的歌仔戲，因學校教育已無忠孝節義了。

‧國家應設立閣員和政務官的基本訓練所。

1/30　‧民主選舉是一次授權而非分期式的授權，總統既經國代選出及中央委員選出，在其任期內有一切權力，任何人不得干預。行政院長之提名權及中央黨部祕書長之任用權，是由總統及黨主席決定，郝先生怎可干預，並以其屬意人選為決定總辭與否的條件。很不妥。

‧國代臨時會，民進黨抗爭要郝柏村下台，場面尷尬異常，但國民黨無法疏解，足見國大祕書長陳金讓及黨書記長謝隆盛的智慧和能力（放任其自生自滅，大家都會）。

‧國民黨的政治人物，在地方上難令人尊敬，才無法獲得民心民意的支持，這是國民黨的困局。

2/1　‧要永遠「做人」，不要永遠「做官」；要永遠「做事」，不永

遠「作秀」。

2/2 ・不做「教父」而要做「平民」。

2/3 ・如果均為民主動物園，小動物園較會發生問題，大動物園較不會發生（台灣與美國之比）。

・好貨也要好的包裝。過去主持縣政績效為縣民肯定，惜不重視包裝，把包裝的時間全都用於工作，忽略包裝。人家政績不好或劣貨都善於外表的包裝，使其成為好政績或好貨（虛偽）。

2/4 ・我的個性喜「做事」和「解決問題」，不想做官或任何形式的權位。

・俞大維的養生法：一、寬以待人，無政敵；二、積德，不害人；三、兩袖清風，不忮不求。

2/8 ・民主政治最重要的是倫理政治。無倫理就無法尊重民意，無倫理就不知其責任，也即無民意政治、責任政治可言。看到主流與非主流新國民黨連線，國民黨永久大亂，其因是無倫理素養之故。

・蔣經國辦公廳一對聯：得意事來處之以淡，失意事來處之以忍。

・以接力賽來比喻政務官的新陳代謝。政務官負責決策應有充沛精力，但精力旺盛是短暫的，無法持久，如同接力賽開始接棒時跑最快，但要交棒時速度是不如接棒時快的。因此，如要提高速度、高效率，接棒時應選擇充沛氣勢者為之，對社會人民始有貢獻，已走到無力的人應速交棒，勿握著棒由跑步變成走路，還不交棒。上述形容台灣部會首長不交棒，甚至還會跑到別的跑道繼續亂跑（換到別的部會首長），如舞女般的不斷轉台，怎能跑出政績來？如果是真正快跑，早就跑死了。

・台灣的民主是「塑膠」的民主。

2/10 ・如果說「新道德」，我想是「要做工，要做事」。至少言行一致，最好「行多於言」，才是最公道，才能算為新道德。

2/11 ・要妥為規劃並運用有限的生命資源，勿被功利所浪費或抵銷。

- 開始時較尖、較銳利，經琢磨，久而久之成圓，較鈍。人也亦然，剛開始衝勁十足，事事尖銳，但經折磨，久而久之銳氣漸失。如果能始終一致，將感佩萬分。

2/12
- 一、以接力賽作比喻，一千六百公尺每人跑四百公尺，每人開始接棒時跑最快，待走到三百五十公尺時已無力，速度慢下來。但雖然速度變慢，但還占跑道不交棒，台灣的政治人物是也。
  - 二、十人每人出一千元，共一萬元要辦一萬元的菜。但結果那人只辦二千元而已，無形中賺八千元，菜自然不好，因此應換人辦。換只繳一千元，卻能辦八千元以上的菜色人來辦。

2/18
- 台灣是富而不貴的社會。

2/20
- 一個人一生要活得清楚、明白，一點也不能馬虎、不能糊里糊塗地活。要清楚、要明白、是非分明、善惡分清，人的價值觀清楚，才有意義。

2/22
- 功利教育最成功，人格教育最失敗，造成今日富而不貴的社會。
- 國民黨只能以職位分贓來解決問題，此種解決方式越解決問題越嚴重，越陷越深。

2/25
- 富而不貴，富而賤，富而不仁：不高貴就是沒有價值，無意義，將無尊嚴。富而不仁不受尊敬、敬重、尊重，台灣的社會只有「富」，無「貴」可言。因此不能算是「富貴」的人，只算是有錢人而已。
- 民主政治任何掌權者不管有無建樹，千萬勿為自己在位，而使整個社會負面和沉淪。

2/26
- 有「良心」才會留「心」。
- 內閣改組，新閣員好像推出一批人，成果如何無法預料。有良心的人會推出一批有智慧、有經驗、有責任、有能力的人，才會壯盛，才會開花結果。反之，不會開花結果，誰負其責呢？

3/1　・所謂「貴」——
　　　一、地位高。
　　　二、高尚、人格、有尊嚴、有風範。
　　　三、價值高。
　　　四、受重視（人的珍貴）。
　　　五、難得、受尊敬。

3/2　・弓滿則折，月滿則缺。
　　・朱子說：「凡名利之地，退一步便安穩，只管向前便危險」。
　　・知足常足，終身不辱；知止常止，終身不恥。

3/4　・承德路公寓倒塌事件，黃大洲先報告事後補救措施，並未檢討原因和追查責任。

3/5　・僵化、麻木化的台灣，只有「口」可以動員，「做」就無法動員。因此「口號」的動員做得不錯，「行動」的動員就不然。
　　・潘維綱立委一直強調女性執政課題，好像在製造性別糾紛，與製造省籍糾紛無異。

3/6　・難道好人就不能賺錢嗎？只有壞人才能賺錢嗎？我的看法，好人賺錢才是肯定的，壞人賺錢是不正常的，因此，經濟發展繁榮，人的品質應更好。可惜現在社會是相反的，有錢的人，倫理道德水準較低，足證現在有錢人是在缺乏道德下賺來的錢，才造成今日無倫理道德、無是非、無公道，只有功利、講利害的社會。難怪政治問題、社會風氣、治安問題，層出不窮。
　　・富貴齊備才是最完美的人生，如果不富而有貴，人的價值起碼還可維持，最怕是富而不貴。台灣目前也是只有富而已，國格也僅此於「富」而已。人不貴、國不貴，值得驕傲嗎？

3/8　・過去只一個皇帝，如果說是為害百姓，一人所為也有限。現在有那麼多皇帝（人民無法監督的民代），為害更普遍更嚴重。
　　・人民無能力監督公職人員（民代及官員）的民主，有何價值呢？（民主政治的價值觀）
　　・管仲：「倉廩實而知禮節，衣食足而知榮辱」。

- 富而不仁，富而不義，富而不施，富而不禮，富而不貴的社會。

3/11
- 行政人員如有責任感，大可不必將很多行政事務交司法審判，可直接解決，以示擔當（花蓮選舉弊案）。

3/12
- 朱星羽委員發言指向連戰、吳伯雄、所有國民黨部長，大聲叫罵，多次重複「國民黨的部會首長均吃屎的」，但有些只會當官而無尊嚴的首長竟然還在笑。看到這一幕，不知我們的國家社會何去何從。無羞惡、無是非之心的大官，還能給國家做什麼事。

- 為做官而不需尊嚴，與罪犯何異？為了做官不需是非，可憐！

- 道德基礎弱，如同磚塊不堅實，容易倒塌。

3/15
- 無定性、不穩重、無原則的多元人，誰敢相信呢？

3/16
- 人要表現柔弱，不要剛強；人要表現愚魯，不要聰明；人要無為、無欲、無我、居下、謙虛、自然。

- 要看到人、事、物之裡面，不要只看表面；要看到人、事、物之正面，不要只看反面。

- 在立法院看到各高官和民代，很少有足夠條件為人民社會子孫歷史來設想、思維的人，大家均在（民代爭作秀，官員爭應付和討好感）謀各人功利而已，看來受功利思想影響很深的社會，不會有真正政治家、哲學家，甚至歷史性人物。

3/17
- 矛盾的生活，即抵銷的生活。

3/18
- 參加喪禮的人大部分為「利害」、「選票」而來，並非真誠友誼而來的。

3/23
- 立法院總質詢，由莊金生委員質詢，已到十二點，劉松藩主持繼續質詢，但台下的立委均在吃便當，發言的莊金生朝著吃便當的立委，看他們進餐。此種情景可看出無水準、無文化、無禮貌、無廉恥的情形。

- 第一等國君，推行不言的教化，使人民各順其性，各安其生。第二等國君，用德感化人民，用仁義治理人民。

第三等國君，用政教治理人民，用刑法威嚇人民。

第四等國君，用權術愚弄人民，用詭計欺騙人民。

3/24 ・破壞人「尊嚴」的兩把利刃：一為權力；二為財勢。唯有遠離權力和財勢，才能維護最完整的尊嚴。

3/25 ・國民黨連垃圾都無法處理解決了，還談什麼大問題，談什麼國事社會事呢？

3/26 ・約翰・加爾布雷斯（John Galbraith）在《自滿年代》（The Culture of Contentment）一書中提及，「今天，那怕是富人的蠢話，也會被奉為至理名言」。

3/30 ・我與人說話均在說做事的話、能做的話，完成任務和使命的活。因此交代我做的事，幾乎均能完成。

・親情、感情是愛心的基礎。無親情就無愛心，無愛心自無溫暖祥和的社會。親情又培養在家庭倫理，家庭失去倫理親情，社會的問題自然叢生。

3/31 ・財團介入政治，將是專制腐敗的翻版。執政者在民主時代四年可改選，但財界是永遠的權力，不需改選、不需輪替，如此介入政治，將比專制獨裁更甚，住在台灣的人，將比過去在專制下更苦。政治權力者起碼是公眾人物，須受公評，因此較收斂一點；財團是私人的本領，比政權者素質更差、為害越大，無人可置喙。

4/1 ・言行不一致，一日數變，是非不分，善惡不明，又不喜人說道德，這樣的人怎會有自然真實呢？不主張道德的人，只會要權威、手段而已，不會真實的。自然是不會善變的，因此主張自然真實的人，應有嚴格的邏輯及一貫立場和責任，不是只有嘴巴講講而已。

4/2 ・階段性的利用價值，人與人之間不是真誠，就成為階段性的利用，尤其政治更然。

4/8 ・政黨如一味想奪權，將造成惡性競爭，不會顧及國家長遠的理想和歷史子孫的發展。我很為所謂爭權奪利的民主而憂。國民

品質低劣，缺乏政治哲學家和功利社會之下，將造成惡性循環反淘汰的悲劇。

- 不講倫理，怎會有幸福的家庭。
- 現在社會只有價格觀而無價值觀。

4/13
- 現在社會只有主觀，無尊重他人、他物的客觀存在，才會成為唯我獨尊的社會。這是獨裁專制思想的淵源，是可怕的。

4/15
- 人家是活日活時，我是活秒的，因此我每日工作控制分秒必爭，並非活日活夜而不知天地。

4/16
- 國家資源在民代總質詢中消耗殆盡，民代的目的在於作秀與使人難堪而已。
- 文官制度應速建立，否則官員只應付民代就無法辦理國政，是國人的損失。

4/20
- 為何不檢討自己，專挑別人，也即檢討他人？
  - 一、美其名為自我意識高漲，其實是自私自利的自我為中心的意識高漲。
  - 二、不了解實情，如時代不同，背景不一，環境變遷，以昇平時代來清算戒嚴時代的事，當然不公平。
  - 三、不尊重他人。
- 只要權利與義務能平衡，就不會構成獨裁專制。只要權利不負義務，自然產生權力問題，進而成為獨裁、不公平的制度。

4/22
- 無價值觀的自由才造成今日台灣富而不貴、誰怕誰、誰比誰大的不倫不類的社會，台灣已達無法無天的自由了。

4/26
- 無道德的人畢竟是自私、自利，是排他性，不但無法促進各族群中的共存，更難能形成生命共同體。

4/27
- 康德哲學基礎上之兩股文化力量：一、為自然科學，二、為道德生活。人類的尊嚴和自由皆建於道德意志的律則之上。

4/29
- 要寫（說）字字句句可行（做）的文章（話），勿寫（說）如吸食鴉片，昏昏沌沌的官樣文章（話）。現在大部分首長和工作人員所寫所說，屬於鴉片式的官樣文章（話）。

・台灣官員的立法，只考慮方便他做官，甚至把立法（法令）當爲他做官的資源，並非考慮公平、正義，也非以國家社會需要或對歷史子孫的交代。

4/30 ・李先生很關心反對派——

一、陳水扁太太受撞傷時他打電話給我，要我代表他去病院（榮總台中分院）探病。

二、張燦鍙在監時派人去慰問他（許文龍告訴我說是張告訴他）。

三、另外派如許文龍、黃昆虎、陳重光等人暗中與民進黨人聯繫。

上列這些行爲，其他國民黨人不敢做的。

5/1 ・當您有地位時，不可將所有精神用於做官，應用於爲民眾社會做事，並爲台灣歷史多付出些（高速路上看到鄉村的房屋不三不四，無台灣文化特色，有感官員不負責之故）。

5/4 ・連垃圾及廢土都無法處理解決了，還談什麼大有爲政府，還談什麼政績。到處垃圾大戰，世界上那一個國家像台灣政治人物，自己不檢討還唱高調，無恥。

・無道德基礎的自由意志是亡國滅種的。

・看到立法院議案關係文書，立委的書面質詢或提案大部分出於助理之手，立委本身根本不了解其提案內容和用意，難怪立委無法監督政府，其問政水準很差。

5/5 ・全民自由意志之提倡，人民才有今日的抗爭，國會打鬥不休又不守法，無倫理道德、自私自利又無國家觀念，這是全民自由意志的自然結果。

5/6 ・內閣開會各部會提出報告，文章內容、口才均很周到，惜未考慮可行性、能否做到。因此這些報告只是應付上級和輿論，而非解決問題。

5/11 ・葉耀鵬委員質詢說「商人無祖國」，要政府對在大陸「台商」不必予以保護。

- 「企業外移、企業空洞化」，大家都會說，但造成外移空洞化之原因與責任，無人追究，足見立委問政無深度，而官員很舒適地可過關。
- 某首長的答詢均以「聽了某委員一席話，感到非常欽佩」。真是廢話，笑面虎，既然欽佩為何不採納他的意見！
- 培養真正做事的意識，代替空談流利的編劇和做官心態。
- 姚嘉文在民進黨內較會做人，與國民黨官員及立委最密切，互動良好，又經常穿梭於官員間。表面上看起來被關過，其實與施明德、黃信介、張俊宏、林義雄等的作風有別。
- 官員只會下手去爭官，而不下手去做事。
- 5/14 一、權力的來源：（一）人格，（二）財源，（三）組織。

  二、經濟行為的目的：（一）財富的追求，（二）權力的追求。

  三、人類無限的慾望中，最主要的慾望是權力慾與榮譽感。
- 彭百顯在質詢中指出，行政院衛生署、教育部、文建會、陸委會、研考會均向國民黨借辦公廳，年付三億五千萬之多。試問四十年來，在國民黨統治之下，政府機關竟無辦公廳，而國民黨反而有辦公廳可出租政府機關，真是諷刺。
- 立委質詢由助理撰的稿照唸，官員則由幕僚準備的標準答案照唸，無互動也無法抓到問題的癥處。
- 國民黨官員藉公事出國現象，如監委康寧祥等數人，藉考察國防採購，一大堆人到美國。其實真要做事，一人就夠了。又陸委會官員到美國宣揚辜汪會談，美其名為考察宣揚，實為遊玩、看看孫子及親戚而已，最主要是開公款、享受禮遇、貪小便宜。
- 5/20 吸毒者達十六萬人，政府人員誰要負責。僅會說向毒宣戰，但如何宣戰呢？方法如何？如何執行？如何根絕？只會說，無法達到「做」的層次，甚至每年均辦向毒宣戰，可笑！
- 「爛」的多於「說」的，「說得爛的」，無人提起，也無人負

責。

- 李厚高要求部會首長拜託立委出席，通過總預算，是五流的作法，也是國民黨腐化的老步。首長拜託立委、立委賣人情，以後向部會首長討人情，是產生惡性循環的基因。
- 一時的應付與利害的協調，將來付出的代價比高利貸更高（高利貸式的解決問題）。

5/21
- 國民黨政府一再強調務實外交，但在國內為什麼不採務實策略，也不敢講務實？因無務實的政治規劃能力，更無務實的執行能力，其實務實內政比務實外交重要。
- 高層與內閣大部分均為留美博士，非如日本內閣閣員均為本國大學畢業。這些高層首長，長期在國外讀書，對國情不甚了解也沒有在國內感受，又喜標新立異，拿美國那一套在台灣叫囂，故李先生昨天的記者會，對台灣國民品質的低劣、社會風氣敗壞、治安惡化、倫理道德、公義蕩然無存的事一概不提，這樣能說「務實」嗎？務實只是口號，無道德基礎的全民自由意志能使國家強盛、子孫幸福嗎？無道德基礎的自由意志只會使國民淪為動物園的動物。還在誇張什麼，如國民黨所提出的憲政改革，國代三百多名、立委一百六十一名，監察院的存在，均是顛倒是非、製造問題的改革，也是反改革。人民無知容易受騙，經濟的發展基礎是在專制政治下兩蔣所建立起來，如今的自由意志社會，工商界紛紛出走，跑到敵人地區去投資，造成台灣產業空洞化。務實外交是無人與之建交，不得不走地下外交，其實談不上外交，只是民間關係而已。至於大陸政策不要高興太早，最後還是歸併於中共政權之內。內政問題叢生、人性消失、公義不存，國人功利當頭，自私自利，這種無公義又自私自利的自由意志所形成的共識，值得自我肯定嗎？還說自信樂觀，我真不清楚他們的邏輯，可能是說官話吧？
- 劉松藩主持開會宣布休息十分鐘，但結果均在二十分鐘以上，

堂堂國會在不守信、不守時的院長領導下，品質怎麼會高呢？

5/22 ・國民黨政府會失敗，就是僅止於「說」和「書面」而已，「做」的與「實情」完全不一樣，因此才造成今日許多問題無法明快地解決。原因為大部分起用學者從政，其次為媒體人員的無知，也即學者與記者的共犯而產生的惡果。

5/25 ・褲袋哲學：許多人稍微成就，在走路、演講、說話、辦事，一手插進褲袋或兩手均插表示威風，此種人表示無活力、不勤快，有官僚、有架勢。我自幼戒懼此現象，不管天候如何寒冷，我都很少手插進褲袋內，尤其當縣長時，手從不插在褲袋，要以身作則。你要看一個人的性格，可從其手是否插進褲袋裡，了解其一切作為，同時手插入褲袋與人說話是沒有禮貌的。

・黃昭輝質詢連戰有關政黨陽光法案，連答不能以黨立場說話，但黨也是行政院管的，行政院長有資格管任何政黨，包括其所屬之國民黨。倘連不能批判國民黨，連只是國民黨的行政院長，不是台灣的行政院長。連的答法是錯誤的，然黃昭輝也無進一步的追問。

・陽光法案只是多一種騙術（招數）而已，國人守法觀念差，過去明帳（陽光）一套、暗帳一套，現在如此，永遠如此，永無陽光，陽光是騙人的。

・連戰在答覆黃昭輝及沈富雄的質詢時說，他們指出的缺失是他們的看法，並非全面性的，如果是全面的缺失，政府早就完蛋了。民意代表指出缺失，政府應虛心檢討改進，好的政府一點瑕疵都不可以，連先生竟說並非全面性的，事實問題是無偏見的。連先生認為做官是天賦的，對缺失可不用負責，才說這種話。

・我列席立法院總質詢，是一個評判員的角色，保持絕對的中立，絕不偏於政府這邊。我最求真、求實，又求公平。

5/27 ・我喜手不插褲袋裡，亦喜捲褲腳。

5/29　・很多首長對工程完全不了解，只會破土和剪綵而已。

　　　・我當彰化縣長時有一百二十二萬人口，時時刻刻想到，我如多做一分好事就等於一百二十二萬分好事，如做一分壞事就等於做一百二十二萬分壞事，首長影響至大。因此應將一百二十二萬縣長的責任，時時刻刻放在心頭。

5/31　・大官顯要無資格批評缺失，如有缺失就是官員的責任。大官顯要本來對缺失應負責任，對自己的缺失應會感到慚愧，應檢討反省自己責任，如今不但不知見笑（丟臉、慚愧之意），反而指責他人的缺失，真是不知責任也。

　　　・年度選舉可訴求省市議員違反與民契約任期，國民黨獨斷延長任期，國民黨將大敗（對選民牽涉利害）。

6/5　・看到紅燈，車子還是一部一部地照闖不誤，這樣的國民，如何守法！

6/12　・我主持開會，一上坐只想兩件事——

　　　一、分秒必爭地急著把握時間，控制時間，完成任務。

　　　二、急著解決問題，如何解決問題。

6/15　・打高爾夫身軀要柔軟才能打好球，身軀太硬無法打好球。老子的柔軟哲學是打高爾夫最好的哲學。柔軟才能靜，以靜制靜的高爾夫球，柔軟也是活人的基本條件，僵硬就成死人了。

　　　・做一個元首應有定性、定見，不變來變去。

6/16　・台灣的建設大部分為泡沫建設。大部分是泡沫決策，無法有始有終，無法貫徹。

　　　・民意代表行使職權只是合議制的多數決而已，並非可單獨行使職權，因此關說施壓可不理他，況且「少數決」的決議，政府都可不接受，遑論個人（民代）行為呢？

6/17　・黨政協調是講利害的，如同跑三點半的高利貸成本的解決法而已。

　　　・永興海埔地以造產方式，賺取近兩億之利潤來做地方建設，那一個政府有此能耐？能自行賺錢建設地方呢？

6/22 ・國民黨會衰敗原因——

一、黨員利用國民黨，為了吃國民黨才加入，很少人為黨奉獻而加入。

二、黨員大部分投機取巧，不但吃黨，還吃人、吃社會、吃國家。

三、黨員大部分自私自利，對社會表現負面的行為。

四、倫理道德觀念低。

五、黑金黨員不少。

・主持公共安全維護方案會議時，經濟部代表對違規營業「要盡量做」，我說「盡量做」等於「沒有做」。「盡量做」是「沒有做」的美化詞。

6/25 ・只要堅持「公平」原則，用什麼方法（方式）或多元化方式為之均無不可。也即只要能達成「公平」，用什麼方法達成都可以，最怕不公平的事。

・要求子女如要擔任公職應注意事項——

一、不想、不取分文公款。

二、公私分明（絕對）。

三、國家民眾第一，絕不牽親引戚。

四、凡事「是非分明」，堅持公平、公道、正義。

五、公款比私款更重要，因此公款應節儉，一塊錢當兩塊用。

六、應具為國、為子孫之歷史觀的智慧和能力。

・關於首長宿舍在院會輿情提出，陳庚金報告內情。連院長說我們已有制度，並非外界所說無制度。我想，沒有制度我們還可以建立制度，「最怕的是我們已有制度，而官民均不尊重制度」。

・台灣之慘不是無法令，而是國人不遵守法令；不是無制度，而是官員不尊重制度。

・台灣的高官顯要為什麼一退休（死亡），不但聲望消失，甚至被棄罵。原因在於任內只有威望而無德望，只會做官而不會做

事，是政客而非政治家之故也（只會應付而無法解決問題，只會說而不會做）。

7/1 ・權力商品化（江澤民），台灣一向如此。

・院會討論「經濟振興方案」，其中要協助業者取得用地。我想現在台灣企業外奔，已成產業空洞化，許多工廠已停工。既有林立工廠已停工，何來協助業者再取得土地？無形中幫忙業者置產，並非投資。今日台灣企業富有，雖產銷並不很好，但工廠用地之高漲而成巨富，該方案完全不懂實情。

・「振興經濟方案」是做官的官話。產業快要跑光了，還在談什麼理論的振興。

7/4 ・說「有的」，不要說「無的」。

7/8 ・年齡越來越大，地位越來越高，但千萬勿忘記年輕時的活力和價值，因此我百分之七十滯留在年輕的心靈和生活，只有百分之三十隨著年齡和地位而去。

7/10 ・國民黨政府的統治是地層下陷式的統治，也是地層下陷。付出的成本是國家的繁榮和進步。

7/15 ・以生命換取時間而活，因此應珍惜時間資源，勿浪費時間。浪費時間等於浪費生命。

・以生命為代價換取時間來生活，因此要懂得生命的意義和價值。

・珍惜時間就是珍惜生命。

・教育必須獨立於行政系統之外，成為獨立超然、不受政治干預或成為政爭工具，教育才能辦好。因此觀念上教育的獨立比司法獨立更重要，或可如美國地方教育，成為行政系統以外之特別組織，如此教育才不受政黨操作或成政爭場所。

・我參加院會，面對報告事項及討論事項和有關人員發言，我常持著眼鏡靠在額頭沉思長考，顯示我一貫對國家、歷史和對下一代的憂心（因為問題嚴重又無藥可醫，而主事者均表面形式的敷衍騙騙自己官位而已）。

‧人事行政局及主計處勿再以消極一貫主張不用人或不用錢，應積極針對問題檢討應否用人、用錢。非一聽到用人、用錢，一概持否定態度，表示人事行政局及主計處對問題無用心了解和責任感。

7/19　‧日本和亞洲四條龍今日經濟成就的主因，均是以儒家思想爲基礎的國家。日本、韓國、台灣、新加坡、香港均是儒家勤儉美德型的國家，靠倫理（企業）而成功的。日本和韓國除爲典型的儒教國家，又有華僑存在，華僑均主導了當地的經濟，由於華僑深受儒家思想的薰陶，才會有今日的成就，由此可見儒家思想不只是有家庭倫理、社會道德，更可促進經濟的發展。過去曾有一說，說中國因受儒家的影響，才落後、貧窮，如今反而證實儒家才能促成台灣、還有其他亞洲國家今日的經濟奇蹟，可惜大家「過河拆橋」利用儒家促進國家的建設成就，現在卻忘掉倫理道德的重要，才造成今日的功利社會，產生了種種政治、社會問題。

7/22　‧人的品質惡劣，公共建設品質自然惡劣──
一、教室施工品質低落。
二、公共工程均無法與香港、日本、新加坡比。
三、開幕和剪綵後，很快面目全非。

7/27　‧要有道德的自由。
‧閣員對有關法案，從無智慧能力說服民代，只能以「拜託」方式或交換條件處理，如此像什麼閣員？先拜託民代，民代也會拜託閣員，如此付出的代價相當大，公權力消失之因在此。

7/29　‧行政工作主要是規劃和執行能力，因此應有基層的實際經驗和理解，並應了解國家、社會、民情，才能針對實際問題提出解決之道，然現今內閣閣員大部分均非居住於國內的博士，今日許多問題無法解決、無法處理，主要在於不了解國情、社會、民情，更無基層經驗，對可行不可行無法了解，自難有成效，因此我覺得內閣好像紙上談兵的研究院。

8/2　・要有德威，不要有權威。

8/5　・說謊說久了會變成真的，因此老實人吃虧，尤其政治人物不做事光說話，無是非的民眾會被那些漂亮的謊話所誤導。

　　　・推動民間投資公共建設，構想好，但需有投資環境，如國民品質不高，中途會抗爭、治安惡化、民代干預介入、是非不明，易羅織為利益輸送之圖利問題、幫派式政黨的影響、法令制度無法貫徹、公權力不彰，私權怎能獲得保障。

　　　・如教育改革一味令校長改革，但如果無好的環境讓校長改革，怎能改革？好的環境是校長地位尊嚴免受民代、政治人物、家長會牽制，校長才敢改革。

8/10　・曾國藩說曾說亡國徵兆有三，一為社會顛倒黑白，沒有是非；二為賢良人士日益引退；三為無恥之徒日益囂張。

8/17　・李主席的四個歷史新開端（十四全致詞）──
　　　　一、在台灣實施政黨政治的民主社會，是中國所未有的。
　　　　二、關懷人文、尊重全民自由意志的體制。
　　　　三、國民所得由一百美金提升至一萬多美金。
　　　　四、兩岸間的交流。重建民主、自由、均富、統一中國大業。
　　　　但我的看法是國民黨的消失，才是台灣真正歷史的新開端。

8/19　・人的品質惡劣，處處製造問題，無公德心和守法觀念，均為產生問題的死胡同，因此自然事繁又多，無法解決。以有限的人力，絕無法處理國民品質低劣所製造和產生的問題，故我們不能以外國用人之比例作為我國的參考。

8/24　・台灣所謂的民主其實是分贓式的獨裁，誰得不到利益或權力馬上反彈，或以威脅方式達成自己的利益。不懂民主真義更無民主雅量和素養。

8/25　・行政首長不可犧牲公權力（公的資源），以鞏固其政權或地位（官位）。

　　　・公務人員應維護公權力，一點也不能讓。

　　　・寧維護公權力，犧牲自己，這是我執政的基本態度。

8/31 ・應建立「專職專責制度」。現在首長一人身兼數職，對本身工作內容不了解也不用心，自然無法做好工作。

9/2 ・人一活久了自然就沒有是非心，因為活久了會麻木不仁。

9/4 ・政治人物舉行籌款餐會免徵稅金，其理何在？

9/9 ・行政革新中的廉潔效能、便民，幾十年來行政首長常提此名詞騙騙人民，這些是維護官位的漂亮話而已，從來都無法做好，如有決心，早就不必再提出這些話。

・內閣會議應提出真正解決問題的決策，並非檢討他人的理論濫調。

・在功利主義的社會，民主與政黨是惡人和政客發展最有利的空間。

・很多部會首長自己權責的工作不做，還講別人，甚至批判的內容竟是他主管的業務，連這都忘了，只會檢討別人。

・以現在的法制和尺度清算戡亂時期或戒嚴時期的作為，實在不恰當。

9/18 ・台灣為一無是非又不分真假的社會，會做事的人太危險，做越多找你麻煩的人越多。做完成一件工程，可能幾年後，還會吹毛求疵地給你否定，甚至翻舊帳。也可以說當你做完一件建設時，你的災難即將降臨。

9/20 ・台灣社會越敢違法（敢向公權力挑戰），大家認為越有勢頭、吃得開，表示他很成功，人人羨慕追求之，甚至可用金錢解決一切。日本人視違法為可恥，人人看不起，這是台、日品質差異之處。

9/23 ・台灣不會好的原因：一、從不檢討自己，只會檢討他人；二、以寬待己，以嚴責人；三、說謊說久了成真的；四、專門說別人壞（製造），自己就成為好人。

・在功利思潮的影響下，官員保護自己為優先，不會有國家整體觀念，甚至包括首長級的官員並無決策智慧、能力和責任，只是做些應付性、枝枝節節的零碎工作而已，因此無法釐訂全面

性的大政策，在積重難返、堆積如山的嚴重問題存在時，誰能改變它、解決它呢？很值得憂慮和思考。

· 國民黨政權即將消失，然國民黨官員還不覺醒，還以過去心態進行消滅政權的一切措施。台灣人民應體察，一旦民進黨執政，不用青天白日滿地紅旗，也不會以中華民國為國號，有可能以民進黨旗為國旗，以台灣為國號，如此一切體制全部改變，也將影響與中國的關係，在大陸投資的台商將遇上很嚴重問題，誰去思考這些問題呢？

9/24 · 所謂「誠之所至，金石為開」，立委質詢只把時間拖完，沒有重點、重心，更無解決問題的誠意（更無誠意了解問題），只達作秀目的而已。而政府首長答詢未提出解決問題方案，如行政救濟、修法、立法或編列預算解決之具體方案，僅是敷衍、辯解、無責任的應付而已。因而什麼事都無法解決。

10/1 · 要看裡面，不要只看表面。

· 聖人以無為的態度來處理世事，實行「不言」的教導。

· 從國民黨的質詢及各部會首長的答覆內容看起來，國民黨非倒不可。

10/3 · 肅貪的人比貪汙的人更重要，怎樣才能做好肅貪工作。不管是廉政署或任何名稱，如不全部換血，均無可能做好肅貪工作，只是號召性的政治口號，騙騙人而已。如肅貪的人可由新加坡、日本、香港請來。

10/4 · 高官做事能力如能比他說話強，國家該多幸福呀！說話能力強但做事能力無半步。

· 李總統在輔選會議席上說，國民黨是老店，現在裝新貨。可是新貨在那裡？無新貨要如何裝呢？

10/5 · 國民黨正在神經錯亂中，正是反對黨取得政權的大好時機。

· 政治人物黑、政黨也黑、時代更黑，單純的人要如何過日子。

10/6 · 世上有三種的聲音：一、有錢的說「錢話」，二、做官的說「官話」，三、只有人才說「人話」。

10/7 ・時時檢討自己，嚴格責備自己，待人寬厚親切，時常關心他人，為他人設想，這是社會人應具備的基本條件。

公共建設無法推動的原因——

一、政府無系統的規劃，又前任規劃後任變更或不執行。

二、公務人員執行能力問題（地方工程人員不足）。

三、民主的相對性，認知不清。百分之九十九好，百分之一不好，專挑百分之一來否定百分之九十九，整版報紙只刊百分之一，對百分之九十九的公務人員，不只無鼓勵反而受責備。

四、過去「多做多錯，少做少錯，不做不錯」，現在是「多做多罪，少做少罪，不做無罪」，誰敢做呢？

五、民代和特權吃賭，又要炒賭，阻礙工程建設。

六、制度不完整，形成偷工減料的風氣。

・主持開會固然要尊重與會人士意見，然主持開會者，應了解開會內容和目的。因與會人士只要沒有啞巴，什麼都講、亂講，主持者自己不懂而只一味尊重那些亂講或應付的意見，不只無法得到負責的共識，甚至浪費時間和公務資源。

・主持會議的人不懂會議內容也沒有經驗，更無見解和主張，怎會有好的結論。

10/9 ・要有原則（道德倫理為主）的多元化發展，才有價值。無原則的多元化，只有錯亂。

10/14 ・在道德淪落，公權力不振之時，提倡「全民自由意志」的理念，無異給反道德、反法治提供更大空間。

・無真正正義的輿論下，民主政治根本是騙人的，行政官員在民代私心的牽制下，將國家正當的資源任憑宰割與斷送，而成無政府狀態。做官者又不敢力爭維護，輿論又是幫兇，更使官員力不從心，只為了做官什麼國家資源都可以出讓。

10/15 ・立法院的亂相，主持開會的院長應負全責，院長應具超然、客觀、中立、公正的性格，要有智慧、經驗和能力，更須要有學

問、才能、維持秩序。劉松藩以過去萬年國會時代的水準，主持倫理道德喪失的國會，當然很難勝任。

- 「政治人物以自私自利為出發點的爭權奪利，與民主政治意義完全不合」，永無民主可言。不能以英國實施民主經數百年為由，或以民主要慢慢來為藉口，來為那些爭權奪利破壞民主之徒解套。

10/18 ・溝通不是利益輸送，更不是出賣公權力，今日國民黨所說的溝通是講利害、出賣公權力，以保一時當（做）官的目的而已。溝通是將事理、法理、情理，說明清楚而得共識，而不是勾結，更不是分贓。

- 民進黨質詢一定要首長把十五分鐘答完，並不注重答覆內容和品質，只要官員將十五分鐘全部消耗，他們就滿意。任何人均應珍惜時間，能節就節、能省就省，首長的時間是屬於全國國民的，並非僅被立委支配玩耍。

- 不要質詢了，應是質「物」、質「做」才有效。

- 堅強遵守倫理道德的我，看到立法院民代和官員不入流對答，如此浪費人民和國家資源，實在很難看下去，雖然閱覽老子的《道德經》，多少吞聲忍氣，但這個社會已喪失倫理道德，問題叢生。

- 蔣廷黻曾說：避謗不能成為有血氣的人。

10/19 ・秋前算帳都不怕了，還怕秋後算帳……誰怕誰。

- 現在社會，說真的均有問題，說假的不會有問題。

10/21 ・連院長與破獲販毒集團有功檢警合影，因照相師缺時間觀念，使連院長多站一點時間，太浪費。因院長一分一秒屬於全國國民所有，浪費一分鐘等於浪費兩千萬分鐘，院長也應有此觀念。記得當縣長時經常以浪費一分鐘等於浪費一百二十二萬分鐘（彰化縣人口一百二十二萬人），時時有此警惕之心。

- 台灣已被國際頒給四項榮譽：一、貪婪之島；二、淫慾之國（雛妓）；三、貪汙之國；四、毒濫之國。

- 首長答詢雖爲十五分鐘，但應利用五分鐘，很中肯地將立委的問題答完，可節省十分鐘。目前首長不僅無法答對問題，將十五分鐘耗掉，仍未能答對問題，立委仍不滿意。首長心態，只在做官，不在做事，更是不負責任。

10/26
- 看到內閣的答詢完全在消耗時間和應付，完全無開創性的能力和責任感，這是國民黨衰退的徵兆。
- 睜開眼睛答瞎話式的答詢。可悲！

10/29
- 連內閣是賴皮內閣，答詢文不對題，問東答西，只要應付過去把十五分鐘消耗掉，任務就完成。我聽到無聊的答詢，心眞是煩死了、躁死了。

11/2
- 行政院部會首長答詢立委的質詢時，可看出各首長並未進入狀況，對本身業務也不深入了解，僅憑標準答案作答，因此無法面對問題、針對問題，才浪費很多時間，又無法解決問題，這樣政府還談什麼革新、效率，可說是全方位的癱瘓。同一問題已答數十次了，還要看稿才答，表示完全在做官。
- 不是人的大官（首長在立法院）何用？

11/5
- 「要忘記老」，才不會老。

11/14
- 保持年輕心理才不會老，年輕人無地位（事業和官位），因此要保持年輕心理，要放棄地位的念頭，才能有年輕心理。

11/16
- 成功的人如擺架子或雙手插褲袋內，均爲老化的現象。

11/20
- 政治人物只會要你的選票，對你無心。

11/25
- 將解釋的時間和精神用於解決問題，這是我的做事態度。解釋是推諉不負責的行爲。

12/14
- 國民黨的提名將助長民進黨的利多。如鄉鎮市長提名，違紀競選開除，民進黨在等著被開除者入黨，是現成的力量。

12/21
- 道德是人之根，無道德就無人類的社會。

12/31
- 道德正如高爾夫「球」，在主宰人的行爲（行動），只要人的修爲（球藝）能達到歸零點，就是很有人格的人，高爾夫也會成高手。惜高爾夫的高手不一定有人格，我只把它當比喻而已。

‧執政的人不但要會做事，還要有能力解決問題。而學者不必做事也無機會處理問題，只會提出見解和意見而已，因此用學者執政不一定理想。

1994年

1/7 ・女性大部分手不插於褲袋內，男人經常插褲袋內，有點顯示男性高姿態的角色。

1/13 ・「垃圾吃垃圾肥」的進步，不稀罕。

・行政院院會對教育改革的看法——

一、教育獨立比司法獨立更重要，預算不經議會、行政首長不干預學校行政，政治不介入學校教育，不政治化，組織教育委員會類似之組織獨立處理教育。

二、加強生活教育——人格教育的健全最重要，有品德的國民，政治品質、社會品質才能提升，國家建設品質才能提高。

・現在有道德的人已成為弱勢者，擋不住毫無道德修養，只靠嘴巴會說民主化、自由化的強勢口水，因此應強化有道德基礎的民主自由觀念的陣容，來維護人類尊嚴，民主化、自由化才有意義。

1/15 ・道德是最高的，任何名利、金錢及地位均逃不過道德的裁判。

1/16 ・僅注重帳面的國民所得一萬美金，但投入的資源可能在十萬萬美金以上。投資的負面不說，僅說收入帳面的一萬美金，這是騙人的，也即投資十萬美金，只收回一萬元，虧九萬九千元都不提起，是賠本而非所得也，官員勿將人民當白癡。

1/20 ・台灣的怪象，專以少數的意見作為改革的主導，因沈默的大眾不表示意見，而少數抗爭的人別有用意，顛倒是非破壞體制。聰明的官員為了保衛官位，處處討好抗爭的少數人、遷就這些人，接受他們意見，而成為破壞體制的主因，這些均成為反淘汰的原因。堤防一道一道的崩潰，參政的人難道感受不到嗎？難道不覺得擔憂嗎？其實要實施民主應以表決方式解決問題，不動用表決，單憑少數有聲音的人就決定多數人的命運，顯然不公平。

・國家現代化最主要工作是國民品質提高，基本公共設施的建設要完整，文化藝術素養高才是真正的現代化。然台灣的所謂國

家現代化是破壞環境生態來賺錢，破壞倫理道德達到所謂民主自由開放，一時執政者好大喜功爲了達成表面成就，破壞基本人性和環境生態，這些犧牲下一代的功利領導者，是歷史的罪人。

・無人禍（戰爭）必有天災（水災、震災、風災），在因果中，美國不是大水災就是颶風、龍捲風，甚至洛城大地震。

・智慧要落實才有用。

1/23 ・民進黨員的選舉也出現「望你來牽成」字句，牽成什麼莫名其妙！

1/29 ・選票與鈔票同樣可貫穿人的心。

・選票是破壞人性的武器。

・既選擇選黑與金的選舉爲我們的政治制度，倫理道德的消失，還有什麼話可說呢！

・功利的兩大利器，一爲鈔票，二爲選票。

2/1 ・廖福本（國民黨工作主任）提議——

一、每位立委編列數仟萬元基層建設費。

二、「請託管制中心」之設置，對請託不執行之部長，將予撤職。

上列完全破壞體制，毫無政治常識的主張，竟出於國民黨立法院工作主任，實爲遺憾，足見國民黨破壞人性政治體制、社會秩序至深且鉅，人民應起而聲討之。

2/2 ・一月三十一日到二月二日巡視台中縣市、台南市公共安全方案，發覺百分之九十五違規、違法經營，而政府毫無辦法，可說束手無策。違規業者我行我素、目無法紀，對公權力及公共安全是一大諷刺。很可憐國民黨統治下的腐化腐敗，無人注意主管內政部長天天作秀，一點責任都不負，令人痛心。

2/3 ・國民黨以高唱務實外交、經濟發展和兩岸關係來掩蓋內政的腐敗，轉移人民目標，眞是高明。如色情、暴力犯罪、吸毒、善良風俗破壞，選舉的賄選、違法、違規營業⋯⋯一切爲世界第

一位，輿論無法發揮正義力量、揭發敗象、轉移社會風氣，實一大敗筆。

- 爲什麼台灣無法治好？因大官顯要大部分子女遷往外國居住，只留本身在台倚老賣老，無心無責爲國爲民處心設想。所謂計劃、政策均爲炒短線應付性，甚至有意使其惡化，如此台灣怎能好？如要台灣好，應將舊勢力驅除。

- 二三六八次院會看到研考會報告，各部會委託研究經費高達一百八十億四千七百九十九萬元，究竟有何績效，令人懷疑。然急待解決的公共安全方案強加刪除，經費一毛不拔。台灣地區如有十億，相信公共安全方案執行完全改觀，人民生命財產安全才能保障，但可惜國民黨政權腐敗，不重視人民生命財產，倒行逆施的作爲令人髮指。

2/4 ・中央部會首長很少下鄉爲主管業務工作，大部分看到中央部會首長是去參加青商會、扶輪社、獅子會或演講或婚喪喜慶而已，完全作秀和做人情，並非爲業務工作而來。

2/5 ・民意代表要眞正代表民意，不是藉民意之名來謀取私利私益，來壓抑人（政府官員和人民）；民意也應合法、合理、合情，並非民意可超越法情理也。

2/9 ・李總統訪印尼，除夕講話說到台灣一年來的成就，李先生所指內政上的成就是民主與自由而已。對社會風氣敗壞、社會問題嚴重、治安惡化、民心墮落……均未提及，然民主選舉均是賄選和暴力的天下，此種情形代表什麼民主？而自由的結果是犯罪、吸毒、色情、賭博、離婚……人的品質降低，如動物園的動物的自由而已，並非人的自由。用自由民主的名詞來掩蓋腐化腐敗，是不合公義的。

2/10 ・賴毅殷（國小同學）說──
忠：牛死做最忠。
孝：羊跪乳。
節：馬如果知道被兒子錯交配，會撞死。

義：狗最忠義。

人已不具忠孝節義的條件，比不上牛、羊、馬、狗了。

2/22 ・大學政治系學生，不了解台灣實際政治與政治學脫節，如立法院的亂象，民意代表表面上發言很動聽，實質上均在搞私人利益，罵越兇、搞利益越多，因此學生應加強監督吃賭抄賭的民代，最好應多發動學運和抗爭，才能救台灣。

2/23 ・偉峰曾電說民主政治在於國民情操，君主政治在榮譽。孟德斯鳩「三權分立」是架構而已，如無國民情操，民主政治將無靈魂，成為無政府狀態的暴民反淘汰的政治。

2/24 ・院會中，對「世界競爭力報告」平議其中一則提到，台灣行政效率、司法均列在東南亞國之後，有些官員提出反駁。事實就是事實，台灣司法惡劣、行政效率太差、弊端百出，這是事實，勿庸為自己官位之保住而說謊，騙人民。

2/25 ・我們要主張有道德的多元化社會，如果是無道德更多的多元化對人類均有害。譬如要錢，可多元化的得到錢，開工廠、做貿易、種田、做工、做攤販、做生意均可賺錢，同樣用盜來、搶來、詐欺來的、貪汙來的、侵占⋯⋯也可得到金錢，唯前者是有道德的多元化得到錢，後者是無道德的多元化得到錢。

・解決問題的智慧不可無，製造問題的聰明不可有。

3/1 ・有三種人，一種只講話而不做事；第二種會做事，不多說話；第三種不做事，只說話，專門製造問題。第三種人最壞，其次是第一種人。

・有的高官官氣十足，官氣的傲慢都來不及了，腦海哪有空間為人民、為社會國家設想做事呢！

・看到立委的亂象，認為是必然的。因為民代真正有公正、有正義的很少，大部分是庸劣之輩，他們一旦當上立委，因為智能和政治理念有限，沒有為他人或社會國家著想的能力，大部分是自私自利之徒，事事為自己設想，頂多是藉民主或公益之名，騙取私利而已。

- 經濟成長好？政府人民均以「金錢包裝罪惡」。正副議長選舉充滿暴力和金錢，且不少為黑道當上正副議長，如此政治品質怎會好，媒體不分是非對錯，是包裝罪惡的幫兇。

- 要消除賄選只有一途，即將公職任期縮短，如任期均改為一年，誰還有花大錢買票呢？因投資報酬率低，自不敢花錢賄選。

- 看選風就可了解政治品質的好壞。

- 賄選要怎麼抓，縱然很容易抓，以幾千檢調人員，要抓幾百萬人的違法者，怎樣去抓呢？抓了有監獄可關嗎？甚至如幾百萬人均排隊來自首，法務部如何辦，要受理幾年？不要騙人。

- 法令製造賄選意願，又說要抓賄選，此種矛盾心態才造成國家資源的浪費。如立委又要從三年改為四年，增加投資報酬率，提高賄選意願，賄選文化更難消除。

- 國民黨提名黑道或派系人參選，選民認為這些人非賢能，不只不是好貨，且均取得不道德之財富，如不拿他錢，白白地投給他不甘心，倘任期縮短，提名賢能不花錢，人民也會投給他，只要國民黨提名形象好的真正賢能，人民還是投國民黨的人。

- 不講道德何以談改革，無道德的改革，越改越亂，越革問題越多。

- 選舉稅：人民收入頗豐，現在鄉村繳稅的已不多，如繳稅也是幾百元，超過千元者不很多，但選舉一到，賄選結果人民一戶可收數千元，甚至數萬元。候選人向選舉人的賄選，可說是選舉稅，且是向公民繳納的直接稅，是台灣的特色。

- 在國民品質未改善前，公職人員任期縮短一定可消除賄選，不如將民代改為一年，行政首長改兩年。鄉鎮長、鄉鎮代表取消，如此政治才會清明。

- 政治明星只會作秀，不一定會做事，政治人物貴在會不會做事，並非在作秀。

- 用金錢賄選，然後政府再以每票十元補貼買票者，政府也在違

法，與賄選者狼狽爲奸，因此在賄選文化未消除前補貼制度應取消。

3/8 ・哈佛大學教授杜維明指出：當世界走向多元化和地球村，出現相互矛盾而又同時並存的兩股潮流時，唯有透過對精神傳統的再認識，才能幫助理解今日世界這種既抗衡分化，又依賴整合的全球社群。

・事業成功有四個關鍵：一、要選擇正確的事業；二、時機要對；三、能得到人和；四、要有恰當的領導人。

・吳大猷院長一生最看不起藉學者之名走上政治的人，我一生最看不起言行不一致的政客。

3/10 ・國民黨此次大批偵訊縣市議員，有關議長賄選事有感——

一、馬英九部長無知、無經驗，出鋒頭心態作祟。

二、導致國民黨垮台。

三、無道義。縣市議長、副議長賄選大部分爲縣黨部主委操盤，叫人賄選又要抓人，不公平、無道義。

四、國民黨是輸家。不管辦徹底或不徹底，被傳訊的議員定會反彈。

五、民進黨是贏家。

3/15 ・人類的基本條件也即基本人性，應以教育維護之，是哲學家、思想家、教育家和政治家的責任。

・民主政府無能，或能力有限，才將垃圾清潔、消防、警察，甚至監獄交由民間管理。

3/17 ・黨主導賄選然後抓之後又安之，這種黨算什麼黨。無道德的人才會做出這種事（國民黨黨部主委主導賄選，然後叫法務部抓人，後又派人慰問被抓家屬）。

3/18 ・美國以人權或三〇一條款，迫使世界各國就範接受美國的模式，將各國歷史文化摧毀，跟著只有兩百年歷史而無文化的美國走。美國以此種不費吹灰之力，就迫使各國就範聽它的話，比起二次大戰強國花了那麼多資源和人力，迫使對方就範，美

國真是高明太多了。世界各國還不覺醒，仍沉醉於美國圈套中，實在太差了。

3/19　·民主社會領導者不能有「嚴辦」或「速審速結」的話。專制人治才會有「嚴辦」和「速審速結」的話。

3/22　·李總統在專機上說，他戰時在日本讀了近兩年的高射炮學校（為何讀六年大學，其中兩年是軍校），他曾在京都軍事學校被派到壽山高炮部隊，然後轉至三塊厝，再被調回日本訓練十個月高炮，然後到大阪，最後在名古屋時戰爭結束。

他說台灣人的悲劇——

一、日本以統治者來統治台灣。

二、中國大陸戰後也以統治者，以優越感統治台灣，台灣人被看成最無路用的人。他說他母親是鄉下人，不敢到台北市日本百貨公司（他說日本名，我無法寫），因日本人看不起台灣人、鄉下人。

三、幾百年來台灣人是最悲慘的。他說台灣人的「半山仔」是最可惡的，專門修理自己人來保持地位（官位），大部分是搞特務起家的，因此台灣精英不是被殺害（二二八），就是被壓制冷落，如朱昭陽（日本政府時代擔任過局長，延平學院創辦人，李先生曾在此校讀過書，也教過書），還有蔡章麟、羅吉瑄、許敏惠、劉茂本、劉慶瑞、彭明敏……他說台灣應出頭天，台灣人應脫離悲慘的生活。他說對現實的反應快，才有很多理想。

·他昨日接見日本政論家時說要言行一致，才能推動改革，我最贊成「言行一致」這句話，惜能做到的有幾人呢？

·北管南管是台灣的古典音樂。

3/23　·要寫「能做」的「文字」，不要寫「不能做」的「文字」（對經濟部主持天然災害防救方案的糾正）。

·不是補助而是感謝（民間舉辦傳統文化的保存，是民間替政府做，應該感謝，不可顛倒而以老大哥心態來補助）。

3/24 ・道德不只是宗教家的事，亦是教育家的事，更是每個人的事。
　　　・目前社會是無是非之心的人才能當官，無是非就無尊嚴可言，無尊嚴的人能辦好事嗎？部會首長在立法院備詢，遭立法委員侮辱、輕視，仍笑口常開等於賣笑，這種人連自己的尊嚴都無法維護了，還有何本事來維護國民的尊嚴呢？無尊嚴就無自由民主可言，因此這種官員還能推動民主自由嗎？現在的官員已淪落於只要有官做，無尊嚴也無所謂。
　　　・教育改革出現於社會，四月十日的改革遊行，真不知教育的目標和理想為何？究竟是人格教育重要，抑或功利升學主義重要，抑或培養爭權奪利、抗爭、製造亂源的教育重要，都很模糊。我的看法是目前社會政治敗壞腐化，其原因在於人的品質教育失敗，人格教育破產，社會倫理道德教育已不存在，人無是非、惻隱、辭讓、羞惡之心所致，那些所謂的改革者所希望的教育是功利、爭權奪利、培養抗爭、製造亂源的教育而已，對當前政治社會的問題並無深入評估研究，很難改革。
3/25 ・民主方式是「如如阿直」。凡事大家都有意見，經過大鬧特亂後「如如阿直」問題自然解決，就是很小的問題亦然。
　　　・因果報應就是公道的原理。
　　　・蔣介石題字胡適博士墓誌：新文化中舊道德的楷模及舊倫理中新思想的師表。
3/28 ・開會中粗暴行為是野蠻無教養的行為，現在野蠻粗暴成為民主的專利，悲哉（總工會開會粗暴鬧場有感）！
3/30 ・有人提倡新文化，否定傳統文化，這是別有居心的。傳統文化是經過數百年、數千年薰陶累積的，然而一個人一生中只有數十寒暑，怎有何本領創造新文化呢？況且新文化也應建立於傳統倫理道德為基本，不可是沒有倫理道德的文化，猶如沒有遵守法律的新文化。
4/7 ・政治人物大部分是說利害而是非不分，唯利是圖的動物。
　　　・政治家能基於道德，對是非黑白做有責任的分清和判斷。

- 政治人物應有充分的「眞實意識」，才能做事和解決眞實問題。

- 美國國務院發表指出，台灣爲毒品轉運中心和洗錢中心，馬英九在院會反駁美國此說不公平。我平心來看，台灣的毒品和洗錢很嚴重，美國的指證不爲過，然馬英九只知當官，不知職責，企圖抹殺事實以欺騙人民和世人。

- 行政院院會各部會問題很多，部會首長對其主管業務應做到零缺點，不能只針對已發生問題提出解釋理由，浪費時間，對問題無能力解決，且任其一再發生又免負責任，如此內閣能爲民做什麼事呢？內閣閣員不知自身職責，更無用心了解眞相，只隨便發表意見，表面包裝，騙人、騙做官而已，與眞實差距很大。如台灣毒品泛濫嚴重，連院長只在推行反毒運動，但事實上吸毒的人有增無減，然反毒不是只遊行或辦些活動就可解決，應限期一年內將毒品販賣或吸毒消除，如此才有績效，否則是白說的，徒具表面形式的重視，於事無補。又職棒要建巨蛋說幾年了，到底有無進行，連政府都不知道，官員很會編故事。

4/8
- 政府的服務應做到人民不需要到政府機關辦事和陳情，才是最好的政府，人民如需到政府機關辦事，縱使服務態度好，亦是三流政府。

- 權力即責任和使命。

- 台灣的政治人物缺政治智慧，無整體規劃和歷史思考能力、條件、責任，大部基於個人本位的作秀和爭取個人政治資源，而達名利雙收。

4/11
- 高爾夫感想：不抬頭自然會打好球，但大家都會抬頭。然而我對國家前途渺茫、倫理道德喪失憂慮，失望之至，經常垂頭喪氣，自不會抬頭，適合打高爾夫球。

4/12
- 我不加入國民黨是因爲看不慣國民黨的腐化，黨員利用黨、吃黨、自私自利，若反對國民黨起家的民進黨如果也是腐化、自

私自利，我不會支持，反而要嚴加責備。

- 如果我是立法委員，我的質詢，一定以面對問題、針對問題、解決問題為主軸，批判國民黨政府腐化無能的政策，現在的立委只會罵人、羞辱人、批判人，做人身攻擊而已。

- 許倬雲在《聯合報》中說人類文明最基本的價值：一、人對自己的認識；二、人對人類的認識；三、人對自然的認識。世界之中這三項價值及三項之間的互相關聯，是人類文化的根本意義。世界上幾個文明體系，無數經典，千言萬語也不過是詮釋這三套界定。

- 中華民國統治過中國大陸，中華人民共和國主權從未及台、澎、金、馬。

- 我們固應吸收優質文化，但不能讓外來劣質文化來破壞我們的優良文化。

4/14
- 晨間台視報導，國民黨憲改小組決定將立法委員任期延長為四年，顯為提高立委投資報酬率的開倒車決定。戒嚴時期為三年，民主化延為四年，是反民主而不是民主化的表現。

- 國民黨既無針對台灣社會現況做政治結構的布局，僅憑那些威權時代所遺留下來的垃圾隨便決定走向，造成抵銷性而無效率的行政布局，還自以為主導憲政改革成功，其實已種下子孫無限的禍根，我非常看不慣這種欺人的騙局。尤其將立委任期改為四年又要延長現任立委任期，以行政命令剝奪人民選舉權是國民黨一貫的技倆，現在比蔣家時代更甚，還在大言不慚地說是民主自由意志的開端。無意識的人民迄無法體會國民黨騙人欺世的惡習，而做應有的反應。

- 國民黨官員為自己做官並非為國家社會做事，他們沒有為社會國家做事的條件和能力，只有為自己做事、做官自肥的能力而已。院長說要「無我」的精神，那一個有「無我」的氣質呢？院長說暴戾之氣很濃，如新竹女生被剝皮之案件，不是馬上解決，而是一步步解決。他的主張一向是緩衝，沒有當機立斷，

更無快刀斬亂麻的明快能力，這個國家真令人憂心。

· 美國統治世界的法寶：一、內政說人權；二、經濟用貿易制裁；三、國防以核子武器監視。

· 反毒的意義和目標使台灣無人吸毒，並非取締或破獲毒品的案件和斤數，有關首長拿破獲件數及斤數誇耀反毒成果是錯誤的、是騙人的，應杜絕毒品及吸毒才重要。

· 為什麼立委不熱心審查法案？因審查法案須要花心神，又枯燥無利，因此他們喜歡口水、作秀、質詢、檢討他人、漫罵他人，電視新聞才有鏡頭，至於正經的事，反而置之度外，行政首長也然。

4/15 · 部長穿梭於立委之間，好像是皮條客。

· 抓賄選有感——

　　一、國民黨的政權存在的來源：（一）軍事強權而得的；（二）賄選騙來的政權。

　　二、總統、副總統、行政院長、部會首長、省市長大部為賄選騙來的官，他們有什麼資格抓賄選，有什麼資格談賄選。

　　三、難道他們是天命的官嗎？

　　四、他們是賄選的始作俑者，有何資格批評賄選。

　　五、無情無義的人取得政權，能治好嗎？

　　六、他們忘掉今日是民主社會，還以真命天子的心態治國，真是得意忘形。

· 立法院最規矩的是上台發言時向主席鞠躬。立法院與外國國會一樣，可能也只有這一「鞠躬」，其他完全不像樣。

· 林洋港說國民黨中央黨部是日本殖民台灣的建築，無保存的價值。我說國民黨四十多年來的專制統治，無數無辜的人民死在國民黨特務之手，這幢樓房血漬斑斑，國民黨與日本軍閥有何差別。既無價值，為何國民黨選擇此屋來統治台灣呢？

· 從所有立委和政府官員中，很少看到真正為國為民公正超然的智慧和性格，至為失望和痛心。

4/19　・尹清楓命案迄近半年未破案，而千島湖案不到十天就破案。李
　　　　先生說中共是土匪，這種政府人民可以不要，然尹清楓案已近
　　　　半年未破，如何解釋。

4/21　・內政不好的原因：其一人的品質不好，其二無法解決問題。
　　　　國貿好的原因是外國人較單純，要騙他較容易，又不會有反彈
　　　　抗爭，外匯乖乖地湧入。

4/22　・大學生提出「要真理，不要倫理」，足見教育徹底失敗。
　　　　我的看法是「真理」和「倫理」一致，真理是由倫理而來的，
　　　　也即尊重「真實」、尊重「真理」，然後有先後秩序之分而
　　　　已。

　　　・無倫理道德，絕不會有生命共同體的社會。

4/26　・是非愈分明，愈有公道。

　　　・我一生無論在什麼地方（場合）很少打瞌睡，但一到立法院備
　　　　詢自然較會打瞌睡。尤其立法委員問政品質低，政府官員又無
　　　　法作政策性的答詢，議事功能差，在此浪費時間生命，更浪費
　　　　國家資源，真是無聊，只好以打瞌睡表示抗議。

　　　・政府官員答詢時答覆「研究」等於沒有回答，是緩衝的詞句。

4/28　・連院長在研考會頒獎時強調改革，我們的改革只在「口水改
　　　　革」，而沒有「行動」的改革。

　　　・國民黨倒行逆施之例──

　　　　一、國民大會代表由縣議員選區選出，水準低，修憲制憲應規
　　　　　　劃高水準的人參與，然國民黨竟降低比省議員更小的選區
　　　　　　選出。

　　　　二、立委延為四年。戒嚴時代三年，民主化四年，開倒車。

　　　　三、國代三百二十一人、立委（下議院）一百六十一人，全世
　　　　　　界無此政治原理，倒行逆施。

　　　　四、原住民列入憲法，非原住民變成移民。

5/8　・李總統最近強調主權在民，其實──

　　　　一、總統並非主權在民的台灣人直接選出。

二、省市議員之延期一年，也非主權在民之省市民決定的，而是主權在官所決定的。

5/12　・人民先違規（法），政府後制法配合之，這是台灣政府無能的具體事實。如農地蓋保齡球館或萬客隆，然後政府制定法令配合之。

5/13　・立法院有些委員品質很差，自己不守議事規則，又要批評人、罵人，一點做人的條件都不夠。選上了立委利用特權，行使比歷代皇帝更大更至高無上的權力，來浪費國家資源和老百姓的血汗錢，達成個人作秀、拗蠻與私利，留給社會和後代不良示範，看到這種醜態，心臟病不發做才怪。

5/14　・對任何問題應有適度的反應，但千萬不要反應過度，否則會造成患得患失的負面問題。

5/16　・曾國藩說，有操守無官氣，多條理而少大言。

5/17　・杜威在《自由與文化》一書中曾指出在法國大革命的哲學家看來，個人自由是人類天生的權利；在德國哲學家的心目中，只不過是原始感性的獸類的自由。

・道德與法律的關係，道德較法律爲廣，法律主要是依據道德而文學化，但若不經法律這一制度化的過程，社會上恐怕連最起碼的道德也保不住的。

・經濟學家桑巴特（W.Sombart）在他的《現代資本主義》中曾有極大發現——
一、在資本主義之前，人們從權力得到財富，即權力的財富。
二、在資本主義之後，人們卻是從財富得到權力，即財富的權力。

・先承認錯誤是最高的智慧和坦誠，也是化解問題的萬靈丹。

・包括連院長在內的內閣閣員，在無眞實意識的觀念下，只「用讀書不必做」的理念來答詢立委的詢問，永遠無法解決問題，也無法達到議會政治的目標。

・龜笑鱉無尾。國民黨笑中共無人權、專制，國民黨過去還不是

靠專制、無人權發展經濟，只是國民黨先專制、無人權而已，現在反過來笑中共無人權又專制，半斤八兩。

- 會說話與不會說話之分界線，在於言行不一致的比較容易信口開河。不善於言詞的人，句句點點均在注意言行是否一致，因加上「行」，當然不敢信口開河，不需「行」，什麼話都說，流利得多。

5/19
- 過去無人提起「家庭」，家庭自然在倫理孝道的崇高原則和精神下發揮高度功能。現在天天提起「家庭」，表示家庭問題嚴重，聯合國重視此問題，定今年為國際家庭年。

5/20
- 立了法但人事局不給人辦事，如此何必立法？現在立法是應付騙人的，均未考慮法律之可行性及是否可解決問題，又加上不得用人，我們的立法確實是無意義，立了法編列預算，但又無人執行，浪費公幣。

5/23
- 做好事情最要緊，不要說理由；沒有做，沒資格說話。

5/26
- 政府官員應強化「做事和解決問題」的能力，大部分官員迄今無「做事與解決問題」的邏輯觀念，因此浪費國家的資源相當大。

6/2
- 功利社會下大家只談權利、爭權利，不談義務、不爭義務，如此情形之下，政治、社會怎能好，怎能平衡？無論在社會、在議會均只談權利，不談義務，這個社會誰去照顧呢？權利義務若不平衡，社會怎會有公義呢？

- 威權如果是德威或法威並無可厚非，亦即基於道德倫理和法律的威權有何不妥呢？無法律和道德的威權，政治將腐化，社會也會大亂。

6/9
- 民意代表幼稚無知，學者也跟著幼稚無知，從未以專家立場糾正、指責、批判，才導致民代以劣幣驅逐良幣，至為可惜。

6/16
- 法律與契約性質相同，有道德的人縱使無立書面契約也會信守合約，如無道德修養的人，縱使有書面的契約，也不會守信。

- 同理，有道德的國民縱使無法律規定也會守正義、公理、公

道，如無道德的國民，縱使法律再多，也不會守法，如台灣法律最多，違法也最多。如KTV、理髮廳、三溫暖、高爾夫球場、保齡球館的公共安全……百分之九十違法、違規。因此，足見日本道德科學研究所創辦人廣池千九郎法學博士棄法從道，認爲有道德的國民才能守法，法治才能推行，與我的理念相同。

· 政府無法革新和推行現代化建設，主要在主計部門。主計部無國家前瞻性又不了解實情，只在應付把持，不知建設之輕重、先後之別，又對弊端無了解，導致國家資源在無知的情況下消耗掉，因此，台灣的建設和品質無法提升。

6/22 · 教育會議強調「多元教育」的意義模糊，多元與邏輯的關係如何，多元與矛盾的關係應如何釐清。否則理念不清，不只教育無法改革，甚至還擾亂教育。

· 全國教育會議主題有終身教育一項，而總統致詞也強調終身教育。李先生說不要重文憑主義，但是李先生用人大部分是以文憑爲準，內閣成員絕大多數是博士。

· 李總統在全國教育會議提出四點改革意見和我的理念一致：一、遏止升學主義，二、陶冶學生文化素養，三、培養師生倫理觀念，四、重視終身教育。

6/27 · 要改革必先具備革的環境和條件，如要把擋路的石頭拿開，就必須給你人力、工具和經費。如無人力、經費和工具，如何把大石頭拿開？「拿開」大家都會說，除非天上掉下來的主動消失外，石頭是永遠無法拿開的。因此人力、工具和經費是移石頭的條件。

· 學者最喜歡金錢，用學者清高之名搞錢、搞功利，使我對學人產生失望感，尤其搞政治的學者更甚。

· 傳統是過去人類集體智慧和經驗的精華，傳統是合乎人類的文化，也是人類與禽獸的差別，如果現代化的理念較接近於禽獸之時，現代化就無意義可言。

- 無論傳統或現代人類追求的應是人性、人權和社會公平、公道、正義而已。如無人性、人權、公道、正義存在，不管傳統或現代，對人類均無意義可言。

- 有記憶才有傳統，要了解傳統與過去，才可談現代化。

- 馬汀・柯樂卡（Martin Collcutt）認爲，日本以行爲來解決問題，而不是僅以口頭説説而已，日本容納了儒教、佛教和神道。

- 倫理道德與人類生活有何關係？倫理道德是否適合人類生活？倫理道德對人類是否重要？

- 東京大學：階級社會不會有社區主義。

- 金耀基、杭廷頓説儒家是主張多元，對民主並非阻礙。

- 東亞現代化研討會很少人注意到人的價值觀，不管是儒家或西方思想應先定位人的價值，然後才考慮何種思想的價值，因此應考慮人的價值取向。

- 與關西大學河田教授談話：儒家、佛教，均談人的哲學、人的價值觀，而科學是用來提高人類物質生活和改善人類生活環境（但也會破壞地球、破壞人類生存環境，是相對性的），但無法改變人性，只能誘導人民趨向功利，與儒家之以人的尊嚴，受人尊敬的完整人格爲取向的精神不同，因此以科學和儒家相提並論不恰當。

- 爲何皇室喜歡儒家？並非儒家僅對皇室有利，而是儒家以「修身、齊家、治國、平天下」爲立論，將可使每個人能自律。家庭生活好、社會和諧、勤奮、儉約，這是皇帝所希望的社會，因此皇家喜歡儒教，百姓也喜儒教。

- 反對儒家思想的人，何嘗曾檢討自己生活時時刻刻有無儒家精神存在，如果無，反對才有理由。

- 道德不只是四維八德，而是不害人、不欺侮人、不吃人、不冤枉人。

- 福山（Francis Fukuyama）説，儒家重視家庭生活。現在全人類

哪一個人無家庭生活，如無家庭就成流浪漢了，為什麼還要反對儒家呢？無聊！

- 日本忠孝無法兩全時選擇忠，而儒家注重孝，因日本在企業方面，員工乃會注重於家庭，較有公德心，儒家自我心較重。
- 道德是基本，科學是方法。
- 儒是以個人價值觀為主，與個人自由的民主精神是一致的，怎能說儒家是反民主的？應說儒家是民主的奠基者。
- 以社區意識來平衡個人主義的太濃厚。
- 高英茂言，儒家重視效忠政府。我想效忠政府（選舉）是應該的。

6/30
- 我不能浪費生命做騙人的官。
- 身體積勞病叢生，倫理人性正消失，心急如焚度日難，憂嘆人類變禽畜。

7/4
- 教授是治學而非治校。

7/12
- 只靠權力說話即官話也。

7/13
- 宇宙所存在的一切問題均已清楚（包括哲理、真實現象），執政能力自然強。

7/20
- 講倫理道德還要看講稿，如果自己有道德生活，根據他的生活就可講很大篇的道德，無道德的人看稿才講得出來。

7/22
- 守時的人不會占人家便宜，自然也是清廉的人。

7/25
- 吳庚不懂實際情形，竟在行政院組織法修正開會中，攻擊消防署之成立。這些學者、專家均不懂實情，請他們來開會猶如請鬼來醫病。如果說這些學者有用，唯一目的是來替那些政客背書而已。

7/26
- 切入問題才能解決政府的絕症，用「切入」問題的方法才有效。

7/28
- 工程圍標主因——
  一、首長不負責：首長能負責，黑道圍標自然消失。
  二、首長有決心敢負責，自身不貪不取又不戀棧權位，否則一

輩子想高官和金錢，絕不能改革、革新。

三、首長親自主持招標，圍標可消除。

・能革新、敢改革，全繫乎首長願不願隨時去留，如戀棧官位怎有改革之日。

・台灣的高官一輩子想當官，實無資格說革新。

・輿論，當內閣改組論「官位」時，全部以某人與某人的關係做爲當官的定位，從未以某人的智慧、能力、經驗和操守論官位，這種社會成爲無是非，自無藥可救。

・國民黨的政務官當一輩子的，國家永無革新的機會，只是口號騙來騙去，來繼續維護其官位而已，非民主國家也。

・現在要談革新，政務官應有神風特攻隊的殉職（辭職）精神和破釜沉舟的決心，否則是騙人的。

・公權力的執行不應受民主因素的影響，公權力是絕對的，不能妥協。除非法律廢止或修改，否則公權力是不能妥協。

・腐化的政府和社會，在民主的社會如不再惡化就不錯了，怎有起死回生之期。因此執政者應有高度良知，不該犧牲「社會」，來保持他快活的官位。

・隨時走路的首長才能革新，因民主社會，首長隨時要接受挑戰，亦因此要隨時迎戰，在不斷戰爭中無可能永站在勝面，有時會戰敗，戰敗又不下台，只能當被俘虜的首長，如此怎能談革新呢？

・善與惡能共存時，誰能革新？首長爲維持其地位犧牲公權力，並以公權力與違法的人妥協，然後統統有獎，如此怎能革新呢？

・死水必臭，位子占久了也會臭。因此不經民選的首長（在位久的），貨底太多了，自己都無法清理了，怎能清人家呢？事實上這些談革新的人，該是被革新的，無資格革新他人。

7/31 ・不守時的人連時間都要吃下去了，誰敢說他不會吃錢。

・俗語說「知足常樂」，淡泊名利對自己是好的，唯對國家社會

和歷史的發展如果是知足，是不負責任的人。

- 我的用人哲學是只問你會不會做事，而不問你的背景、關係。

- 有人問我：「你做那麼多的事，為何不說出去？」我說：「做少或一點點才比較容易說出去，做多了就無從說起了，做多了就講不完，其實也不必說。」

- 十條新聞沒有兩條正確的。可憐的台灣人，每日被記者玩弄，幾乎活在虛偽、幼稚、無知的生活中。

- 台灣是無法治的民主社會，天下大亂是必然的。

- 由法官、檢察官以至小井市民幾乎無法治的條件和環境，法治徒有其名，不會有其實。

- 無法治的民主是無政府狀態的社會。

- 有法治素養的國民，民主才能實現，否則只是被惡用，造成劣幣驅逐良幣的反淘汰結果。

- 地下電台問題——
  輿論本質應是公正，否則失去輿論的意義，不管地上或地下，如將輿論當為爭權奪利的工具，則不能算為輿論了。在「守法」與「民主」還很模糊的台灣，濫用輿論謾罵、煽動、打擊他人又不須負責，而政府又無可奈何，則住在台灣的人還有什麼意義和保障呢？
  民進黨一方面漸進入權力核心，一方面又藉群眾抗爭挑戰公權力，以權力掩護暴力，以暴力支援權力，雙管齊下，互相支援，國民黨政府近於亡也。

- 政府還在喊便民、革新、為民服務，在民眾經常包圍政府的場面下，這些所謂便民、革新、為民服務的口號，還有什麼實質意義和存在價值呢？

- 沒有「替代方案」，你憑什麼知道「原案不好」。因此無資格說話。

- 褒揚已落入酬庸性的褒揚。內政部引治喪會議呈請，唯治喪會又非政府核備之單位，內政部引用無法令地位之機構，呈請總

191

統褒揚，顯有陷總統於不義。又褒揚事略引用國民黨的職位和對黨貢獻，實不宜。

・我能身兼三大重要工作又能做好，主要是無私、無我、積德之心、熱誠工作。

8/10 ・道德是四維八德，是良心。上面是內在的道德，外在的道德是不害人、不吃人、不欺侮人、不冤枉人也。

8/17 ・公權力不能溝通更不得妥協，這是基本觀念。

・花蓮縣前縣長吳國棟拒絕交保，精神可佩。檢察官不懂行政程序的運作，在上級批「原則可行」的情形下，仍以圖利罪嫌，收押縣長，是倒行逆施的惡官。難怪吳國棟拒絕交保，上級批示「原則可行」難道是不可行嗎？不要做嗎？

8/18 ・省市只會報告道路災害情形，但院已頒「災害防救方案」，無人按照該方案執行。連院長要我主持災害防救方案審查，經六個月的密集審查，現已有制度和規模，但在檢討災害時，包括院長、省市政府、部會首長，隻字未提。看來此方案還是在騙人的，虎頭老鼠尾，心血來潮高興說說而已，並無心於真正災害的防救。台灣的災害將是永無止境的，主政者重視災害又不進入狀況，言行不一致，對預防災害從不提示，更大災害的來臨是必然的。

・自立報系易主，員工自行選舉總編輯，以對抗新資本主，此種出錢又無權又受挨罵的所謂民主社會，以後誰敢投資呢？資本主不投資，這些員工如何生存呢？如此社會不要說「法」，連情、理均不存在，本來輿論應本公正精神，不是員工或資本主所能左右，失去「公正」的輿論就無存在的意義。以員工之所「好」，而無公正的言論，或以「資本主」之所好，而無公正言論，均將為全民所難接受。

・全民電台（無照）隨時可呼喚集中抵制政府或犯罪之地步，則台灣人民生存已難保障，成無政府狀態。

・官員處事態度有二：一為應付得好，保持官位或升官；二為解

決問題，看不慣應付騙人的作法，寧可無官，也不浪費時光和生命，因此官員應有能力解決問題。第一類的官占絕對多數

- 討論水災問題時誰提起防災措施，既不防災只好期待災害的來臨好讓大官作作秀而已，老百姓活該！真是老鼠笑貓的表象。

- 《聯合報》第一版，在家長抗議下，北區五專增類錄取六百八十名。如此政府不要也罷。

8/20 ・陳定南在彭百顯立委陪同來中選會看我，陳定南一方面作秀一方面提省長競選意見，由他的口氣可看出他的主觀、優越感，很獨斷，屬專制型性格，要大家聽他的，服從他的，不讓別人發表意見，更不會接受他人意見，十足的獨裁性格。很可憐，我們這個社會無人了解，以為他很了不起，其實他是專制獨斷型的人物，他雖高唱民主，但大家要聽他的，服從他的，不聽他的就是不民主，不服從他的就是壞人。

8/21 ・無法改革的因素——

一、任何改革均要有大魄力和擔當，但易會被批為不民主、獨裁，誰敢改革呢？

二、有犧牲精神的人去改革，但現在已無烈士了，不像過去可送到黃花崗當烈士，現在不給人打死就不錯了，誰敢去改革。

三、勇於改革的人，在法院成為圖利他人的祭品，誰敢做呢？

・以民主之名進行打劫，漂亮又實惠，不少所謂民主鬥士均成大富，這不是打劫得來的嗎？這些均為不明不白未繳稅的財富。

8/22 ・內政部主張總統選舉另立監督委員會，督導中選會辦理選舉。

一、威權時代的心理。

二、總統選舉督導委員會要向誰負責，權利義務如何劃分，屬於何機關。

三、中選會委員由總統派任，總統選舉督導委員是否由總統以上的人派任，倘亦由總統派任則與中選會委員之產生相同，有何彼此之分呢？矛盾又無體制。

8/24	・取締違規數字僅爲成績好，並無效果。
8/29	・大法官提名人到國民大會，到處拜託聲拉票，無格又不清高，實已無資格當大法官了。
	・台灣的民意代表在建言或提案時，從未考慮民意，只是憑自己情緒上的好惡或利害關係，爲自己利益而發言，等於在瓜分或腐化公權力而已，完全無民意代表的意義和水準。
9/1	・政府財政收支應注重效率和品質，猶如十人各出兩千元，交給一個人辦理宴席，即等於一桌兩萬元，主辦人應辦兩萬元一桌的菜，如辦五千元或一萬元的菜，就應撤換主辦人。政府也然，倘人民繳稅一兆，政府的建設只有七千億的價值，就應撤換政府，換人辦看看。這是民主政府的基本認識。
9/5	・候選人公開設帳戶募競選經費，政府不應再補助每票三十元，否則成爲候選人發財機會。一方得募款，一方又得補助，不需繳稅，生意可不做，大家來參選。
9/6	・不公道又無正義感的政黨和人物，腐化之源。
	・陳婉眞利用議事錄發言不相關的議題時，以大木棍走到連院長前喊打連院長，好在警衛人員解圍。劉院長松藩對此事要移付懲戒時，民進黨員洪奇昌、盧修一、彭百顯、沈富雄、陳水扁、翁金珠、周伯倫、葉菊蘭、林光華、謝長廷……均在場反對懲戒，足見立法院只有黨的利益無正義和公理的骨氣。
9/8	・農委會今日院會提出鎘米地處理措施，一大堆方案把重點稀釋淡化，大家還是無法將焦點放在解決八十七公頃鎘汙染之土地，還是敷衍應付而已。
9/11	・民主是相互的，是雙向的，互相尊重的。陳定南的待人處事素以獨斷主觀要人家順從他、聽從他，不管他如何清廉，不能以優越心態待人，多少應尊重人家。
9/15	・行政院送到立法院法案（依立法委員意見辦理），但在審議中，如有一位立法委員情緒不好或有什麼其他不滿意時，一人就可將行政院送出的法案或方案推掉，另行協商，不表決。議

事效率差。

9/16 ・是做事不是罵天罵地。

9/18 ・知名度與聲望不一樣，知名度是不分好壞，聲望則是好的。

9/22 ・政府首長對公共工程不但要多做（建設），需要節省經費，不可浮濫浪費，首長應將公款當成自己的錢一樣地節省。

・司法獨立並非司法獨裁。

9/27 ・台灣今日鬧到這種地步，國民黨專制而無能，專制用於自私自利、貪汙腐化的目標上，並未眞正爲這個國家的前途和子孫設想。明明是專制獨裁，數十年來以民主自由的口號來掩護其專制統治，久而久之民主自由的口號被反對力量接收，反對力量將計就計，也以民主自由來騙人民，民主自由被反對力量搶過來後，這些反對力量也同樣以民主自由的口號來挑戰公權力，博取人民的同情，慢慢擴大力量。如今反對力量與國民黨相伯仲，看不出有何公義的勇氣和性格，它們的行爲只想拿到政權（不擇手段），然後來分贓。因爲它們過去反對國民黨貪汙腐化，現在自己貪汙腐化，利用這種矛盾和國民不知不覺的弱點來爲所欲爲。

・多元化與邏輯是矛盾的。

9/30 ・取消父權主義的感想——

一、數千年來中國以父系來維護血統，使下代子孫有根、有祖先、有光宗耀祖、有族親、有宗族以至民族，如取消了血統，根將消失。

二、父權只不過是血統延續的最佳計算方式而已，與男女平等無關。以中國幾千年來男娶女嫁，女嫁到男方家有歸宿，男如入女家爲贅，均爲傳宗接代，血統的延續，系統的延續，是天經地義的，與男女平等沒有任何關係。

三、男女平等不可扯到家庭裡去。難道夫婦天天要計較平等嗎？分秒必爭平等嗎？夫婦相處應有倫理道德，互相體貼、互相原諒、互相愛護、互助合作的天性，家庭才會美

195

滿幸福。如夫婦天天計較，爭權奪利，這個家庭可能維持不到一天，就要分道揚鑣了。

四、父權與男女平等無關，父權是血統、根的延續方式（比較好的計算方式），父權是對家庭生計上負起責任的義務而已，如果血統、根和負生計責任都要平等，那血統、根和責任如何計算呢？

五、西方無倫理、無根、無親、無戚的社會，大法官引來代替東方的思想，是悲哀的，我感到遺憾！

六、大法官取消父權主義是無國情、歷史、背景、和人類血統觀念，將成歷史罪人，也為子孫所不齒，也是東方歷史終結，人類價值的崩解。

七、父權可說是責任的貫徹和血統的維繫，與男女平等無關。

八、取消父權將造成家庭的大亂，親人的崩潰。

九、子女的姓如何處理，冠夫姓冠母姓，均不平等。

‧政府無能、公權力消失、天下大亂、歷史資源漸失，這些現象，大官說這是政府推動民主化的必然現象，還在強調大有為的政府，不知見笑。

‧多元化這句話——

一、精神分裂的人，是最有多元化的表現。

二、無原則的人，也是最有多元化的表現。

三、無重點的人，也是最有多元化的。

四、無是非的人，才會有多元化的表現。

五、無邏輯的人，才會主張多元化的。

六、強調多元化的人盼在亂中求矛盾，混水中摸魚，以自圓其說，完全無責任可言，多元的結果那一點才是公義？

10/2 ‧無法治和倫理的民主自由是假的民主自由，是忠厚善良人民的不幸，也是子子孫孫的不幸，領導階層以民主自由來騙社會，以鞏固其權力，我永不服。

10/3 ‧所謂多元化社會，人無是非心，公道、正義自難存在，因此多

元化社會既無是非，如此做與不做同值，好與壞同值，甚至顛倒是非、黑白、善惡，如此的多元化社會不是反淘汰嗎？正義、公道、倫理、道德能多元化嗎？多元化的價值在哪裡？人類何去何從？百思不解。人類的領導者製造是非、製造問題不負責任，如此無智慧、如此無恥，把人類引領至動物園（包括野生）的動物層次，實在悲哀！

- 國民黨對國家社會而言現已成為弱勢團體、是廢人（殘障團體）。但在個人為官得利，則為強勢團體。

- 基層公務員素質差，無國家整體觀念，無法真正為基層民眾服務，導致基層民眾對政府施政不滿。然高官顯要每日只為維護其官位、甚至升官而費盡腦汁，怎麼還有其他精神可用於做「事」或貫徹政策至基層呢？難怪基層不斷抗爭，國民黨得不到支持。

10/4
- 朝野各黨均在爭其本身的利益，從未為國家為社會為全民著想，如此全民何必繳稅呢？

- 我自幼均在逆境中生存，曾嚐到無數風寒酸苦的滋味，因此能面對逆境、苦境，均以解決問題為職志。

10/7
- 總質詢由六十分鐘減為四十分鐘的條件，為立委每月增一萬元代價。浪費人民的血汗錢。

- 國民黨官員和立委只會做官和搞特權利益，對民進黨立委答覆或抗爭束手無策，任由民進黨立委擺佈，又怕民進黨立委。劉松藩只有小丑的知識，無知無能，任憑國家資源的浪費、流失，真是國家的大不幸，然民進黨立委斤斤計較，眼中只有自己，無國家整體利益，更無公義的格調可言。

10/9
- 國民黨腐化無能，高階層更然，高高在上，做官心態，很少有憂患意識，明明要倒了，偏偏老神在在，可笑！

10/10
- 民進黨員從不參加國家慶典及國慶酒會，這是民進黨不認同中華民國的具體證據，然國民黨仍持續推動政黨政治，沒有常識，國家認同與政黨政治不能相提並論。

10/11 ・人民對政府的抗爭太多太頻繁，加以反對黨雙管齊下的興風作浪，台灣的抗爭居於全世界之最，因此警察忙於對付抗爭，無法維護治安和社會安定。政府應就形成抗爭的原因，徹底檢討自身施政的缺失，如不加徹底反省、檢討、改進，把施政做得完美無缺，則抗爭之多不能怪人民或反對力量。抗爭的責任應由腐化、無知、無能、無恥、無賴的政府負責。由於不斷抗爭，社會付出的成本和代價實在太大了，這是人民的損失，國家的損害。

・國民黨的政治人物（官員、民代、黨官）是為分贓利益和官位而來，因此無責任感、無整體觀念，更無智慧和能力，他們的生存均靠兩蔣數十年獨裁專制所得的政治資源，分批出賣而保官位、地位而已，他們是敗事有餘，成事不足，悲哀！

・功利社會講利害不講道德，不分是非而只求利害，不需道德、不要倫理孝道，只求多元化開放與動物園一樣的社會，現在的社會不適應我的生存，我只好回首歷史，在有人性、有道德、有倫理、有孝道、有情、有義、有人格、有公義的歷代內涵上去尋求感受、生活，以達到我人生的價值觀，才不會枉費我的一生。因我不會放棄原則，只求虛偽的名利而活得無尊嚴、無人的價值。

10/13 ・與民意機關有關政策先溝通協調……溝通協調不成，則應以責任歸屬解決問題。

10/14 ・學人執政，因其腦海內已裝滿與社會實情不符合之理倫思考觀念，因此無法了解實質問題、解決問題、處理問題。在立委質詢青少年飆車時，教育部長只會說價值觀混淆所致，但他無法去導正價值觀，更無法將飆車問題處理解決。台灣今日變成這樣，從政學人應負責。

・有些民進黨員的作為——
一、謊話說久了成真。
二、專門說人的壞話，自己成為好人。

三、罵人責人是民進黨的專利。

四、自己可與財團掛勾，不讓他人跟財團打交道。

五、聽他、順他才是民主，不聽他、不順從他就不民主。

六、自己可搞利益，別人不能搞。

- 日本一位大臣剛上任，說一句錯話，馬上辭職。台灣的高官做整卡車的錯也厚顏地不辭職，縱有辭職，也在上級慰留下再幹下去。

10/15
- 抗爭那麼多，表示政府未替民眾做事。抗爭越多表示政府本身問題多，政府應自行檢討。但當局認為抗爭是民主自由的結果，倘如此想法，自由民主反而成為政府不做事的藉口。

10/20
- 功利社會老師收入低，又要受攻擊（包括學生家長打老師、受侮辱、受謾罵）。地位低，怎能發揮教育功能呢？因此教育改革應提高老師的地位，誨人不倦的清高精神是高於一切，如此雖金錢收入較低，但受社會尊重肯定，才能發揮教育功能。

- 父權主義被取消，只講求功利的平等，將來男女結婚後，男女雙方公媽牌請在一起拜，將破壞家族血統、宗族制度，甚至男女公媽奉祀的鬥爭。

10/21
- 西方個人主義須在「協調」功夫上浪費相當代價，效率低。東方團體主義不必付「協調」的代價，東方經濟發展神速是例證。團體主義靠倫理不採協調。協調需相當時間，浪費物力、人力，況妥協下的結論，也不是最好的結論，自然無績效可言。

- 台灣社會已無是非善惡之分，而公權（信）力又已喪失殆盡了，犯人認為犯罪是自然正常的事，阻礙他犯罪或扣押犯罪者時，犯人不但不知自己錯誤，反而怪罪於人或法院，甚至是政府。

10/26
- 布希無法推動內政，而著重於外交，導致選舉失利；柯林頓以州長入主白宮，本應對布希荒廢之內政大加改革，看來他也無法解決內政問題，而致力於外交工作。

台灣也然，內政爛得一塌糊塗，從來不管，只搞好高騖遠的務實外交，足見內政是最難做的。尤其自由化、民主化後，人民自主意識高漲，抗爭多，不易解決，只好朝向國際舞台上作秀，以掩飾內政的腐化。

・政客畢竟是政客，不分國界地域。

西方——人權——人：權力政治；

東方——人性——人：責任政治。

10/27・政府如真正要改革，必先從主計處和人事行政局著手，否則很難革新。主計處和人政局觀念落伍，只管錢及人，而不管效率、功能，才造成行政僵化，很難革新，足見主計處及人事行政局是行政革新的絆腳石。如主計處在同意公共工程預算時，應查明該公共工程是否可行，經費多少，完成日期，然後才編列預算，並非因關係好之部會就優先編列。

11/8・候選人拚命向外公開募款，國稅局置若罔聞，然真正做生意的人，在稅務嚴格稽徵下叫苦連天，這樣政府執法公平嗎？

・我平生不喜八股，對八股記憶力特別弱，因此我在演講時很少引八股，都是根據真實而言。有真實就不要去記憶八股、引用八股。

11/9・台灣人有耳朵無眼睛，因此只有聽人說，從不張開眼睛去看看有影或無影，因此都受騙了。

11/11・你要生存，你就要勞動和運動，這是對等的，不能逃避也不能懶惰。

11/14・老年人生理衰退，頻有疾病、行動不便、心理不安，自會產生焦慮、自卑，甚至失去尊嚴，但中國傳統倫理能設計孝道、尊賢敬老的精神，來安慰失去自尊的老年人，以孝道來尊敬老年人，以彌補老人的孤單、淒涼老景，使老年人得到溫暖的安慰，享天倫之樂，倫理孝道的意義就在此。

11/15・國民黨當官的沒有一個有黨國之心，只有利用黨國之名及資源謀私利，政權快要丟了還不知死活，悲哀！台灣省長及台北市

長快要易人，他們還悠哉悠哉！快要垮了，將到改朝換代的時候了。

11/16 ・公辦政見發表會場，動用一千到三千名鎮暴警力，維持秩序，如此民主選舉有何意義？有人還說是民主政治進步，是明人說瞎話，自欺欺人、不負責任的說法。

11/17 ・你要苦多少才能活多少，不苦就不能活。

11/18 ・國民黨的公職人員，大部分是「吃飯的一大堆，做事的無半個」。

・學者無正義感又要玩弄政治，誤導人民。那些政客、學者一味討好反抗者，因為反抗者較壞，他們也怕壞人。人一生最怕壞人，壞人不找他麻煩，又受壞人支持，就可高枕無憂。

・周清玉帶姚嘉文立委又率眾到彰化地檢署興師問罪葉金寶檢察長，為何他告阮縣長不起訴？這種挾立委特權及群眾力量公然威脅執法單位，我們的司法威信何在？

11/28 ・如果自己說一句錯話，我終日懊惱萬分，如果我有對不起他人，我終日嚴責自己萬分。上情我做到很絕對，自幼迄今。

11/30 ・隨便毀損由各政黨組成的中選會尊嚴，實為不智。因中選會主委是無黨籍的我，兩黨才紛紛指責抗爭中選會，犧牲公正超然的中選會，做為他們造勢的工具。如此短視又禍害子孫的政客，令人遺憾。如宋楚瑜隨便指責中選會不取締陳定南發紀念券募款數億，卻不向國民黨籍法務部長馬英九檢舉。又吳梓支持陳定南、或政見會民進黨鬧場，均指責中選會，而為何不指責由國民黨主導的情治單位？進而言之，如果今日是國民黨的吳伯雄當中選會主委，他們就不會輕易指責中選會。

又民進黨也然。公辦政見會場是民進黨的尤清領導的北縣選委會安排的，他們（蘇嘉全、盧修一、翁金珠、葉耀鵬）到中選會抗議而不敢指責尤清。又如陳定南選舉公報用簡體字，是縣選委會的責任，他們也指責中選會而不敢指責抗議民進黨尤清的台北縣選委會……因此，如果今日的中選會主委是民進黨

籍，他們就不敢指責抗爭。

足見兩黨均把選委會當為自己的抗爭秀碼，並不把它當為超然、客觀、中立、公正、公平的機構，如此台灣怎有公義的民主政治？

12/1 ・國民黨的包袱經所謂寧靜革命後——戒嚴前，萬年國會改選，黨禁、報禁開放，戡亂時期終止——應已無包袱可言。如今還有包袱，就是領導階層用人不當造成腐敗，不能再把責任推到國民黨過去包袱。

・國民黨的政務官不少是天掉下來的，因此不分輕重。快要倒了，還講那麼多自不量力又無危機意識的話，這是國民黨節節敗退的原因。

・國民黨今日的衰敗，是敗於所有官員均以永遠執政的心態和精神，釐訂政策和方案，並非以民主時代輪流執政，有競爭的心理，釐訂政策，才造成今日腐化，無法適應時代需要的嚴重問題。

12/4 ・何謂多元化社會？就是無原則、無是非的社會。主張多元化社會的人，本質上就是無是非、無原則的人。

・法院庭長用選舉，證明法官捨棄法律尊榮和原則，而以最髒的政治方式介入司法，是開倒車不負責的禍害司法。

12/8 ・省府組織規程提院會省長已為民選產生，已成為首長制，但該組織法還設十五人省政委員，完全無法配合法律制定之用意和精神。況省政委員列十四職等，而廳長列十三等，真正負責推動的廳長，官等反而為低，而不必設立之省政委員又無專責工作，竟為十四等，且均為酬庸性的，浪費財源又是倒行逆施的例證。國民黨政府的作為均屬此類，台灣人怪可憐。

・在英雄館午宴東南亞作家時，有些作家談美國社會三件事（無人性、無倫理）——

一、流行殺孩子。媽媽為討好新朋友或怕男朋友知道，將自己孩子殺死。

二、家長不得看孩子在校的成績單，如要到校看，老師會說需
　　　　學生同意。

　　三、家長打孩子，孩子即到法院控告。

12/11 ・過去老師的影子不可踏到，要離影子三尺，現在是打老師，甚
　　　　至打死老師。

　　・陳水扁說教育局長要用選的，這是錯誤，與法院庭長用選的同
　　　　樣錯。選舉是政治性的問題，教育及司法不可讓政治介入，如
　　　　今教育及司法也用政治方法來處理，完蛋了！

　　・報載（自由及自立晚報）吳伯雄要接總統府祕書長。過去李登
　　　　輝最討厭吳伯雄，經常說吳伯雄只會作秀不做事，內政部爛得
　　　　一塌糊塗，如土地問題的地政、都市計畫一直拖。今日民怨在
　　　　此，現在要吳當幕僚長，除非有苦衷，否則難圓其說。

　　・吳伯雄搓圓仔湯，以放棄競選省長換取總統府祕書長之職，這
　　　　就是台灣式的民主。

12/12 ・在台灣目前的政治生態下無原則的人，才能扮演政治要角。宋
　　　　楚瑜在吳伯雄未退選時，在院會內碰到我說吳太可惡，如今退
　　　　選了，成為宋的恩人。李登輝過去經常對我說吳伯雄只會作
　　　　秀，內政部已荒廢，如今卻重用他當總統府祕書長，令人費
　　　　解。我想還是利害問題。

12/14 ・國民黨政府是靠鎮暴警察保護而維持生存的──

　　一、李登輝曾說，這是中國歷史上自由民主的開端。

　　二、腐敗的國民黨政府才要靠鎮暴警察保護。

　　三、政府腐敗人民才來抗爭，而政府從不加檢討，一有抗爭，
　　　　警察以鎮暴器材伺候，腐敗政府的官員我行我素，高枕無
　　　　憂。

　　・政治不可介入教育及司法，但無責任的國民黨竟大搞教授治校
　　　　的校長選舉、庭長及二審法官的選舉。如此用選舉的政治方
　　　　式，處理教育和司法，將徹底摧毀教育和司法。

　　・一個有歷史責任感的政治人物是非常寂寞的。

- 酒量高的政治人物均是靠喝酒起家。這些人功利心特重，又因腦筋受酒精侵蝕嚴重，患了健忘、言行不一致的不負責政客。國家操在這些酒鬼之手，悲哉！
- 內閣的改組有幾點意義：一、是官位的重新分配，分贓而非做事；二、配合總統選舉；三、利害的結合。

12/15
- 連戰在今日院會中說，台灣社會有快速發展。我想是負面的快速發展。如倫理道德淪喪、社會無是非、無公義……此可由其用人角度看出，和金權掛勾的事實中可知。新政府分兩類：一類作秀型，本領高強；另一類做官型，較老實，但無作為。
- 老子的「無為而治」才是真正的政治家，施政走在人民企求的前面，有問題事先無形化解，人民生活永久滿足，無埋怨而不知不覺中過著祥和完美的生活，這就是達到「無為而治」的境界，與我參與政治的理念和作法相同。現在的政客無眼光、無前瞻性，施政均跟在人民企求的後面，因此一大堆問題叢生，又無法化解問題，造成到處民怨、抗爭、暴力、不安，如此不負責，不但不檢討，反而到處宣傳自己、作秀、騙人。此類政客能壟斷台灣，無知的台灣人被他們騙著走、牽著走，悲哀！
- 具有「無為而治」的智慧、能力和理想，無法施展、心急如焚、徒嘆年老、無精力、活力，在無為而「治」的才能和理念下為國為民效力，至為可惜！

12/16
- 無為而治，為於未有，治於未亂。唯有不爭，天下莫能與之爭。

12/19
- 有人說李先生正在安排接班，連戰、吳伯雄、宋楚瑜？民主時代還安排接班人嗎？可笑，我認為不可能。唯有共產黨才會安排接班人，才不會被鞭屍。

12/24
- 報載全民計程車司機與警察大衝突，戰況劇烈猶如無政府狀態，這些都是近年來司空見慣的事，是不負責任政府和內政惡化之果，也是主事者只顧自己出鋒頭、亂點鴛鴦譜的任官結果。如此社會問題，人民無法追查責任，不知責任之歸屬，悲

哉！

· 無倫理道德的民主自由是台灣歷史的開端，是國民黨大功勞。

· 權力足以使人腐化，三年多前曾面向李先生提醒，如今三年來的表現已獲應證，台灣政治社會是權力腐化的結果。

· 過去李先生曾向我說過，彰化人只會搞政治不會搞建設，才會這樣落後，如今舉國照搞政治不搞建設了，內政腐敗、問題叢生。

12/27 · 國民黨騙人的改革是一種魔術，變來變去變不出來頭，因此國民黨政府的大官連「做」都無法「做」，還遑論什麼改革。

12/31 · 部會首長大部分未經選舉，一占數年甚至終身部會首長，他們何德何能，這是國民黨下的主權在民的民主嗎？真正民主國家如美國、英國、日本，部會首長最多四年，就回去吃自己了。我們有這麼多不經選舉的終身部會首長，這算民主國家嗎？

1995年

1/1　・國家富裕於世界各國，應如富人一樣，對窮人伸予援手。

1/2　・新加坡重視倫理道德的儒家思想，國民所得近兩萬美金，經濟
　　　　成長率近二位數，足證說有倫理道德，經濟社會不好，國家就
　　　　無法發展的說法是錯誤的，無道德的進步繁榮，對人有何意
　　　　義。

1/4　・報紙對政府要員有缺，均猜測某人與李先生或連先生有密切關
　　　　係，由某人補缺。從不說某人過去幹得很好，如由某人來補
　　　　缺，對國家社會較有貢獻。

1/8　・很多官員自己無法做又要壟斷一切，這是最惡質之處。

1/15　・黨權在黨員的理念與主權在民的理念相同。

1/16　・政客只有利害，無是非，是最無人格的人，不值得尊重、尊
　　　　敬。因此我看到政治人物，肚內一把火，氣在肚內。

1/17　・我不相信有道德就不會發展，我相信有道德會更發展，有道德
　　　　的發展才是真發展。

　　　・有道德就不會進步發展嗎？難道偷來或搶來的繁榮才是進步發
　　　　展嗎？

1/22　・這個社會如果是無「是非」，就要靠運氣而生存。

　　　・無「是非」的人，無資格說公道和正義。無是非就無價值觀。

　　　・省政會議在花蓮開會，宋楚瑜說這是主權在民的表現。其實主
　　　　權在民是人民有尊嚴，真正當家作主，而不是在何地開會就有
　　　　主權。現在「主權在民」這句話成為政客欺騙民眾的熱門名
　　　　詞，政治學者未見發表看法。

1/26　・不喝酒的人，應什麼酬。

　　　・吃得開的官員──

　　　　一、表面鋪得好，就是好官，不必真心工作。職位是其私人發
　　　　　　展的資源，搞公關，與有利害關係人建立關係，以培養力
　　　　　　量，而為求高官位討價還價的大籌碼。

　　　　二、作秀最重要。表面說得很好，但不做，縱使有做也是另一
　　　　　　套，表裡不一，言行不一，騙騙人民而已。

三、巴結奉承的話說得一點也不害羞，臉皮厚厚，不知恥，無格。

・終身部會首長，終身不負政治責任的政務官。是民主體制嗎？騙人的！

・監委趙昌平巡案行政院時，公開讚揚去年省市長、省市議員選舉，有史以來最成功一次，受到國內外肯定，並指名是主任委員功不可沒。

・以「主權在民」騙人、騙社會、騙世界，本身不了解制度，更不尊重制度，要人完全依他的意思做，不理法令規定，是最不倫不類的首長，完全無「主權在民」的心。

1/27 ・人才的培養應有根、有靈魂，應培養有理念、有觀念、有倫理、有責任的人，並非只有技術方面的培養。

・道德、風範、舉止言行均可影響他人。法律只是守法，是消極性。

・李光耀被山東曲阜稱為儒家之父。

1/28 ・政務官有二怕！一怕記者，二怕財團，悲哉！

2/1 ・邱創煥說他嘴巴這麼說，但肚子裡在想什麼我怎麼會知道。林洋港說如有誠信，總統應輪到他！這種說法究竟如何？無從了解。

・威權不是不好，國家和公權力的威權是好的，如新加坡也是威權，如果是為自己或少數人利益的威權就成為獨裁專制，獨裁的威權，反對新加坡威權的人，也搞威權。

2/5 ・我的言行均在構築地基，人家做官在抹壁而已。

2/8 ・李先生喜用留美博士為部會首長，但均學非所用，令人費解。

2/9 ・享有權力的人，很少人能把權力放在公的基礎上運作，絕大多數均變為私人所有，以私人的喜惡決定一切。

2/16 ・有權力的人大都以其權力來壓人家，並無智慧、能力和誠意去處理問題和解決問題。

・很多人只會說權力的話，玩權力遊戲，無責任感。

2/17 ・台中衛爾康西餐廳燒死六十四條人命，執政的人誰負責？國民黨政府只想做官永不負責，這是數十年來一貫伎倆，他們只會事後到火場作作秀，講幾句風涼話，上電視亮亮相，還有作秀出鋒頭的收穫。

・反儒家就是反倫理，無倫理的家庭還像人的家庭嗎？

・社會安全制度兩大基石爲年金與健保。老人年金制不可破壞儒家倫理。

2/18 ・活在無倫理道德社會的政府官員，一點都無價值。

・過去要力爭上游，現在可要力爭下游。下層的人較純潔、誠實、有道德，上層的勢利、無情無義、缺德。

2/19 ・政治生活就如同在刀面上，生活最危險、無情，隨時會受傷害，被出賣。

2/23 ・政治人物絕大部分只有自己利害之分，無公義、道德可言，不值得尊敬，更不能做爲朋友，應敬而遠之。

2/24 ・摘錄自傅佩榮著《四書小品》——

一、人性的本質即在於「仁」。「人而不仁」則禮樂無所施，政教無所措，一切文化都成了空中樓閣。

二、孔子四大憂：德之不修、學而不講、聞義不能徙、不善不能改。

三、「仁」是人生應行之道。假使背棄仁道，「人而不仁」，則一切外在榮華富貴都將成爲醜陋的裝飾。這樣的人雖生猶死，枉有人之名。

四、仁即修德，堅持道義，要做到孟子所謂「富貴不能淫，貧賤不能移，威武不能屈」的大丈夫。

五、君子是「道德上的貴族」，而不是血統上或階級上的貴族。

六、曾子：夫子之道，忠恕而已矣。

七、忠恕兩字界定了人與我之間的適當關係，是倫理道德的基礎。

八、倫理道德是基於人性的絕對要求。孔子說：「朝聞道，夕死可也。」

九、人的品質在於他的道德水準。

十、道德的絕對要求又以「天」為最終依據。「天人合一」是儒家的主張。

- 監委不敢約談內政部長，反而約談無權責的「維護公共安全方案」開會的主持人，天下有是非嗎？有公道嗎？還有正義嗎？國民黨亂點鴛鴦譜，把監委做為權力酬庸的工具，才造成監委素質之低，反而擾亂朝綱。

- 對國民黨的內政部長不敢約談，真正負責的是內政部，竟約談無權責的人。我對這個無法無天的政府一點都不戀棧。

- 監委不約內政部長，而約談無權責的政務委員，等於無是非，有責與無責同值，這是主政者多元化價值觀。

- 為何不能執行、公權力無法貫徹，是高層無心、無責任感、無道德力量，更無智慧。缺此條件，下層將不信服上層，上氣無法通下氣，下層自無法執行，無道德就無力量，高層每日說得天花亂墜、天大地大，自己做大秀、說大話，言行不一致，完全在騙人，自己榮華富貴，搞政治、搞金權掛勾，還有什麼資格說人家呢？這個國家就這樣地墮落下去，實在無希望，不要再騙了。

- 政客高官只要將利害環環相扣好，就可享受一輩子。他們的分界點只是「利害」兩字，沒有是非、沒有情義、沒有慈悲之心。如果你非他們同一掛，你會感到冷酷不已。

2/27 ・台灣是腐敗的獨裁。

2/28 ・百分之九十五的公共場所均為違法、違規，這個社會還有什麼真的？騙人、假的，就是這個社會的特色。

- 參與政治應有自己的政治風格，沒有風格的人難承擔重任，只配得上當官，無骨氣、無尊嚴、無個性，是傀儡而已。

- 寧有風骨也不當無風骨的官。

- 無尊嚴還活什麼意思，非人也。

3/1
- 有官僚氣的高官就是沒有道德的人，沒有資格說道德。
- 爲政者不敢說道德，表示他不願受道德約束，如此才可在無原則、無是非的立場上，做多元化的發言、主張。自言自語，說來說去都是他對。

3/3
- 過去政治是較有人格的人在搞，現在政治是沒有人格的人在搞。只講利害的人，怎會有人格。

3/7
- 小氣、害怕、貪慾，這三種惡情不除，無法做出好事來。
- 台中衛爾康西餐廳大火燒死六十四條人，內政部長應負全責。幹了十年內政部長，對公共安全未曾關心，才累積今日不可收拾。違規、違法公共場所存在，使台灣各地均埋下隨時爆炸的定時炸彈。
- 上層利用黑道與金權保護權力，竟反而說黑道及金權爲壞人，人人應誅之，良心何在？陳耀能檢察長照說也不是像蔣介石靠軍隊武力起家，他們很聰明又黑心肝，何德何能穩占高位不花一兵一卒。給他們打天下的黑道及賄選者，竟在無良知的高官喊打下，如過街老鼠，公道安在？

3/8
- 臣以自任爲能，君以用人爲能；臣以能言爲能，君以能聽爲能；臣以能行爲能，君以能賞罰爲能。

3/9
- 國民黨的黨產違法取得，台灣要民主化，黨產應充公，才有民主的可能。國民黨好狗命，獨裁專制四十年，政權未被推翻，黨產才能累積那麼多，這是台灣革命未成功之例。
- 我的參政理念──
  一、民族國家的長期永續和富強及品質爲基本（是放長線而非短線之利）。
  二、倫理道德的價值觀。
  三、是「做事」和「解決」問題而來，而非「做官」和「騙人」而來的。
  四、教育文化重於無品質進步的追求。

五、是非分明、公私分清，公道正義的社會。

六、有智慧、有能力、有人道理念才參政，否則應退休，以免誤國誤人，也誤己。

七、參政應有自己的風格、風骨。想當官而無風骨是垃圾。

3/14 ・台灣怪象（無法解決）——

一、公共場所九成違規、違法，處處充滿危機，無法解決。如要解決，十間有九間關門，都市將黯然無色，失去繁榮景色。

二、工廠大部分違規、違法，唯我們的外匯均靠這些違法、違規地下工廠的外銷爭取外匯而來，促使今日台灣經濟的繁榮。如要取締，將影響外匯收入。況這些工廠在經濟繁榮也有絕對的貢獻，如今如何取締？

三、賄選、黑道是保護國民黨政權的命脈，並維持那些未曾競選過的高層的政權和榮華富貴。如今這些健忘的政客竟反咬它們，還要法院判它們罪，忘恩負義。

3/16 ・作秀的官員如同游水面，做事的人如同潛水底。

3/21 ・國會觀察——

一、民進黨立委口齒犀利，表達力強，如葉菊蘭等人。惜缺了解真實，致其炮口如空炮彈，無法發揮監督功能，甚至造成她的發言成信用問題。因此她的表現只不過是作秀和罵人而已。

二、大部分為自己選票而發威，無眼光和遠見，無為國家和社會全民、歷史做交代。

三、無整體觀念和經營的智慧，只有零零碎碎問政而已。

四、言行不一致，檯面上一套、檯面下一套，明的一套、暗的一套。

五、所說的均「無法做」，如此問政有何意義。

六、官員答詢大部分說明理論一大堆，很少具體答覆「積極做事解決問題」的話。

七、被立委罵還說「謝謝」，無風骨。

八、官員對所掌業務一知半解，未進入「做事」的狀況，因此所答非所問，縱然答了立法委員不在意，徒浪費時間。

九、官員只要能打發應答時間就可過關，不管了解問題或扯到他處，立委無法追查結論。

十、立法委員和政府官員均做不負責的對話而已。

十一、說是「實問虛答」，其實是「亂問亂答」。

3/22 ・監委如要彈劾林柏榕市長，應同時彈劾北高兩市及其他各縣市首長，因違規、違法公共場所各縣市達九成以上，已足資彈劾條件，勿待有燒死人時才彈劾。

3/23 ・夫妻同一體也是共同體，互愛、互敬、互信、互諒、互助之自然結合體，非男女平等之利害關係所可比。

・民法親屬篇如一味朝男女平等原則去修法，將來可能要變為男女平等篇，而非親屬篇。

・太平盛世時代如政府領導者無法執行政務，讓其持續腐化，這個政府將被淘汰。男女平等如太規範於夫妻時，將發生嚴重家庭問題，且也不易做到。除生理無法平等外，在賺錢時，如夫每月賺五萬元，夫可要求妻也要賺五萬元，否則就不平等，這樣行嗎？

・內閣閣員應具條件：一、無私，二、道德，三、高度智慧，四、經營企業理念（成本觀念），五、能力（執行），六、經驗（豐富）了解實情，七、高度責任感，八、誠信，九、對名利淡泊，隨時下台的準備。

3/24 ・無道德的權力不會幹什麼好事。

3/27 ・我不幹中選會主委原因──

一、中選會無法制化，非獨立機關，與內政部扯不清，選政與選務搞在一起，操在內政部之手。

二、不贊同總統、副總統選罷法內政部版本案。

（一）起初我反對設總統、副總統選舉監督委員會，已招來

上層不滿。

（二）反對公辦連署，也不贊同百分之五全民連署。

（三）保證金兩千萬（現改爲一千五百萬）。

這些均在封殺無黨籍及窮人的參選。爲此，我已無續擔任中選會主委之理由，才於十二月間就提出辭職。

3/31 ・皇室式的民主政治，政府有權力的首長永霸政權，這種政治能算爲民主政治嗎？民主政府大官顯要不是四年洗牌就是最長八年，完全洗清不會拖泥帶水。然台灣口口聲聲說民主，但政府五十年來未曾洗牌，導致終身政府首長的腐化、腐敗。

・國民黨吃國庫的黨產如無法充公，政黨競爭永難公平。

・國民黨以在大陸上國共和談方式，來吃民進黨，民進黨立委或黨員只要得一點小利就讓步。難怪五十年專制統治的腐敗國民黨永成爲勝利者，使中國國民黨政府永無洗牌的機會。

・國民黨五十年專制腐敗的統治，無法被推倒，民進黨主事者應負全部責任。民進黨幹部只會作秀，秀過了頭得到一點甜頭，原則就破功了。

・所謂破冰之旅，完全非國家外交機構主導，而是在他的朋友或特殊關係人（台商）的盛意安排下而爲的國外之旅。

4/6 ・國土綜合計劃到現在還困難重重，迄未完成，區區三萬六千多平方公里的台灣，在國民黨統治五十年，迄無法將國土開發計劃規劃好，還遑論什麼區域計劃。爲何國民黨無法做好國土規劃呢？是無心、無責、無遠見的政客呀！無國土規劃還談什麼建設呢？國家如何進步繁榮發展呢？今日都市計劃之亂，分區使用之亂，違法、違規所致（行政院院會有關「北部區域計劃第一次通盤檢討」草案討論時，陳水扁市長主張，待國土綜合計劃定案後處理）。

・總統、副總統選舉罷免法草案中有關公辦連署一事，不但不符政理、法理、不倫不類，有封殺特定人之嫌。

4/7 ・國民黨黨產過去向人民掠奪而來，竟有數千億財產，現在又以

黨政不分姿態進軍國際市場競爭（由劉泰英到阿聯約旦）。這個國家比過去更令人憂心，黨政財合一（過去是軍黨政合一），不下於專制時代的黨政軍。因此台灣要民主化，國民黨黨產必須繳回國庫或全民，各政黨始有公平的立足點，否則集黨政財的政黨永無民主政治可言，世界上無一個國家有百億以上黨產，而國民黨達數千億，對實施民主而言，實不可能的。

- 看立法委員總質詢內容，很少用心，有誠意去思考問題、了解問題、針對問題、解決問題，造福國家和人民的民代。而閣員的答覆也然，只想把時間拖過去，「官位安也」而已。如此浪費人力、物力，作秀騙人的精彩表演，這個國家還有希望嗎？為此，我認為上述如不突破，徹底改革，參與政治將無意義可言。以我的一貫用心誠懇參政，如我有權力，我會全面改革，迫使政治人物應有高度節操，使政治品質全面提升。

4/10
- 我要公義，不要功利。

4/11
- 一、國民大會與立法院人數比例及選區的顛倒，與政治學原理及各國實情完全相反。

  二、李總統到約旦，國王胡笙溜到美國、加拿大度假，成何體統。

  三、阿聯大公國總統在李總統訪問時竟躲起來，不見李總統。以上兩點能算成功的外交嗎？與國際法上平等互惠原則符合嗎？

- 台灣如要民主，應充公國民黨黨產（不義不法之財），黨產不充公，焉有民主呢？一日不充公，一日就沒民主，國民黨黨產如不交出來，全民應聲討以革命方式一直到充公為止，否則永無民主可言。

- 日本地方選舉結果，東京都知事為無黨籍的青島幸雄當選，大阪府知事也為無黨籍橫山諾克當選，顯示政黨均在搞小圈圈利益，民眾覺醒並厭惡，致日本兩大政黨推出之候選人均告慘敗落選。

- 反對力量和資源已被民進黨花光了,在平衡的狀態下對國民黨已無可奈何,現在唯一辦法是徹底追討黨產、充公黨產,不惜以革命方式解放黨產。黨產一充公,就是五十年專制腐化的國民黨壽終正寢,台灣才有重新洗牌的一日,講民主才有結果。
- 黨產充公,黨產比要求解除戒嚴或國會全面改選更重要。黨產一充公就是國民黨垮台的時候。
- 國民黨自己立法,自己把國產依自己立的法登記為國民黨所有。這種五鬼搬運法,官員均說一切合法,這是只有國民黨的高官才會說得出,厚顏無比。
- 黨產問題:一、不法不義之財,二、妨害民主政治政黨競爭的公平性,三、黨產充公才有重新洗牌的機會。
- 民選公職人員最熱心的工作是參加婚喪喜慶,做得很落實有效率,如果將官員參加婚喪喜慶列為國家競爭力,台灣將排在第一名。
- 反對力量一旦有人取得權位就忘了理想和目標,反對力量的抵銷在此。

4/14
- 李要中共承認兩岸分裂分治事實,要中共放棄使用武力,要共商港澳問題。要中共不打壓台灣在國際活動空間是絕不可能的,否則中共為何花那麼多力量要消滅國民黨政權。

4/18
- 快樂頌KTV燒死十二人,行政院長應有辦法徹底解決,如無法解決應負責任,不能等上蒼永遠擔保不發生災害。百分之九十以上違規、違法營業,不發生災害才怪,發生是正常。官員應有責任維護人民生命財產安全,如無能力維護應辭職下台。
- 做官的已做過手了,留下是你們去死(快樂頌KTV及其他燒死人事件有感)。

4/19
- 無照營業不比有照者少,然政府無法管無照,只管有照,這是大有為政府執政能力的一大諷刺。

4/20
- 台灣外匯存底達千億美金的原因——
  一、公共建設無法推展,得來外匯只會存於銀行,不像日、德

大量投入國家公共建設，剩下來的才算外匯存底，而我們所賺外匯均存起來，才有那麼多存底。

二、違法行業參與競爭，這是任何國家所沒有，違法為成功之母。

· 台灣如將違法、違規行業關閉，就不成為國家了，台灣是靠違法起家的。

· 無照營業與有照營業成五五波。政府只管有照，無照政府無法管，那不是鼓勵違法嗎？難怪台灣違法、違規那麼多。五十年來國民黨統治的政府，無法解決無照營業的問題，令人沉痛，如此政府還有什麼值得一提的。

· 無照與有照並存的國家有公平嗎？這種政府是腐敗的。

· 給我做官，但理想無法實現，反而人性消失、社會惡化、政治腐敗，做官有什麼價值呢？反而有罪惡感存在！

· 做大官的（包括高層）不知社會惡化、政治腐化，還在唱高調，不是白痴就是無責任。

· 現在的人，尤其大官，只要對自己有利，很少有良知、公道心、正義感，可由其言行中看出端倪。

· 國民黨政府只顧外匯收入，不顧人性消失、倫理道德淪落、社會無是非，有那麼多錢又無法從事公共建設，如同一個人吃太多營養分，缺運動又無適當精神生活，將導致糖尿病、中風、心臟病、癌症。國民黨政府也如同人身一樣，只顧金錢，大家榮華一番，其結果也將導致大病，以致於死亡。

4/21 · 違法為成功之母，違法始成國家——

一、公共場所九成違規、違法。

二、地下工廠無照營業滿滿是。

三、貪瀆之普遍。

四、違法到大陸投資不計其數，由對香港出超百多億元可知。

五、官員、民代和民眾不守法。

六、違法超抽地下水，造成地層下陷。

七、第四台違法。

八、高爾夫場違法。

九、警察吃案。

4/28 ・李連起用作秀大王（族）為其左右手，足見這個社會最後勝利者為作秀大王（族）。會作秀的政治人物，均在浮面上表演，無心也無能力思考一切，更無法落實工作。

・國民黨高層說，誠信固重要，但可隨時改變，這種不負責的話，是最缺德的。如此誠信兩個字並無存在的價值，大家可不再提誠信兩個字了。

・無恥政客紛紛以國家人民需要來否定「誠信」的價值，以為升官進爵的籌碼。這種無良知的表態，是無風格、無風骨政客的專利。

・不誠信的人，就是獨裁者，不誠信的政府，就是獨裁政府。

・現在只要你有騙人的作秀本領，層峰都會欣賞的。權力足以使人腐化。

・權力核心＋作秀族＋財團掛勾＝我希望的破滅，國家完蛋！

・政治人物要有風格、風骨，不可為了權力而奉承，說出肉麻不衛生的話（包括違反良心）。

4/29 ・爭權奪利的人不會有誠信的。

・功利主導的社會，政客和商人談誠信鮮有其人也。

・義大利政治學者馬基維利「政治道德不同於世俗道德」的獨特理念，奠定近代極權政治的理論基礎。認為政治要盡量虛偽和欺騙，他說君王要狡猾如狐、殘暴如獅，「只求目的不擇手段」，守信的理由消失時，君王不必守信。

・道德雖無強制力，但有殺傷力。

・社會風氣敗壞、治安問題嚴重，與警友會有很大關連。警察貪小便宜，向當地中小企業要求捐錢，因此要聽命於人，結果治安成為人情工具，才造成今日之局。

5/3 ・總統、副總統選罷法草案，我開始就反對在中選會之上再設所

謂監督委員會，現在已取消了。我又反對公辦連署並由中選會主辦連署。爲上述兩點，我對中選會主委職務不感興趣，我的辭職即在此。

5/4 ・宏都拉斯總統第一候補人Ferezano閣下在台北賓館國宴中致詞，強調該國立國以道德爲中心，現總統也推行道德革命，認爲治國應以道德爲金科玉律，別無其他良方，我聽後深爲感動，這個國家有前途。

・政治人物不可將公權以人情或利害作爲政治酬庸，否則將成專制時代的私天下。

5/5 ・違法、違規那麼多，將來健保費的催收一定有問題，大家拒繳，政府無可奈何。

5/8 ・反攻大陸的口號與現在務實外交的口號，均在掩蓋國內政府腐化、人性消失、倫理道德淪落、社會無是非、治安惡化、社會風氣敗壞，前者還包括掩蓋專制獨裁的意味。

・人心險惡比禽獸有過。

5/11 ・民主政治政務官應有民意基礎，也即經選舉產生。很不幸地，台灣口口聲聲民主、主權在民，但政務官大部分非經民選而來，而是靠其與黨政層峰利害關係。況且政務官非經民選卻爲終身政務官，這種是主權在民或民主政治嗎？

・有道德的人，才能從整體面或國家層面、全民福祉方面去考量，也爲其意志及責任，如此對人類國家才有益。無道德的人既乏全面認知的智慧，又自私自利，爲鞏固其政權和官位而考量，對國家和全民是不利的。

・權力代替道德，眼看不少政務官每日活躍，均在權力和利害中，很少看到有道德內涵的跡象。

5/15 ・一種人是說的一套做的一套，明的一套暗的一套，前一套後一套；一種人是說的一套但無智慧、無能力可做；一種人是騙來騙去，只是敢說而已。

・總統對台灣未來發展方向：一、民主有效率的社會，二、生產

發展科技進步的台灣，三、家園之樂。

· 無道德和法治的民主，是反淘汰的政治，是不值誇張的。

5/17 · 警察成立國民黨黨部，警政署長任黨部主委，警察成為國民黨的黨警，是開倒車的作法，比兩蔣時代更惡劣。警察應保持絕對中立，而民進黨忙於自己權力鬥爭，對國民黨警察黨部之成立不聞不問，國人的悲哀！

5/21 · 學客、學騙——學者。

5/22 · 台灣的民主政治是黨派利益高於一切，很少有為人類理想奮力的智慧、能力、道德和共識，因此很多政黨在利益無法擺平時就分裂、另立門戶，很少為理想而分裂。如果為理想另立門戶是值得敬佩的。獨裁政治是為個人利益，不過有時出現有道德的明君（有理想），總比政黨分贓好多了。

5/24 · 日本政黨中，派閥是金權政治的主因，導致政治人物自私自利、與財團掛勾、政治腐化，對國家利益和發展方向，社會責任、歷史、下一代的責任均「無」。如今民進黨也分五派閥，爭權奪利，與日本派閥政治無異。
外國政黨縱有派系，均以國家利益為依歸，來分保守派或自由派，左派、右派而已。台灣政黨內之派閥，是搞小圈圈的利益，連日本派閥都不如。

5/25 · 台灣的民主政治是免負責任的民主。

5/26 · 有人說儒家思想是為帝王制而設的，是錯誤的。儒家倫理符合人性，也是人與獸之別，有儒家修為才像人。尤其我並不在帝王時代出世，我只在家庭、村落感受出人的價值和溫暖、愛心完全出於儒家。又李光耀出世於新加坡，非帝王制之下，他也覺得儒家倫理對人的價值和貢獻，因此他積極提倡儒家倫理，使新加坡成世界第一流國家。

5/27 · 高官顯要喜到鄉下作秀，名為關心基層，實在作秀。由於下鄉接受奉承、巴結風光一番，千篇一律，無內涵，無法解決問題，更無風範足資留戀，浪費國家資源、人民血汗，做個人

秀，騙騙人民社會，過過官僚癮，提供新聞資料，應付每日篇幅，交差了事而已。因此媒體一天兩天效應，新聞很快消失，人民也無印象。

- 政策與執行應如財務制度之收支對列，也即「政策與執行」對列，追蹤考核才能奏效。

- 真實意識的建立和形成，不僅在教育上的重要，在政治社會上更重要。

- 新加坡公權力的徹底，總比無法無天或選擇性民主好。

5/28 · 未得到權力者當然主張民主，得到權力的人只說利益，不會有民主！

5/31 · 民進黨只搞個人利益，忘了執政的大原則。否則應聯合新黨擊敗長期腐化的國民黨，然後再與新黨算帳。這才是民進黨該做的策略。

6/2 · 國民黨有千億財產，能算為民主政治的政黨嗎？應該是屬財團而非政黨，這種財團壟斷政治資源，怎會有民主呢？共產黨無產階級，怎能與國民黨千億財團平等競爭呢？有千億黨產的國民黨能民主改革嗎？美國國會議員拿了國民黨的經費，就說國民黨近幾年來有民主改革，真是瞎了眼。如此成為有錢就有民主，無錢就無民主。

- 高層下鄉形式上說是關心基層、親民，其實是到鄉下炫耀權力的傲慢，被人拍馬屁、過過官癮而已，這種作法最容易騙人，尤其無是非之分的台灣人。

6/3 · 李先生過去用李元簇為副總統候選人的理由是：李元簇是位無聲音的人，是默默地做事的人。如今用一位聲音最大、最會作秀的人擔任幕僚長！矛盾。

6/5 · 總統、副總統選舉後之中華民國，可能不及於中國大陸。因投票權人只有自由地區，大陸人民無投票權，自不能代表中國大陸，因不符主權在民之原則。

- 事務官有年齡限制，政務官則無限制，等於終身職與法官同等

保障。難怪我們的政務官大家明哲保身，不做不錯少做少錯，以保其終身職。

· 國民黨的政務官是挑出來混，而反對黨也不希望國民黨出現好人執政，希望國民黨早日垮台。唯反對黨又無法使國民黨倒台，「用壞人又不倒台」，人民國家倒楣。

6/7 · 說民主的又怕民主，要求人家民主，而自己又不民主。

· 辭職中選會主委用心良苦，原因是總統選罷法草案要設監督委員會監督中選會辦理，我反對。然後又反對公辦連署與上方衝突，然此段我未對外發表，均以現制中選會主委應由內政部長兼任爲宜。前者會傷害他人才不說，以後者爲理由較宜，這也是我的風格。

6/8 · 國民黨威權體制不消失，台灣永無民主的一天。

· 現代國民黨以無形和暗的專制思考和殘忍手段來搞民主，欺騙世人。

· 土地公告現值與市價相差甚大，這是無能政府的事證。長期以來無法改善，如此能面對國人嗎？

· 政治人物最會利用他人，沒有剩餘價值時，就無情地拋棄、打擊，我可能也是被利用的其中之一，早已有心理準備，如此可怕。

· 做官的故意說憨（笨、傻之意）話，聽的人也聽成爲憨人。

6/10 · 宋在省議會答張溫鷹議員質詢新偕中梁柏薰捐競選經費時，宋說「梁並無捐一毛錢」，誰相信呢？國民黨高官說謊如流，有歷史背景，尤其從宮廷出身的，不但受過嚴格說謊洗禮，更師學過心狠的磨練，他的話我不會相信。況梁當然不會那麼小氣捐一毛錢，至少在千萬以上，宋的答話有相當巧妙。

6/13 · 收支對列式的行政革新，才能達成效率的提升。

6/15 · 不要太強調民主來騙人，應多尊重他人。我認爲應以「尊重」來代替「民主」這個名詞。

· 李先生在社教館表揚家庭人員時（教育部主辦），強調「家庭

民主」，有欠考量。其實家庭需要倫理、親情、感情，不應以政治介入家庭、解決家庭，因家庭是倫理不是民主。

- 「公道」是我參政的主要理念和要求。沒有公道的任何民主政治和個人崇拜（包裝），均是騙人的，不值得一提。

- 有人聲聲說民主，其實是獨裁者，獨裁者才要聲聲說民主來包裝其獨裁心理。民主本是生活，現在用以騙人，均以民主來爭權奪利，取得政權者以民主來包裝其專制。無是非觀念的人民均為輸家，繳納稅金給他們分贓、操縱，很不公道。

- 國民黨中央黨部中常委不是財團就是打手，無智慧、無道德、無理念、無是非、無責任的人，這種黨不要也罷！

6/22
- 由於我具強烈公道心，無法接受不公道的恩惠、施與或任何榮譽，反而強烈排斥，很難同流。

- 任何經政治化的事（問題），都成為負面的——

　一、司法經過政治化後無法獨立審判，成為政治人物的工具，選擇性辦案和刻意吹毛求疵，至為可怕。

　二、文化經政治化後不成為文化，也成為政治工具。

　三、教育經政治化後教育功能盡失，也成為政治工具。

　四、輿論經政治化後，無法超然、中立、客觀、公道、正義，也成為政治的工具。

　五、經政治化後都無法依法行政，而成為特權和選擇性執法，是政府腐化的主因。

　六、任何經政治化的事情，就會失去公道和正義。

- 穠華樓是立委曾振農所蓋的違章建築。曾是國民黨有力人士，也是宋楚瑜的大樁腳，雖縣內有派下的鬥爭，既然違法、違章，依規定應強制拆除，但大官顯要均為曾振農撐腰，要讓其就地合法化。如此全國數十萬家違法、違規案均可比照就地合法化，不能只准穠華樓合法化。如此雖違規，但至少還能達到公道公平。

- 人生如無挑戰，過於安逸，將退步落後，停止進步，甚至腐

化。

· 不守法、不道德的國民多，將製造許多政治問題、社會問題、治安問題等副作用（負面），國家將花很多經費和人力處理這些負面問題，不只無法做正面建設工作，也將給國人帶來不安、不幸和不舒服的生活，足見人民品質的提升對國家非常重要。

· 公務員大部分在處理負面的問題，浪費國家資源。

· 國民的品質高，建設水準自然高，國民品質低，建設水準低，偷工減料，缺乏敬業精神，不用心做有責任的工作。

6/23 · 台灣有法治嗎？穡華樓案件的省思——

一、李、連均關心此事，不少部會首長均下多道金牌，急急如律令，要縣府必須接受吳容明（副省長）協議案，否則楊文欣案可為借鏡，穡華樓主人立委曾振農又擁有無數金權。

二、穡華樓違建已有數年屹立不動，縣府既已招標拆除，如今在權貴的壓力下不拆，政府的威信在哪裡？這個政府不如解散。

三、由此足見台灣根本無法治，什麼依法行政均在騙人的。

四、顯示台灣仍是特權政治、金權政治。

五、國民黨權貴與金權特權掛勾甚密，是靠金權與特權起家的。

六、是人治不是法治。

七、台灣的法治是欺騙全人類的。

八、民主是騙人的，人治是專制獨裁的基本，台灣的主權在國民黨權貴之手，非在民也。

九、只要符合層峰口味，就是犯天條大罪也無妨。台灣人的悲哀。

· 每日在報上看到權貴欺騙老百姓和作秀功夫，細胞和白血球都會受傷害或消失。

- 有廉恥心的高官如做錯事或違法，應自行處理了斷。台灣大官不只不知慚愧，反而以金權特權，強使錯事成為好事、違法成為合法，這種政府是天下最賤、最惡劣的政府，活在此實在倒楣。

- 有權責的人，用一位品德不好、無智慧、無能力的人擔任重要職位（做官），這個人不管有形或無形，所作所為將是負面的、抵銷的。有權位的人應三思而用人，否則對天對地對人均應負全責。

- 李先生曾說過：台灣今日的富裕是靠人民勤勞而來的，不是誰的功勞（包括政府），因此台灣經濟奇蹟，政府無功勞可言，如說有，也是專制時代社會安定、治安好，開創給人民有安心、專心、勤勞的環境，才造成今日致富的主因。

- 過去的「名利」比現在的「名利」純潔，但當時有淡泊名利的人。現在的「名利」不純潔，甚至髒污，有什麼值得沾上呢？

- 不說公道話的人不是無知，更是變態。

6/24 · 吳作棟強調新加坡有今日的成就是政府的誠實，國民有誠實的生活習慣。

6/26 · 如果大家均可無道德、不守法，那些缺德不法之徒，也無法占什麼便宜。那些缺德不法者今日能占上風，是因有道德和守法者吃虧之結果。

- 我對數十年政治社會及政治人物，均以電腦斷層掃瞄然後切片，才能清楚其病症和底細。

6/27 · 每日均在所謂爭取國際活動空間或加入聯合國，而置國內政治社會腐化、腐敗於不顧，由於作秀族的大團結不甘寂寞，到處放話作秀。

6/28 · 說新加坡社會無活力，台灣社會才有活力。如說新加坡無活力，為何經濟成長仍維持二位數，而有活力的台灣由於敵人（大陸）之救，勉強維持百分之六的成長。台灣的活力是貪汙多、行政效率低、違法、違規多、犯罪率高（包括吸毒、暴力

犯罪、搶劫、殺人），色情、賭博、青少年問題、家庭問題、交通亂、髒亂而已，而新加坡無上述情形。說新加坡社會無活力，如果不加電腦斷層掃瞄切片，又會被騙。

- 依權力而生存的人就是終身的大官，不符民主體制。國民黨的政務官大部屬於此類的人。

- 我擁有正義和公道的雷達，馬上可發現違背正義和公道的矛盾點，而以公道飛彈消滅之。

6/29
- 未取得權力的人爭民主，取得權力的人最怕民主，最不民主。未取得權力的人強調道德，取得權力的人最怕道德。
  我恰與上述的人相反，我取得權力（縣長、政委）後更強調真正的民主（尊重、守法，不以權力壓制或占便宜）和倫理道德，是有目共睹的。

- 教育、司法、軍隊和治安均應絕對排除政治介入，更不能以政治手段處理。應以倫理處理，才能維護獨立、超然、客觀、中立、公正，真正為國家利益，否則將成權力狂的工具，教育、司法、軍隊、治安，永遠無法做好。

- 台灣的政客是說謊大王，說一套做一套，因此統計資料更難令人相信，是騙人的，但這些政客最會想盡辦法來騙人。如可買收國際調查團體或媒體說台灣好，來欺騙世人。又如美國議員來台的旅費招待不計其數，然後就說台灣執政者的好話來欺騙美國和台灣人。（《經濟學人》評台灣貪汙有感）

- 民意測驗在低品質國家（無道德和不守法）的國度內舉行，是混淆視聽、製造問題，無法獲得公正、客觀、責任的結果，因此我不會相信。

- 全國法官（包括檢察長）串連，連署公然要求抗爭要加薪。其實法官待遇高於其他公務員有一倍以上，甚至高於部會首長還不滿足，足見法官貪之無厭。連高所得的法官都要抗爭了，那勞農更應抗爭。

- 馬部長對《經濟學人》說台灣之貪汙居「四小龍」之首辯解。

其實由台灣違法、違規達九成以上的實質問題可看出貪汙的嚴重，如無貪汙，這些百分之九十違法、違規的事怎麼會發生、存在呢？顯見《經濟學人》的調查對台灣還是標準放鬆了很多。百分之九十違法、違規存在，如不是貪汙便是瀆職。馬部長不必辯解，黑就是黑。

· 蔣仲苓今日能擔任國防部長，完全是郝柏村所賜，如無郝柏村就不會有蔣仲苓，這是「以夷制夷」策略的結果。

· 我已任行政院政務委員五年多了：一、審查法案一百三十案；二、建立防災制度；三、處理農權會，結束數十年抗爭和社會成本。

7/4 · 某位首長嫁女，婚禮在下午三到五點，是上班時間。包括連戰、吳伯雄、徐立德、宋楚瑜、陳水扁及部會首長、高官顯要，均在飯店浪費三小時以上（包括車程），置公事於不顧，這種政府還有資格說行政效率、便民嗎？還談國家競爭力，可笑！

· 宋楚瑜期給鄉鎮市長數千萬建設經費，又每村里約二十萬給村里長建設，如今說省財政惡劣，中央不支持解決，將影響建設，其意是亂散財，又要喊救人，要推責任，聰明絕頂。

· 在中正航空站周主任文軍辦公室，看到元首贈給他的畫像上書明「文軍同志」，這是學兩蔣搞個人崇拜。辦公室內掛「同志」，置「同胞」於不顧，將「同志」和「同胞」分級，令人遺憾。其他首長辦公室也經常看到此現象。

· 民進黨中央組織體制與國民黨完全相同，這個黨不可能比國民黨好，而且主張聯合內閣企圖分贓利益，令人失望。國民黨是吃銅吃鐵黨，民進黨應以清除國民黨為志才對，竟主張與國民黨同流合污，聯合共治，實不可思議。彭明敏反對聯合共治是正確。

· 公眾人物無說謊的權利。

· 偉峰在七月三十日宴請台大教授時，說公職人員無說謊的權

利。

7/5 ・慈濟救濟各國之例有感，以利害關係之心做事，反而無法得到利害關係之果；以無利害關係之心做事，反而得到有利害關係之果（如慈濟救濟南非，得到國民外交）。

7/6 ・民進黨與國民黨同流，均贊成公辦連署訂於總統、副總統選罷法。政黨分贓，民進黨永落入國民黨的附庸黨。

・昨天國民黨中常會為了總統勝選，對中共東海五號演習，國防部長蔣仲苓、陸委會蕭萬長竟說是「例行性演習」。這句話應是中共說的，如今政務官在奉承的心態下改口為例行性演習，真是敵我不分，不倫不類（配合選票之言論），況且他們也不是中共的發言人。

・昨天院會報告案「慶祝抗戰勝利及台灣光復五十年活動」，係在爭取外省反共復國的票源而已，過去為何不提？現在政策均在配合選票。

・我不當官有更豐富的生活資源——
一、我在政治社會方面具無限發展空間。
　（一）公道與正義的生活準則。
　（二）擁有電腦斷層掃瞄切片的資料和基因。
二、有能力發展經濟事業（經營企業）。
三、喜公益慈善文化工作。
四、上述是我的潛力。

・民進黨對中央選舉委員會法制化從不重視，選舉機關的健全、獨立、公正、超然的精神，應於法律中明訂體制，才是國家長治久安之計。但民進黨也忙於派閥利益之爭，私益大於國家歷史的利益，與國民黨無異。

7/8 ・連戰搭專機到台東為饒穎奇之母喪悼祭，公私不分，浪費老百姓血汗錢。

7/9 ・彭、許辯論提到國統會事，其實國統會是在騙台灣島內的外省人及榮民而已，即騙非主流人士。

7/10 ・民進黨不反對總統、副總統選罷法中之連署（公辦）制度，顯見其自私心態，與國民黨利害完全一致。民進黨並非爲國家利益和正義公平原則而存在的政黨，是自私自利、分贓的幫派而已。

7/25 ・美參議員賽門在歡迎蔣夫人致敬記者會中說，這是對蔣夫人在二次大戰的貢獻表示致敬，也是對「Chinese」致敬，然翻譯字幕均書成「中華民國」。還有其他國家的政治人物稱讚台灣的成就，字幕和報紙均故意翻譯「中華民國」。如此公然說謊騙人的國家還有什麼前途。

7/26 ・爲什麼需要親情、孝道、倫理——
一、人性的自然流露。
二、家庭成員天生感情、親情的互動生活。
三、最重要是人一老了，體力衰退，活動不便，處處不如青壯年人的生活條件。與從前相比，將會有自卑、消極的感慨，加以生活空間和層次的限制，將漸成孤獨無依之感，既受生活空間出出入入的不便，只好將精神寄託於家庭親族（因社會活動已不見年老的人參與，也無能力參與）生活，此時如親人以功利眼光，不理老人家，叫老人如何生存下去。因此家庭倫理對人類的重要性，至少也是人道的表現。

7/28 ・李總統是被柯林頓「許可」進入美國的，並非被「邀請」到美國訪問，中共何必大驚小怪。一國元首被許可才能進入他國是無尊嚴的，也是全世界有史以來第一位被許可才能進入他國。美國也太無禮貌，對台灣一大侮辱，中共何必反應過度呢？

8/3 ・不能爲了「做官」埋葬自己生命的價值和意義。
・彰化四信只是冰山一角，每一合作社均有問題，一擠兌就一大洞，隨時會發生，猶如公共安全一樣靠運氣，這是這個政府最可怕之處。
・四信案發生無人負責，猶如台中市衛爾康西餐廳火災一樣無人

負責，因此做官可免負責，只有台灣才有。

· 台灣政治劣質化主要有：一、說的一套，做的一套；二、文章一套，行爲一套。主管者無眞實意識，也言之寫之無物之故。人民只顧「爭利」，無暇了解眞實，輿論更然，民代只管作秀搜刮利益，這些均爲造成政治腐敗之因。

· 金融機關（信用合作社）風暴正如公共安全般的引起骨牌反應，黑道政治人物把持金融機構是危機的主因。

8/4 · 連院長五百元的便當被批得很難看。

8/5 · 我已無時間陪伴兩幫派玩無效率、無意義的事，否則將浪費老命。

· 「校長的民主領導」這句話不盡然。校長只要爲教育而教育遵守法令規章，並加以執行，這就是民主。所謂校長的民主領導是多此一舉，會模糊觀念、製造問題。

· 功利與道德的衝突，無法有系統的分明，談道德等於零。

· 以男女平等原則爲由，來破壞夫妻同一體、共同體及家庭關係，不妥。

· 男女平等原則也是出於講利害的功利思想。

8/6 · 有一百分實力，只做二十分的官當然是強勢。人家只有一分實力卻擔任一百分的官，當然是弱勢。

· 道德碰到政治自成不道德，政治的恐怖之處。

8/7 · 功利帶來物質豐富，但人丁不旺缺乏親情感受，有何價值呢？

· 破壞父系主義的血統計算將造成亂倫，近親結婚的結果。

8/8 · 四信及國票百億弊案無人負責下台，國民黨高層更無恥推諉責任欺騙老百姓，還說可度難關，如此鉅大損失要找誰賠呢？可惡！

· 在無倫理道德的政治人物主導下的台灣，將從根部敗掉、爛掉，我心永不平。

8/10 · 騙來騙去的社會是國民黨統治台灣數十年來最傑出的成就，尤其高官的騙術更高，其次是傳聲筒的媒體，再次是無知的學

者。

- 目前大官們均乏「責任心」，絕大多數僅有「做官心」。做官心最黑、最賤、最絕，不可為友。

8/11
- 現在因中共試射飛彈大家競相辦移民。我說八二三炮戰無錢走無路，無錢不怕死，現在大家錢多了，有路可走，有了很多錢也較怕死，因此一旦有狀況全部跑光了。

8/14
- 這個社會只要能買通無知又無正義感的記者和媒體，就是臭魚、爛魚，它自然會包裝成很新鮮、有價值的魚。

- 國民黨政府不是真心要做好台灣，因無真心和認真的領導者，它們只是騙騙民眾，而與財團黑道掛勾，更藉與無正義感的記者和唯利是圖的媒體結合，全面欺騙民眾，保衛其政權而行貪贓、勾結、腐化、威權（個人），名利雙收的事業而已。

- 我們的公務員是專門在挑剔人民的瑕疵，而非在協助人民解決問題，我們的公務員是專門處理負面的問題，並非在做正面的事。

- 在不重視倫理道德所領導的政府，不管擔任何職務，都很難適應很難發揮，枉費我的時光和生命。

- 很多長官下鄉出巡的目的是作秀，被人拍馬屁、握手、錦上添花，因此而沖昏了頭，哪有心去了解問題、解決問題，縱有也是騙騙人，提出幾點問題交代，但都要經數年才可看到行動，縱有行動也不一定成功，是做態而已。

8/15
- 吳伯雄在記者會上說要「鞏固領導中心」。現在是民主時代，領導者是由人民選擇的，並無鞏固的理由。人民對不適任者不只不支持，還可唾棄之。顯見吳的說法與民主理念不合。

- 新同盟會和郝柏村主導「我是中國人大遊行」，也是無知的舉止，如此更促成中國人與台灣人的對立。

8/16
- 台北捷運系統十年迄無法通車，國民黨政府一點都免負責，花盡千億民膏，迄無法通車又不負責，人民又無能力討回公道。如果有道德良知的社會，國民黨應自行下台，至少人民也應全

面清算國民黨，很可惜人民和輿論均成為啞巴。

8/17
- 立法品質太差，無國家目標、整體政策和國家的理想，更無面對問題、針對問題、解決問題，各部會派來的代表基於本位主義來應付而已。

- 監委不懂政府體制、編制，更不懂行政運作程序和業務，一週有事，先亮相，喜說「要約談誰」或「不排除約談高層人物」，最後不了了之，目的在作秀，展威風而已，人民的納稅錢成為冤枉錢。

- 國代開無必要的會，只為國民黨總統造勢和打架，就浪費一億兩千萬民膏，這種政府有救嗎？

- 民進黨的罪責是：將原本可讓國民黨消失的條件和力量抵銷，不只對國民黨無可奈何，甚至使國民黨起死回生，力量更強化，致國民黨該倒而不倒。民進黨之罪也。

- 今日有名無實天下大亂的民主、誰怕誰的無政府狀態的自由，造成倫理道德消失，社會無秩序、風氣敗壞、人性消失，比過去獨裁時代好不了多少，只是提升那些人的官位而已，國民黨應負責。

- 我輾轉一再思維，我有足夠智慧、能力、經驗和人類愛的精神，和倫理道德、公義觀念，如我主政，我絕對始終言行一致，能實現我的治國理念，但如要我屈就於違背上述條件的領導，我不只不會接受，甚至不可能合作，不做也罷。

8/18
- 昨晚全民計程車與大豐計程車司機大決鬥，木棍、鐵條、汽油彈紛紛派上用場。數百人經過整天打架，如戰爭場面，但警察不只無法防止，更無法阻止，鎮暴警察在場上袖手旁觀，在那邊觀戰，任憑自生自滅，如此國家，還有什麼比這更誇張呢？

8/19
- 李先生早上在亞洲展望會上的講話詞，一再強調政治民主化，並未堅持法治的重要性。殊不知無法治和道德基礎的民主化，是不負責又無法達成真正民主的意義。要真正民主化，須提高國民品質，也即從道德和法治教育提升人民的品質，然後才有

秩序公義的民主社會。否則所謂民主化只不過是如前晚發生的計程車司機大戰，而警察袖手旁觀的無政府狀態的局面。

- 昨天中午辜振甫先生在國賓請我及黃世惠時，他看到司機決鬥的事，也認為如無政府狀態，警察無法執法，在觀戰。他說得對。中國人最不守法，只靠傳統的倫理道德維持社會安定，現在倫理道德消失，又不守法，真是令人憂慮。

- 無法治基礎又不提倡倫理道德的政府，反而強調政治民主化，猶如拉肚子又吃拉肚子的藥，一定會死掉。

- 要社會多元化，但絕不能使人有多元化。客體可多元化，主體不能多元化。

- 無法治就無人權，野生動物園最有獸權。

- 伊拉克總統海珊的兩位女婿，背叛海珊到約旦請求政治庇護，這是倫理受到挑戰之例，功利思想的結果值得深思。

8/20
- 《聯合報》報載韓國一個銀行分行遭竊七百萬美金，中央銀行總裁宣布辭職。然我們的政務官如四信二十八億、國票公司百億，均無人負責。台灣的政務官是天掉下來，既不參加選舉也不需負責任，此種天職是世上所無的，真是台灣民主成就的神話。

- 主流與非主流之分的政治只是權力鬥爭而已，並無目標理想可言，是注重權力，不是政治理念。外國是自由派與保守派，左派與右派，完全以政治理念而分，足見台灣還停滯於權力鬥爭的主流與非主流之分的階段。

- 日本新選舉制，眾議員名額五百名，小選區選出三百名，兩百名為比例代表分配。我想比例代表分配只能實施於政黨健全的國家，國家與全民利益高於政黨及派閥之上時才公平，否則以國家法令資助政黨分贓，喪失公義精神。台灣的政權均操在無政治常識者之手，才成今日亂搞、胡為的現象，也即不按牌理出牌的亂象，使學政治、法律之輩束手無策，台灣之亂在此。

- 金錢與權力應徹底分開，才能消除金權政治。台灣是金錢和權

力結合的政治，而成爲主權在錢而非主權在民的政治。

- 英國政治學者愛克頓爵士說過「權力會造成腐敗」。龜井正夫提於亞洲展望會（ASIA Open Forum）。

- 看權力吃飯而表示意見的人，我最看不起。可惜很多官員、學者，睜開眼睛說瞎話，不敢將自己的智慧和良知表現出來，是看人的眼色、臉色而說話，悲哀！

- 李先生在凱撒飯店參加「亞洲展望會」致詞：一、民之所欲常在我心，二、大公無私，三、歷史的眼光。這些大家都會說，我也認同，但最主要是要做出來。

8/22 ・好的都活不夠了，怎麼有空活壞的（與壞人）。

8/24 ・內閣開會有不少是官不是人。

- 無是非公義的社會，權力就是眞理。

- 昨天上午國民黨十四全在通過總統、副總統提名辦法時的電視鏡頭，看到那些政客的嘴面，令我差點昏倒。政客心狠毒辣、言行不一致、偽善、權力慾均露出，因此面容很難看，均非爲國家利益著想，很少坦然慈祥的面孔，其惡形惡狀，並不遜於屛東的鄭大吉，也使我覺得不敢與政治人物爲伍，怕怕。

8/25 ・現在的我全身爲理念而活，任何外在的名利，榮華富貴都打不動我的心。我的理念爲人性、倫理道德、是非善惡分明、有公道、有正義。違背此理念的任何權貴（最有權力者或最有錢的人），我都看不起。在功利社會爲理念而活的人，眞是活得很苦。

8/26 ・我生平最怕做生日，更不喜歡談年齡。

- 活到六十一歲，我會選擇六十一年來哪個階段的人生是最富有人生意義和感受的那一段，做爲今後生活的準則？我想學生時代的生活最純潔、最純眞、最有價值。

8/31 ・民之所欲長在我心——
一、封建時代的名詞，皇帝可以用之。
二、與民主不合，民主時代既爲多元社會，不知所長之心爲

何？

三、言行不一。是「己之所欲長在我心」。

・過去是選賢與能，現在是選金與黑，黑金政治掛帥。

・媒體爲一黨所專用，還談什麼民主改革。美國並非支持民主，而是支持服從它的領導人。吳作棟說得好，看美國臉色的台灣縱然是獨裁，美國也會說是民主成就。

・無道德與法治的民主就是不民主！一個領導人從不說道德和法治，天天只說民主，是最不負責的。

・爲何高官怕道德也怕法治？因有道德和法治就無法達到「己之所欲藏在我心」了。無道德和法治的社會，才能以假民主統治天下，因爲人們會誤認假民主也是民主呀！偉峰說得好：無權力的人都說民主，掌握權力的人都不要民主。

・要讓全民了解國民黨的真面目，應將國民黨高官的言行，一一加以比對，即以事實與其政策和說話一一比對、核對就知道國民黨全在騙人的。要揭穿國民黨，只靠事實、真實。

・官員有無清廉，端看其任公職後其財產的成長，就可以明瞭。過去沒有什麼財產，現在別墅、房屋、土地一大堆，此種官員清廉嗎？不能以爲有權力就可騙人。

・台灣的效率是世界很差的地方，如果說「效率高」，只有騙人的效率最高。

9/2 ・圍繞在權力周邊的人最無是非心、最無公義感，只會奉承，馬屁精而已。

・世上很少有是非心的權力者。

・國民黨所謂民主化是排除異己、利益輸送、金權掛勾、金權政治、黑道掛勾而已。

・國民黨的民主化是無公義基礎、無道德、無法治的民主，這種民主是獸類式的民主，是不負責的民主。

9/4 ・李、連提名後，由有關單位動員士農工商各社團的造勢，歌頌功德與威權時代有過之而無不及，這能算民主化嗎？

9/7　・世上最會也最懂利用人的是政客，當無利用價值時就冷落你、打擊你。

　　　・宋楚瑜昨天在中常會報告，以企業化經營省政是騙人的，連企業兩字都很陌生，還遑論企業經營。尤其他學外交，回國就在蔣經國身邊過著權勢、榮華宮廷的生活，怎知道企業經營管理呢？

　　　・下鄉是要解決問題、找出問題，不是如國民黨高官下鄉是去風光、受人奉承、巴結、騙騙民眾而已，喜被人歌功頌德者看到電視鏡頭一目了然。

　　　・許多政務官搞不清楚決策和執行之意義。

9/13　・徐立德對金融風波的責任問題，說政務官很難培養，不應下台。這是封建心態。民主時代靠選票才能擔任決策者，難道政務官可終身職嗎？

9/14　・現在主政者的口號，比過去「反攻大陸」更響亮。

9/15　・看到昨天仁武（烏村）為焚化爐以汽油彈、鹽酸、鐵棍、石塊對付鎮暴警察，造成二十二人輕重傷，事後又要辦人。治安惡化、車禍，看起來住在台灣隨時會受傷害，死亡已是家常便飯，坐牢的也成常事，不稀奇。這是台灣社會，也是政府腐敗、無知、無能、無恥、無責所造成的。

　　　・為何抗爭那麼多？一、決策不當、侵害人民權益；二、政府未盡疏導協調處理；三、民眾無知，易受煽動；四、政府公信力崩盤。其責任在執政者，政府應檢討自己，勿讓抗爭成習。

　　　・倫理道德是治百病的萬靈丹。能善百病除，不善百病到。

　　　・英國是人本教育，美國是功利教育，中國是最傳統的人本教育。

　　　・國之三大害：一、惡民代之害，二、惡記者之害，三、惡學者之害。三害不除，國乃滅亡。

9/16　・西瓜偎大邊是功利投機，最無公義的小人。是無是非善惡之分的人，吃父偎父、吃母偎母，可憐的小人。

- 由林洋港與陳履安的參選總統所受的滋味，可見這個社會是無情義、冷漠淒涼、殘酷的，與禽獸無異的社會。
- 我們已成無良知、無智慧、無公道的國度了。
- 凡爾賽KTV事件最不可原諒的，並不是罰六萬元的事。自己力倡維護公共安全，但自己的房子以高價租予他人，經營違規、違法的KTV，難怪有百分之九十九的KTV、理髮廳違法違規營業。這要怪誰呢？
- 西瓜偎大邊是最下賤的小人，也是我最看不起的人。

9/18
- 陪羅浮宮館長見李總統。李說：「自我形成中如何關懷他人、幫助別人，是正確的。」唯自我形成不基於道德修養，而建立於功利思想，自我將成自私自利，怎能關懷他人、幫助別人呢？不害他人就不錯了。
- 李說：「太陽下有光明，無太陽時就黑暗，光明與黑暗是正常的，如同有好人也有壞人，如果無壞人，那還需什麼宗教……」宇宙間有光明（白天）有黑暗（夜），這是自然現象，非以人的性質所可比的。世上當然有壞人存在才設政府，並從事教育，而政府應有減少壞人存在的責任，教育也是教人做好事，做有道德、有公義的人。一個政府如無法減少壞人，減少人民的苦惱問題，就不需這個政府，教育的目標亦然。不能以有光明也有黑暗應用於說的一套做的另一套，明的一套暗的一套，前面一套後面一套。國民黨政府現在的作法，與上述相同，是不應該的。
- 從畫面看當時國家歷史背景、生活、文化，並非只看表象的美麗與否。

9/19
- 自古皆有死，民無信不立。
- 為了一票一千元或五百元扼殺子孫的生路。父母雖望子成龍鳳，拼命籌錢給子女讀書（中學、大專、留學）甚至補習讀名校，學成後受每票一千元或五百元的人的統治，永無出頭之日。悲哀的百姓太笨了，一方面用心計較望子女成功，另一方

面又為了一千元或五百元出賣良知、出賣子孫（使望子成龍的心願受抵銷）。

9/20 ・政治人物很少能以冷靜之心思考國事，原因——
一、自視過高，以高姿態之架勢，難有改革之心。
二、權力鬥爭的角力而已，表面與裡面成兩極化，騙來騙去。
　　因此現在要找商談國事的對象，幾乎很難找到。

・台灣的政界很少有「政治理念」，均以其地位來「嚇嚇人家」、「騙騙人家」，暗中搞特權、搞利益，這是台灣的政界現象。

・現在是歹戲拖棚，壞戲做那麼久，很煩。

・蔣仲苓就近日軍中頻發新兵死亡事件說「哪個地方不會死人」。這種無惻隱心、無責任的首長，為國民黨的招牌。

・李先生說道德是宗教家的事，我想也是教育家的事，更是政治家的事。

9/21 ・說過的話不算數表示不負責，說過的話須再由他人修正，或補充解釋，才算數，則說話的人有問題！

9/26 ・率《活水》全體人員見李會長——
一、強調自我形成、自由意志，消除父權主義。
二、民主改革的好處在「使民眾內心的生命力釋放出來」其成果。
　（一）聯華公司曹先生是這十年來成功的，是自由社會的結果，還有很多在這十年成功的。
　（二）影片在國際上得獎也是自由的結果。
　（三）吸毒、槍械，也是自由發展出來的負面方面。
　（四）民主改革有好的也有負面的、壞的，人性本來是有好的也有壞的，才有道德與宗教。
　（五）壞的方面由教育改革著手，尤其終身教育的重要性。
三、舉「物質不滅原理」為例。日本筑波展覽會有一棵蕃茄生一萬兩千顆蕃茄而不倒，是用宇宙間不同的水、肥料、空

氣，換來換去才能活那麼久，生產那麼多，不過代價太高，生產的蕃茄價格很高。由此更可證明人也可活兩、三百歲，不過代價太高。

- 李先生強調自由意志固然不錯，但人生出來本來就自由，唯自由不能妨害他人自由，也不能侵害他人權利、侵害社會，否則這種自由是動物園的自由，因此應從教育道德、培養善良好國民氣質（有道德、守法），這種自由才是真自由。否則好的與壞的同等，社會將不公平。

- 威權與法治截然不同。威權是個人權威，個人崇拜是人治。而法治是公權力，是沒有威權，人人在法律之前均平等，一切依法而治。

- 李先生強調自由意志，有生命力，有好的出現，也有壞的出現。其實威權（專制）時代壞的也不少，如歷史上奸臣、奸人甚多，才有包青天出現。專制時代惡人就那麼多了，自由社會將更多，因此，要提倡自由意志，應先把道德教育及法治教育做好，才是有責任的自由。

- 我想李先生提倡的自由，應是有責任的自由意志。

- 陳定南在質詢中說：重要公職人員不應持有股票，應變賣為現金，因這些重要公職人員（總統、院長、副院長、財經、中銀首長）經常決定利多政策，使股票漲價，自然增加財產，構成圖利。

- 陳定南質詢連院長：一、國票內線；二、凡爾賽KTV解約；二、連震東死亡時繳很少遺產稅，為何不到十年有兩百億財產；三、五百元便當事；四、央行利多決策，對連院長持有股票利多不少。

- 權力足以抹殺事實，權力足以掩蓋違規、違法，連院長被陳定南刻薄質詢有感。

9/27
- 我因活得太真實，因此太堅持原則，不輕易與人妥協，也即不輕易與假的妥協。

9/28 ・如果言行不誠信，則一切是假的、騙人的，也是枉然的。

・我一生無權做壞的行爲。

・現在政權經媒體的漂白至爲可怕，完全無是非善惡之分了。

・執政者如無是非之心、無善惡之分，社會怎會有公道？無維護
公道的智慧和責任，越主政越亂，台灣之亂在此也。

・一生中過著最無利害關係的生活，就是最幸福的時期。人生不
介入利害的生活是最純潔、最有情感和親情的，能活到與世無
爭，是最有價值的黃金時期。

9/29 ・終身部會首長是不會負責任的，如金融風暴、公共安全或其他
重大錯誤，均不見部會首長下台負責。

・過去開宗明義是威權統治，現在是民主的口號，進行眞正的威
權統治。過去在威權中追求民主，現在在民主中行威權。

9/30 ・主持行政院慶生會有感：一、保持生命鮮度；二、淡泊名利、
自然眞實。

・生日樂——活力年輕——健康長壽。

10/1 ・國民黨式的改革是將過去七十分的改成六十五分，或過去六十
分改成五十八分的改革。如民法親屬、夫妻財產權、監護權或
父權主義之消滅，均可看出國民黨式的所謂改革，也即假改
革。由於人民無是非的判斷能力，對這些改革無法了解。七十
分改爲八十分，才是眞改革。

・政府官員應具有負責任、效能和廉潔的倫理品質。

10/2 ・與振揚、上揚、源榮談文玲選立委事，說來說去還是買票，否
則難選。買票的椿腳：一、派系首領爲大椿腳，二、省議員也
爲大椿腳，三、縣議員也是椿腳，四、鄉鎮長、鄉鎮民代表、
村里長爲基本椿腳，五、農會、水利會代表、理監事、小組長
也爲基本椿腳。

要消除賄選，靠檢警是不可能的。因買票大部分是國民黨，而
檢警大部分也爲國民黨，怎會自己踩自己的腳呢？

我思來想去應將村里長、鄉鎮民代表、鄉鎮長撤消，農會、水

利會改爲公務人員，如此基層樁腳自然消失，賄選將會大大減少。

唯治本之道是政黨不提名金牛，改提名賢能之士，自可消除賄選，否則所謂抓賄選是騙人的、不眞實的，只象徵性抓幾隻小貓作秀、騙騙人民而已。

・爭權奪利破壞法制架構的政黨或政府，是惡黨。

・只會說話（信口）而不評估其話可行否、是否能做、有做否，一直信口開河講一大堆，結果僅是說話的人「在爽」而已，對國家民眾均無利多，不是騙的就是假的。

・政務會議新聞局提出各部會應積極文宣的案件，其實施政如有確實、效能，人民將有目共睹，如無實質績效，要以強詞奪理來欺騙民眾的文宣，實無意義。

10/3 ・我與眾不同之處是我談根的問題、談原因過程，人家是談枝葉、談結果與享受。沒有根和原因的枝葉和結果，能解決根本問題嗎？不可能，只在騙騙人而已，也是最不負責的欺人作法。

・沈富雄質詢陸委會時，連院長指高孔廉答，沈不滿。國民黨不分區立委爲爭取連任，紛紛上台表態阻止沈富雄的抗爭，這是功利思想的結果。不分區已成爲打手，不分區這些立委是工具，失去設立不分區代表的意義，此爲國民黨政府不正常的現象，完全無公義可言。

・說的一套做的一套，法令規定一套，執政又一套，什麼依法行政是騙人的，暗中搞厲害的手腳，天曉得。

・永遠堅持公道的黃石城！一生最討厭無是非之分的人，一生最討厭談功利、談利害的人，一生最討厭無公義的人。

・身爲國民黨副祕書長洪玉欽也在質詢，其內容是歌功頌德連院長的政績，其次是充當內線爲國民黨宣傳。知識分子淪落到這種地步，太悲哀了，浪費官員時間。

10/5 ・黑道介入政治、黑道介入媒體，高層又與黑道結合。很擔憂未

來台灣將成爲黑道主導的社會，也將成爲黑道政治。

· 院長巡視各部會提示事項，大部分爲各部會將預先擬好的提示事項交院長宣讀，然後又加以管制考核，毫無意義。

· 過去是白色恐怖，現在是黑色恐怖。當權者與黑道結合造成黑色恐怖。怕公權力遭抗爭，只好改用黑道，維護其政權。

10/6 · 活在無公道的社會，只好過著墮落的生活。

· 如果一位領導人物説話經常引起問題和誤會，須經許多人再行解釋，顯示言而不信或腦筋思考有問題，無法表達清楚負責的意見。

· 人君之能之別——

一、臣以自任爲能，君以用人爲能。

二、臣以能言爲能，君以能聽爲能。

三、臣以能行爲能，君以能賞罰爲能。

· 人生最痛苦的——

一、生理上的是生、老、病、死。

二、精神上的是與所愛的人分離、與不喜歡的人見面、得不到自己所要的東西，我新增一項爲「受冤枉」。

· 佛陀説健康是最大的利益，知足是最大的財富，一個可以依賴的朋友是最好的親人，涅槃是最大的快樂。

· 由「眞」的，變成「假」的——權力腐化的人。

· 民進黨立委也開始腐化，問政不如過去熱烈，可説漸漸退燒。而國民黨用黑道立委壓制和關説民進黨立委，騷擾其質詢，使部會首長輕鬆過關，台灣越來越有問題。

· 高層觀念一概不負責，則閣員之遴選不會以好壞之分。

· 我一生的靠山——

一、倫理道德。

二、公義。

三、眞實自然。

四、以自己的血汗、言行一致、不誇張、不虛僞，以智慧能

力、刻苦耐勞而存在。

五、不看人的臉色生存。

- 連戰及各部會首長的答詢，完全以書面施政寶典答詢，一點都沒有實質感、責任感，因此問題永無法解決。如問到賄選，馬部長會說，已成立賄選查察小組。但有效果嗎？沒有。賄選每次選舉有數百萬票，但抓到的有幾雙貓，不是騙人嗎？如國民黨無法解決此問題，早應下台，爲何還主掌政權而不放。

10/9 ・不要小看我，我如一座活火山，一爆炸，震撼力無可抵擋的。

10/10 ・國慶典禮，李總統在祝詞中有「克服所有橫逆」字句。「橫逆」是獨裁制度的名詞，既然民主各人有各人想法、作法和立場，何來「橫逆」？難道郝要與李先生同心才不算橫逆嗎？難道要奉承、巴結，無條件服從、全力支持，才算不「橫逆」嗎？民主時代不能以「橫逆」指責他人，否則就是不民主，還停滯於專制心態。

10/12 ・民主時代不應將過去專制或一人獨尊的語言名詞拿來嚇人。因此應釐清民主用詞與專制用詞，否則名雖爲民主，實則仍爲專制。

- 李總統說他說過「反對台獨」已有一百三十次，中共還不相信。十月九日TVBS《全民開講》在紐約舉辦，陳癸淼說李先生因無誠信，所以他說過一百三十次，人家還不會相信。

- 不可以「公關」來掩蓋「責任」、「缺失」、「劣行」。國民黨政府最會善用公關來抹殺罪惡、責任，所花公關費用甚大。拿人民的納稅錢來糊人民的眼睛，使人民看不見罪惡和責任。

- 滿腦功利的人怎會知道真理、真實、公道呢？

- 不可以媒體或公關來包裝「罪惡」、「劣行」、「不真實」，欺騙大眾。

- 省政委員也列入政務官，完全無是非。省府已成獨任制也即首長制，即省長與過去以委員制、合議制之主席迥然不同，爲何宋楚瑜要破壞體制？目的在「酬庸」，建立自己的勢力而已。

10/13 ・行政效率無法提高的原因，主要爲中央與省政重疊，造成事權難統一，人員分散又無制度，浪費公帑，因此除非廢省，否則行政效率永無提高之日，僅是騙騙人家而已。

・水利會是派系和選舉的工具。水利會長無人管而水利會費又由中央補助，有權無責的機關，只有國民黨政府才有。本來在水利會組織通則第三十九條之一要改爲公務機關，但因宋省長反對，而又會影響國民黨和派系選票，現又將第三十九條之一刪除，使水利會永處於陰陽怪胎的定位。

・農會和合作社也是派系和選舉的工具，如此不公不義的機關本在蔣經國時代有意解決，現在政府走回頭路，無理想、無除弊興利的作爲，只好讓它爛下去。

・在無內涵、無價值觀的社會生活，完全在浪費生命。

・連戰在答覆葉耀鵬質詢中，表明不贊成「以內政爲優先」的說法。內政已發生嚴重問題，人性消失、倫理道德無，政風、社會敗壞、治安惡化到處髒亂（包括交通），這是人民生活切身關係的，均爲內政問題。連戰以有錢人又是永遠做大官的心態，無法感受人民之苦，而內政問題要有實力才能做好，且要面對問題、解決問題，無實力又無法整頓內政問題，才不贊成內政爲優先的作法。除了內政，台灣現在還有什麼事可做呢？外交嗎？名不正言不順。兩岸關係呢？統一、台獨均不可能，如何做呢？因此只有內政最重要。捨內政，政府還有什麼可做。

・做官易，做事難。

10/15 ・國民黨政府是死不認錯，死不負責的政府。

・價值觀必須從國民教育中建立。

10/16 ・前幾天報載「黃石城出任陸委會主委之職」。每逢內閣改組，報派黃石城出任內政部長、交通部長、教育部長、國防部長、文建會主委、法務部長……結果都是零。報上認爲黃石城足堪此重任出任部會首長，爲何結果一部也沒有，原因很簡單，黃

石城不是國民黨員，然我本身也從不想出任此等職務，自己非股東，應認分一點，黑牢仔是不會撈過界的。

- 民營化或由民間團體參與建設（包括簽證、代檢）用意固然好，但在不守法和沒有倫理道德的社會，如由民意代表或民間團體代行公權力，將發生重大爭議和弊端，尤其功利社會以利害為主，難達公正守法。然民間也無公信力，將使社會更亂，問題更多。

10/17 國民黨各階層為了保衛政權，表面上口口聲聲民主自由均富，其實都在欺騙民眾。無道德的國民無法治的國民，能達到真正的民主自由嗎？應是天下大亂，社會不公義，台灣貧富差距之大，國民有目共睹，哪能均富呢？因此民主、自由、均富均為騙人的口號。

很可惜，執政者偏愛說民主自由，從不談法治和後果責任，民主自由的社會如無法治和責任政治，連路邊的攤販都可來擔任國家的領導者。

- 連院長在答覆謝長廷時，說謝未擔任過行政職位就要選副總統，才是坐直昇機，其實美國參議員不是直接當總統嗎？連院長的答覆有瑕疵。

- 連院長在答覆謝長廷質詢時，自喻為廟公、謝等為乞丐。「乞丐趕廟公」太不恰當，將有後遺症。

- 連院長答詢「體制外抗爭犧牲社會成本，應在體制內改革才對」。體制外抗爭是不得已的，體制外抗爭許多人流血犧牲生命、自由，才能達到改革的目的。人民對政府施政不滿，才有抗爭出現，責任應在執政者，其實釀成人民的抗爭，是政府執政不力。

10/20 新加坡的社會制度、家庭制度、教育制度均強調「上」（政府、父母、老師）對「下」（民眾、子女、學生）負責，管理和十分周到的安排，以及下對上的信賴、依靠和不折扣的服從，這樣的制度有利於秩序和效率，但有違背於創造、開拓以

及冒險發展。（新加坡國立大學講師張漢音十月十九日發表於
《聯合早報》）

- 從事創造開拓型需要相應的知識基礎和心理素質基礎爲——
  一、豐富的專業化知識和信念，二、嚴謹的邏輯思考能力，
  三、強烈的探索欲求，四、獨立思考和理性批評的擅長，五、
  敏銳的觀察力，六、豐富的想像力，七、對實證科學的了解，
  八、堅韌不拔的意志。
  新加坡教育偏重於第一和第八項，對第二和第七項有所照顧，
  但對第三、四、五、六這四項心理素質訓練比較薄弱。

- 新加坡目前強調創造和企業精神的教育。

10/21 · 新加坡國民守法，可減少公務人員、辦公人員人數。

- 守法與自助餐一樣，可節省大量人力。人的行爲如能與自助餐
  一樣磨練就可守法。

10/24 · 國民有道德和守法與經濟發展有衝突嗎？難道要賺無道德的
  錢嗎？難道要賺不合法或違法的錢嗎？不道德和違法而得來的
  財富值得提倡嗎？不道德和違法得來的富翁值得尊敬嗎？我想
  有道德再賺錢，有守法與得來的財富並不衝突，有道德和守法
  可得到更多財富，這是我一貫的堅持（與李光耀對談）。

10/26 · 國民黨提名不分區立委名單，大部是酬庸和分贓，並非眞正
  由有智慧、有能力、有品德風範、有專業的人出任，與不分區
  設計宗旨不合，完全在騙老百姓。

- 有道德的主政者在考量用人時，不會出於自身利害爲考量，而
  以國家利益、民眾利益爲考量因素，始能起用眞正賢能清廉之
  士。很可惜我們的主政者完全出於酬庸和分贓的考量，優秀之
  士難出頭。

- 台灣的所有建設與新加坡相較，可說小巫見大巫。台灣政客完
  全在騙人，在唯恐天下不亂的無責任媒體主導下，只談民主自
  由，對破壞性和無積極面的作爲完全不提，任由它腐敗、腐化
  下去，不可收拾。

- 我愛眞理，甚於權力。

- 重新洗牌，台灣才能眞正改革，否則將永遠腐化下去。

- 執政者的道德修養及道德責任感缺乏時，這個政府將是腐敗的。

- 嘉年華大樓火災燒死十一人，重傷數人，新聞價值很快就消聲了，足見台灣社會的殘酷無情。死了十多人似不足奇，算不了什麼，因此新聞性低，很快就過去了。

- 周清玉栽於百「騙」而垮，國民黨也會栽於千「騙」而亡。

- 觀看國民黨政府，整個運作是盡心思鞏固政權，團隊行騙選票而已。如眷村改建條例數十年來不改建，偏偏在立委、總統選前才那麼認眞，這不是騙軍眷的選票嗎？

- 國民黨的政務官是以做官的心態主政，完全無責任感，發生事情從不負責，數十年統治的缺失或無做事，還要講話，把責任推給「百姓公」，從不認爲統治五十年的責任，國民黨或執政的人應負責、自己應負責，仍在檢討他人，不檢討自己。這種從不負責的黨或執政者，如不消失，台灣不會有希望的。

- 內閣的成員絕大多數是留學美國，他們所吸取的是功利教育，只講利害，無道義、無是非、無公義可言，因此形成一言堂，只要西瓜偎大邊就能永久當官了，這種無正義而組成的內閣會有生命嗎？

- 如無新黨，國民黨怎麼會關心軍眷或榮民呢？現在新黨、國民黨正爭著選票才在競爭照顧軍眷、榮民，算是良性競爭。

- 無道德素養的執政者不會讓民主出現，只是騙騙人民而已。

- 國民黨今日之敗，在於執政者（政務官）大部分缺乏道德觀念，導致無責任的政府。無責任的政客能給人民做些什麼呢？

- 五十年來人民繳給國民黨無數的稅金太多太多了，但建設有限。國民品質的低劣、公共建設的設計品質、數量的不當和落伍，拿錢的人不負責嗎？

- 吳敦義報告大統火燒災害情形有感——

一、不檢討所有公共場所絕大多數是違法、違規，如何設法去解決違法、違規問題。

二、趕快想盡理由和辦法如何來騙上層、騙社會人民，只要騙過，官照做不誤。

三、有問題為何不立即解決呢？所謂密閉式建築問題，衛爾康西餐廳火災死六十多條命也是密閉式，為何還不反省、不檢討、不趕快處理，難道還要讓密閉式建築物繼續火災？繼續受害嗎？

四、報告歸報告，做歸做，說的一套，做的另一套，騙來騙去是國民黨政府的本領。

‧火災、公共安全、交通、治安，人民死亡率全世界第一位，誰去碰呢？沒有人講話，朝野人士從未見檢討。

‧宋省長報告嘉年華大樓死亡十一人時說消防、水壓……但消防設施編列預算時，大家不重視，編一點點的預算，待發生災害時才說消防不足，全是他們的話。

‧連院長提起老建物事：老建物難道可經營要命的生意？難道無法規範生命安全的辦法嗎？難道政府就可無限期讓其發生災害嗎？雖法律不溯及老建物，但有影響人民生命安全時，政府應有突破老舊法令，設法維護人民生命安全。

‧有財富、有權力、榮華富貴，但如果無倫理道德無系統的思想、無原則、無立場、無主張，人生將沉淪於權力、財富中而無法自拔，無法歸零，因此無價值、無意義。過分迷醉於權力和財富的榮華生活，最後很難收拾人生的殘局。

11/4 ‧赴港貿易中心吳主任請客時，他們說我很隨和，我答隨和中有原則，原則中有隨和。

‧霸則不公，公則不霸。

11/6 ‧有名無實是台灣之最。如有民主之名，無民主之實（黨產千億，公私不分，動員行政資源賄選，官員不中立，警察設黨部，比兩蔣時更嚴重）。

- 我對人類社會國家關懷之心，自幼迄今毫無差異，猶如機械的齒輪，一點都沒有磨損過。

11/10
- 「道歉」能解決問題嗎？「道歉」就不需負責嗎？勞委會謝深山為外勞弊案「道歉」、國防部蔣仲苓為新兵死亡案「道歉」……只要學會「道歉」兩字，就可高官無憂了。道歉應兼負責才對，如僅道歉而不負責，那道歉豈不成為逃避責任的保護傘？
- 權位容易消失作如是想是價格觀，風骨永遠留存作如是想是價值觀。
- 政治人物最功利、最現實、最勢利眼，以刀片般銳利來衡量人與人之間的關係。

11/11
- 儒家倫理家庭：孝道、親情、溫暖。老人由子孫自行奉養，有天倫之樂。
  西方功利家庭：缺孝道、親情、溫暖。老人由老人院共養，無天倫之樂。
- 天倫之意，即倫理是天性。

11/12
- 中經院麥朝威在總統府的講演很實際，並指出國民黨政府的缺失，他是有責任的知識分子。
- 情治人員應超出黨派，調查局長，警察首長不可起用黨員，否則情治人員將成政爭工具，私人的打手。

11/14
- 政治性強的人不能給予情治首長之職，如調查局長、司法人員、警察人員。
- 台灣抗爭最多，為什麼人民抗爭多，政府應誠懇檢討施政得失，勿我行我素，從不檢討。民眾一抗爭即找警察、鎮暴部隊來保護，抵擋民眾，永不檢討，永不改進。
- 林洋港女兒說，林先生修養他剛我柔，他傲我禮。
- 政治比經商更功利，不可與政治人物輕易接近，離開越遠越好，這些人是我不喜歡的人。佛家說與不喜歡的人見面是人生最痛苦的。

11/15 ・「三黨不過半」這是無常識的訴求。倘政黨能堅持國家利益和人民利益高於政黨，則三黨不過半又何妨。奈因目前觀念是黨的利益高於國家和人民的利益，三黨不過半，分贓自會出問題。

・林郝配在國賓記者會，民進黨竟動員民眾前往叫囂、抗爭，太無常識、無水準。郝柏村現為非主政者，也未褫奪公權，有自由參選的權利，任何人均無資格防止他人參選。尤其他以個人身分，並無浪費或占用國家資源來參選。

11/16 ・包容是包容好人，包容比我能幹的人，接受並支持配合比我更行的人，不嫉妒、不排斥，但不能包容壞人，不包容無道德的人，否則將無是非之分，也將成無責任的人。

・這個社會缺乏「行」的意識，缺乏「真實」意識，因此全是「口害」、「虛偽」、「騙人」而已。心不善，功利慾強，不會有負責任的社會，無責任感的人怎能「行」呢？怎會去求「真實」呢？

・大公無私——

一、自己生活不得太榮華富貴，勤儉為民表率。

二、用人要當，要用會做事的人。如果用人一味講求利害、親戚、朋友或聽話的人，這是大私無公。

三、言行一致，不能言而無信，言而不行，如此即在騙百姓，是不負責任私心重的人。

四、以真實證明一切言行舉止堪為人民楷模。

五、處處有道德風範，無道德的人，會大公無私嗎？

・說是民主，主權在民，國民自有發表意見和批判政治人物的權利（因人民有繳稅）。不能說人家批評，就說進行改革遭受他人的打擊或批判，來向人民訴苦，掩蓋其無能。一個賢能主政者可克服一切困難，解決一切問題，納稅人的批判或打擊是人民的權利，也是自然的事。

・未取得最高權力時，與我討論國事、社會、人民事，一談三小

時，擔任黨主席後完全改觀，可能因我是黨外之故。

- 無能竟以包袱重或改革受人打擊爲藉口，來推諉責任，我絕不贊同此幼稚騙人的口詞。

- 權位就像粉刷一樣，二、三年就消失了，如要清新，二、三年後要繼續粉刷，否則權位就不存在了，因此權位是很煩的東西。

- 政治人物要有宏觀的歷史使命感，這是應該的。綜觀國民黨政府有何歷史宏觀呢？國民品質低、治安惡化、社會風氣敗壞、政治腐化、教育失敗，只有功利，這是國民黨宏大歷史觀的成果。

- 民進黨以粗暴行爲對待（欺侮）無團體（黨派）支持的林、郝，就如同過去國民黨對付無黨籍一樣，足見民進黨與國民黨的本質無異。

11/17 · 李登輝在桃園爲國民黨立委站台時，批評郝柏村當初反對總統直選，現在竟出來競選，說此話不甚妥。如照李先生所說，要造一橋樑，當研討時有人反對築橋，但後來決定要築橋，然橋樑完成後，當初反對築橋的人，就不能過橋了。

11/20 · 民進黨反黑金，新黨也反黑金，但只是作秀，從不提出行動來反制黑道金權，難怪黑金猖獗橫行。然國民黨的根在黑金，總是希望黑金存在來鞏固其政權，無黑金國民黨早就不存在。

11/21 · 我的服務態度：人家無法解決的，就是移山填海之難，我胸有成竹，自認有智慧、能力，爲人解決困難、解決問題，這是我心善意誠的服務天性。不像有些人推三拖四，甚至開口就以「不可能」來回絕人家的希望和要求。

- 宋楚瑜是靠打倒外省人起家，也是李先生以夷制夷手段的一著棋子。多數外省老政客均栽在宋的手，而宋獨享榮華富貴，獨爲李先生青睞，而位居要津。

- 最舒適時，時間過得最快；最艱苦時，時間過得最慢。

- 現在的執政者往往忘了自身的地位、角色，有問題只會說問題

而不去解決問題，又不負責任，有事情只會說事情，而不會去處理事情，有困難只會說困難，而無法解決困難。須知道執政者拿人稅金，只會說而不去解決、去做事是忘了角色，其實「說」的角色是百姓，「做」的角色是官員，輪不到官員「說」話。官員除了「做」，無資格說話。

11/22 ·要有慈悲心、智慧、包容心和憤怒，憤怒非為自己而是為事而怒，是一種「文王之怒」。文王一怒而安天下，孫文是憤怒而起革命。

11/23 ·公道前提是明斷是非，明斷是非的前提是真實。

12/3 ·不能以民主而破壞倫理。牛津大學典禮，學生向校長行跪禮為例，英國還是以倫理式的教育制度，並非如台灣知道「民主」兩字，什麼都拿來用。

12/7 ·行政院院會中，看到法務部對立委選舉印很多手冊來反賄選，極為幼稚。要消除賄選唯一方法——國民黨不要提名金牛及黑道，才能消除賄選。否則開始提名準備賄選的金牛、黑道，然後要情治單位捉賄選，不只矛盾，甚至有陷人於不義。

·昨日連院長在國建班第三期開訓致詞說：「內政優先為怪論。」殊不知台灣內政一塌糊塗，社會風氣敗壞、倫理道德消失、治安惡化、社會不公道、到處抗爭、天下大亂、價值體系崩潰，院長一點都無感受。到此地步，如執政單位還不覺醒，將會加速滅亡。倘現在內政都很好，當然不必提內政優先論調，就是辦不好問題叢生，才有內政優先之論，連院長之言是不負責之論。
同時連院長說，今後對抗爭不採柔性手段對付，此論也錯誤。抗爭那麼多是政策或執行錯誤，損害人民權益才會抗爭，政府應先檢討施政得失，並非一味以鎮壓部隊來保護政府錯失而永不改善。

·我們永在談論「一」的問題，也墜於「一」的複雜煙霧中，浪費很多時間和資源在「作秀」好聽的報告上，而無辦法處理問

題、解決問題。老問題永遠存在，官員無心、無能力、無責任去解決老問題，自無法多做「＋」的建設，無法把智慧、能力、經驗投入於「＋」的工作上，這是台灣政府墮落的癥結。無法真心與先進國家相比，只在帳面上的外匯千億美金，來騙騙國人和世人，釣人家的胃口而已。

- 台灣的矛盾——

　一、提名金牛、黑道，又要消除賄選。大目標的騙人，大家都不知道，實在太矛盾。

　二、反台獨，反兩個中國，反一中一台，又要搞加入聯合國、與各國建立外交關係，很矛盾，永遠扯不清鬧不完。

　三、經濟成長百分之六以上，實在要感謝中國，但從不承認真實又要罵中國，這種心態不知從何邏輯而來。如果無中國大陸，成長率可能要負成長，也是矛盾。

- 我們的政府：說太多，做太少。

12/8 ・政務官主持開會應有綜合、整合、化解爭論意見，很快得到共識、結論的高度智慧和能力。

12/9 ・幫派式的政黨政治，藉政治上的政黨名詞，行爭權奪利、政黨分贓的假政黨政治，令人遺憾。

12/11 ・李先生聘律師要告林、郝是失策，幕僚的鬼主意。元首告人民，中國歷史上很少，世界各國也鮮有此例。既要元首的地位，縱子民有錯，也應以愛心教化他，並非動輒用法律告人民。況總統管司法，而以其管轄之司法來辦人民，欠合理。

- 爲何我不參加政黨，原因是台灣的政黨建立在黨派利益高於國家和全民利益之上，並非建立於國家利益和全民利益高於黨派的基礎上，因此台灣的政黨只不過是幫派而已。然用在政治上，美其名爲政黨，其實是幫派、黑幫，也因此我不加入幫派，也不入屬性於幫派的黨。

12/12 ・領導人應具高度智慧、能力和包容雅量，始可統合全黨、全民。

12/13・宋省長在答復省議員質詢，以陳定南在立法院論壇所發表「梁柏薰與宋楚瑜的關係和政治獻金二十億」提出質詢。宋楚瑜竟答「陳定南為全民唾棄」，足見宋的橫蠻無知。

　　　一、陳定南雖輸給宋楚瑜，但得三百萬票，如果說陳選輸就是被唾棄，那三百萬人投給陳定南的選民也算被唾棄，顯有侮辱三百萬選民之惡意。

　　　二、如果照宋說，選輸就是被唾棄，那今年選輸的落選人均被唾棄了，這種看法完全無常識。

　　　三、如果照宋楚瑜所說落選就是被唾棄，那民主選舉的意義就失去了。

　　　四、選舉非唾棄的問題，如果選不上就成唾棄，誰敢選呢？

12/14・台灣的政治人物是世界上最無格、無是非、無道德、無廉恥、變來變去、騙來騙去，說來說去都是他對，只要爭到權力，啞巴也會說出聲音來。這種無知、無恥、無賴的高官顯要，騎在善良百姓身上，魚肉善良、魚肉人民、踐踏是非正義和公正，至為痛心。

12/15・砂石濫盜採造成橋墩掏空，政府無法控制，如無政府狀態，公權力完全喪失。這是政府無能、無恥所造成。那些領導人天天喊叫，民主化、自由化，然造成此問題，他們又不負責。

　　・說功利的政權永不穩定，說道德的政權才能永遠穩定。

12/16・未得權力說民主，得到權力的都不要民主；未得權力前聲聲道德，得到權力的，都無道德。

12/20・彭明敏肯定國民黨的內政，顯示彭先生只知部分。彭先生以國會全面改選、黨禁、報禁、解除戒嚴為內政，顯示其不了解內情。台灣今日最嚴重問題為內政問題，如政治風氣敗壞、社會不安、治安惡化、環境生態破壞、交通亂、到處髒亂……不勝枚舉，彭先生因出國太久不清楚，至為可惜！

12/21・新加坡政府受肯定因素：一、有完整的計劃，二、有完善的管理，三、有周到的服務。

- 台灣的政治人物每日均在發表高論，很少談及實際問題、解決問題，輿論亦然。
- 成淵中學發生男學生猥褻女學生事件，輿論又說要有正確的性教育。其實性教育越多，問題越多，過去無性教育性知識，人人把它當為貞操，有廉恥心，從不發生問題，現在一再強調性教育，反而社會學校到處發生問題。依人的生理需要，性越研究問題越多，性和其他不一樣，生理上的衝動越想越多，自然有問題。

12/22
- 政治如能達到公平社會，專制和民主均為次一層級的問題，如社會不公平，什麼民主、什麼專制也無補於事。
- 在總統選舉的前夕，大規模晉升一百一十四名為中將與少將，如此制度將被質疑有職務賄選之嫌。
- 台灣的法律無法達到禁止違法的效果，人民天生是要違法的，只是把法律當成討價還價的價碼而已，如罰金多少，他會衡量犯法所得超過罰金很多時，自然選擇犯法這一途。這是台灣無法實施法治的主因。
- 昨天楊鴻游來院，我說兩岸關係台灣一直求中共放棄武力犯台，這是無知、無能的說法。有智慧、有遠見、有能力的主政者，應有辦法、有形、無形地，使中國不敢說用武，也不能用武，這才是真正的政治。

12/23
- 台灣的司法官是在「利害」之下受尊敬，很少在「正義」之下受尊敬。
- 現在我無奈只好繼續看這齣無道德、無公義、無是非，只有功利的惡人所演的戲而已，也是我一生最討厭的戲。
- 說話的方法，應從主題（重心、中心、核心）先說，其次從中心再擴展至重要周圍，如有時間再擴展至邊緣，甚至外圍，如此核心價值才能說出來，表示說話的成功。

12/24
- 彭明敏在高雄其總統競選辦事處說：「李先生聲聲句句說教育有問題、司法有問題……其實他是領導者，他應負責任。」

12/27 ・政府將關說當成問題，其實正面的關說是有利於政府的，至於違法的關說則可斷然拒絕，非常清楚，如此還有什麼問題呢？無能的政府、無責任的官員，視關說如臨大敵，束手無策，還制定規章或送政風處處理，無問題當成大代誌（事情）醫，是反革新，也是多此一舉的。

12/28 ・依法行政還有什麼溝通的呢？法令可溝通嗎？如果人民不懂法令，應靠教育或法令宣導並非溝通。公務員要溝通是溝通不完的，人民那麼多，官員卻有限，如何溝通呢？

・民意反應——既有民意代表反應，官員還另開民意反應管道，是作秀。民意代表的反應都無法辦到，甚至辦不完了，還談什麼一般民意反應呢？況政府有組織、有制度，既有各級民意代表反應民意了，還設什麼無法做到的民意反應管道呢？

・行政革新設計有關「關說、溝通、民意反應管道」，是創造名詞，拿筷子撞眼睛的作法，做作秀、騙騙人而已，毫無意義可言。

・無形的專制才可怕，台灣目前的政治就是如此。表面上說民主自由、主權在民，其實心態和行為不符合民主、主權在民的意旨。以民主自由、主權在民來掩蓋獨裁專制是最可怕的。

・金融風暴比已發生的更嚴重。政府不加檢討負責，反而要制定法律嚴辦造謠者，是錯誤的。四信案、國票案、中壢農會案還有很多，事實上均為真實。四信、中壢農會均倒閉，還要辦人（人民），這種算什麼政府？官員不檢討、不負責，反而要檢討人民，公理何在？

・政治人物很少有哲學修養，聽他們的說話、演講，很少有哲學修為。

12/30 ・「全方位」是騙人的名詞，一方位都無法達成，還說什麼全方位。政治人物很會設計新鮮名詞來騙人。

・國民黨經營的台灣，如果說有成就，就是「垃圾吃垃圾肥」的成功，無氣質、無內涵、無公道、無倫理道德、無是非的成就。

1996年

1/4　・學術機構（如中研院、大學）審查新進人員時，抵制比他們優秀的人進入，希望比他們差的人進入，以免影響他們從不創作、吃死飯的飯碗，造成學術教育的反淘汰。

・政府便民工作應做到「如市場買賣，一手交錢一手交貨的速度」，這是很自然的事。便民已說幾十年了，還在講便民，表示過去是形式口號，並無把便民工作做好。

・台灣的問題那麼多、那麼嚴重，原因很少看到高官或學者、政黨、輿論說出問題、提出問題、針對問題、解決問題，大部分均在作秀，「爭功勞而不解決問題」。

1/8　・政府官員參加輔選的不當：一、違反行政中立；二、曠廢職務。利用辦公時間輔選，有竊取國家資源之嫌。

・有人說李遠哲無經驗不能勝任行政院長之職，我倒認為就是無經驗的人才能做好院長之職，如有國民黨的爛經驗就不必做了。

・上星期五立法院通過徵收證交稅，股市大風暴，跌347點，帳面一天損失三千四百億，李、連大怒。執政者竟怪起在野黨，實在不公。因國民黨是多數黨，如不是國民黨在主導，怎能通過呢？國民黨應負最大責任，不能全歸責在野黨。

1/9　・立法品質的惡劣是全世界之最，立法委員不只不懂法理，也不用心了解問題，甚至以惡劣的心思來進行反淘汰的立法。台灣人民可憐！

・有智慧、有能力的人受提拔為國為民工作，提拔的人應向受提拔的人感謝，並非受提拔的人向提拔的人感謝。如果無智慧、無能力的人受提拔，受提拔的人才須向提拔人感謝。

1/11　・有人格的人是擇道德公義而棲，無人格的人是擇功利權勢而棲。

・每日意外死亡（被殺、車禍、火災……）那麼多，我們的父母官（中央省市）從未提起。不敢說，連惻隱之心都沒有，這種政府這種大官夠格嗎？他們的愛心在哪裡？

- 近來各部會提出很多工作計劃或工程規劃，但能做嗎？怎麼做？我想不簡單。我們只會以書面來消耗大家時間，目的在宣傳而已，並非有能力、有心去做，如國建六年計劃做些什麼碗糕。

- 國民黨的「主權在民」是玩弄人民的名詞，騙取政權的工具。國民黨黨產上千億又經營特權企業，至少已無主權在民的精神，應是「主權在黨」。又大官顯要無責任的榮華富貴和作秀的統治心態、統治行動，也非主權在民，而是「主權在官」。因此觀察現制，國民黨一點「主權在民」都沒有。主權在民是掩飾騙取政權的名詞而已。

- 國民大會一天不撤除，國家一天無公道可言。監察委員非由民選，而由總統酬庸提名，怎能超黨派？甚至監察功能均難發揮，也不敢彈劾總統。因此現在的監察院只能做為統治者排除異己、栽贓毀敵的工具，至為可怕。

- 民進黨的訴求如與國民黨同質，民進黨將消失。

- 「做官學」與「做事學」：有些人喜歡做官，只會做官，這些心中只有「官」無「事」的存在，這些人對「做官學」相當用心。做事的人，雖身為高官，但他常忘了身為官員，所有時間埋頭於事情上、問題上，無官架、無官氣、無官話。

1/12
- 言行不一致的人是他的神經分裂，無法統一，才造成言歸言、行歸行而不自覺。

1/13
- 我永遠走在時間的前面，而非走在時間的後面。時間是跟著我走，別人是跟著時間走。

1/15
- 蔣介石說「反攻」神話，現在說「民主」神話。無道德的民主就是神話，真正的民主永無法達成。

- 活得有靈性、有內涵、有公義，人生才有意義、有價值。惜台灣大部分的人，只要有功利、有財、有勢，不必靈性內涵，更無公義生命的需要。

1/16
- 不要為了名利而失去對生命的熱情，不要為了爭名奪利而忘了

生命的珍貴，犧牲了生命的價值。

- 人活得無是非、善惡、黑白，不知在活什麼，將來只有不明明
  白白地死。

1/17
- 問題發生後（如弊案、刑案），主管首長只要能說「重視」、
  「防止再發生」、「查明責任」就可當了。有能力、有良心的
  首長應會「杜絕」、「解決問題」，使案件不再發生，並非只
  說「重視」等官話，就可打發。

- 列在各地方的輔選陣容名單的人，大部為過去五十年來吃台灣
  人、欺侮台灣人、無公義、無良心、無恥、無能、無賴的所謂
  「地方人士」。

- 在無道德、無是非、無公義的政府工作，實在與我的理念、本
  意完全不合，如此矛盾的環境很難發揮，對台灣前途更蒙上陰
  影。

- 自己無靈性、無道德、無公道、無正義的靈魂，就是多大的地
  位，給你多大財富，你都無法感受人的價值。

- 政府高官聲聲句句「民意」，但能為它們做些什麼？能滿足民
  意嗎？不要隨便說「民意」兩個字，來騙騙人民。

1/18
- 政府首長忙於作秀（婚喪喜慶、開會、民間團體致詞表揚、財
  團邀宴訪問，給人面子，為選票忘了責任南北奔波等秀場），
  根本無時間為公事思考，更無心於公事，因此我們的施政方針
  （決策）或年度預算，大部分均照往年抄襲，沒有什麼真正為
  國為民的新政策，又沒有為國為民的責任感。因此在舊觀念和
  應付式的施政決策之下，很難收到績效。泛言之，自己利害考
  量為第一的官場文化，很難把國家建設好。

- 君以能聽為能君，臣以能言為能臣。

- 食是毒：公害嚴重的時代，食不再是享受，而是傷害身體的根
  源，因此在非得已之下，盡量「避食」，以免毒害身體，而維
  持健康。

- 少吃能活是福，多吃能活是禍。

- 對無人格的人也尊敬，是最無人格的人。
- 無「公道」的智慧和條件，無資格當領導。
- 國民的品質惡劣，一味發展經濟和科技，就像患癌症的人，加強癌的營養分，只好加速死亡。我主張國民品質的提升，比經濟發展或科技進步重要。

1/19
- 開發國家的條件：一、國民品質高，二、國民所得兩萬三千美金以上。並非只是富有的經濟，國民品質高才是重要。台灣這種國民（缺道德和不守法），就是國民所得達十萬美金，也不能算開發國家。
- 不知問題、不掌握問題的任何官話，均無法解決問題。
- 領導人喜與金權黑道掛勾，足見領導人修養有問題。
- 國民黨領導人對有問題的事、有責任的事、發生災害和做壞的事，從不提起，只有說有利的部分來迴避責任騙騙人民。
- 國民黨的用人，無整體遠見、無智慧、無能力的人，只要符合他們的意思，能專門為其所欲為的都用。另一種是阿斗型的，表面上好看，但只當樣板，仍然受其支使的人，他們的用人只有私心，但會用幾個樣板。
- 一、説「民主改革」、「主權在民」，但所用的高官大部分仍是威權時代、專制時代的人，這些人在朝能民主嗎？
  二、報上國民黨政府准住宅區開放商業場所，如此都市計劃如何劃分住宅區、商業區呢？為了選舉什麼制度都可破壞（往第一球場時）。

1/20
- 主權在民，即是我是主你是民，政客的話。

1/22
- 行政官員不應當國代，因國代對監察委員和大法官有行使同意權，而監委對官吏有彈劾權，如監委彈劾其選民在政理上和法理上均有矛盾，因此現制下，行政官員不應兼任國代。

1/23
- 李先生的話——
  一、吳伯雄專門作秀、唱歌，土地問題、都市計劃都沒有做，農權會抗爭，都是他的責任，如今為總統府祕書長。

二、邱創煥為了要擔任行政院長等三職，曾送大禮被退回。又他無眼光竟主張總統委任選舉，罵他一小時他不記恨，反而給他當考試院長。

三、趙守博自己要選市長，後來自己又不選，還說一大堆話，也無人叫他選。

四、黃大洲提早開放七號公園，頭腦壞掉，又從未請他吃過一次飯，完全是他一手提拔。

五、蔣彥士：這個人不能用，老總統曾交代過，但都給他當祕書長。

六、郝柏村：王叔銘說他在金門時曾反骨過，但給他當行政院長。

七、陳履安野心很大。

八、吳大猷這個老頭子很壞，要換掉他。

．講演：談真實、有意識、有啟發性、有功能性，廢話少說。

1/24 ．吾心如天秤，永遠主持公正、公道。如無公正、公道，顯示秤已壞掉了，壞秤永遠無公正、公道可言。因此無法主持公正、公道的人表示他的腦子已壞掉了。腦子壞了，已無公正、公道的意識，自然無法主持公正、公道。

1/25 ．「說易行難」，國民黨政府高官只會說，說的很漂亮、很動聽，但當驗證有否行（做）或做的品質時，你就會感覺光說不練，騙騙社會人民而已。

．與不喜歡的人見面是人生最痛苦的事，不喜歡的人的標準是不分地位、財富，而是以道德、善良、真實、公正、公道、正義為準。

．不可害人，但須預防他人陷害你。

1/27 ．功利社會很悲哀，連知識分子僅能攀龍附鳳，無是非、無正義感、無骨氣，這種國民、國家自無前途可言（昨晚在王永在餐會有感）。

．為何在競選期間，其他候選人批評國民黨主席時，均由總統府

反駁，難道總統府是國民黨所專有的嗎？應由競選總部或國民黨反駁才對。總統府反駁不應該，總統府是全民所有的。這些人是公私不分，才把這個國家弄成無倫理道德、無是非、無公道，叫誰心服。

1/31
・無「公正意識」的人，擔任公眾人物是國家的不幸，是國家的災禍，是國民的悲哀！人民受麻痺太深，無法揭穿公眾人物的不公正言行，是台灣很難挽救的主因。

・由無知無恥的那群人所主導的社會，是反淘汰的。

・立委爭閣揆行使同意權的徵詢權，較有理由，但爭各部會首長的事前徵詢權是絕對不行的。如果立委對閣員有事前徵詢權，將來閣員必須受制於立委，將發生弊端，也不合政治原理。

2/1
・部屬看首長臉色而施政的政府，不但無擔當，亦無法突破和創新，將使政府僵化，嚴格說起來是威權時代的精神。口頭上說是民主政治，其實還滯留於威權心態，國家建設無法開創原因在此。

・《世界人權宣言》第二十二條規定「文化權」。

・台灣雖富裕，但鄉村環境受破壞，不但生態汙染、垃圾成問題，最嚴重問題是社區居住環境受破壞。過去傳統三合院、四合院或傳統式建物均經改建為樓房，這些樓房政府無計劃、無管制，任憑自生自滅，新蓋的樓房有二樓有三樓四樓……參差不齊，加以風水觀念，鄰居有向東有向西，有向南有向北，同一巷道無法同向，且建物複雜，有的頂樓設鋁水塔大小不一，有的蓋屋後鐵筋露出來，不雅觀、不整齊、亂七八糟，在這種社區的居民怎會有氣質、有文化呢？台灣的社區有何特色，單憑建物來看，當飛機降落時，無法認別這是台灣。
我們可從日本的社區來觀察，他們的鄉村全國一致，非都市計劃區一律可蓋兩層樓，不能超高，且建物型式，政府有規劃、管制，因此一律是日本式房屋，非常整齊、美觀、文雅、有氣質、有文化，這是有責任政府的展現。飛機要降落，馬上可看

出是日本。

· 政治人物說的話不算數，還遑論教育文化、法治。

· 鄉村居住環境（亂七八糟的樓房）的破壞，是無計劃的國民黨政府應負全責。

· 鄉村居住環境徹底破壞、農地汙染，使過去純潔、整齊、美觀，自然的美完全被摧毀，如何重建？很難，我們未來的子孫注定要生存在這種「黑落木齊」（亂七八糟之意）的生存空間，子孫何辜？政客們只會用花言巧語來麻醉國民，以保持其權位，享一世之榮耀，而犧牲無數子孫，確是罪大惡極。

· 政治人物最會用花言巧語，耍嘴皮來麻醉人民，這些花言巧語比鴉片、嗎啡、安非他命更毒。

· 政治人物說話前後不一致，實在無臉見人，然物質豐富後政治人物朝說夕改，言而不行，言行不一致，矛盾至極，不但不自加檢討，還堂堂正正地每日在媒體上散布麻醉人民的語言，而不覺得慚愧，叫人民如何適從。因此這些言而無信的政治人物，是世上最無恥的動物。這個國家因存在言而無信的政治人物而蒙上陰影，永無出息可言。

· 我一生最討厭官僚作風，討厭做官而不做事和做而不負責，討厭言而無信的官員，最討厭不公道的官員，更討厭那些只會奉承、馬屁精、無骨氣、無風格的高官。

2/3 · 對「人」投票，原則上應「祕密」投票，對「事」的投票應採公開亮票，以示負責。

2/7 · 高官在享受榮華之際，應記起未來歷史的嚴酷裁決。

· 由說話的口氣、手勢和態度，可看出為完全的威權主義，父權主義者。

· 信口開河，從不負責的人，是最可怕的，尤其出在領導階層，將使天下更亂，給社會永留下錯誤的示範。

· 不公正、不公道的任何名利，對我而言是無感受的意識存在，也無意義和價值可言，更不光彩。享受不公正的名利，這種人

占最多，既屬不公正，將是不擇手段而來的，不值得羨慕。不公正而得的「名利」是假的、是騙人的、是幼稚的，是下賤的。

2/8 · 國民黨一直誇耀政績，然立委席次大幅減少，顯示政績有問題。國民黨高層不以此為念，有所警惕，竟仍我行我素，施展麻醉人民的伎倆。立委席次減少是人民厭煩國民黨政府腐敗的反抗，國民黨不知覺醒，反而逞強，實不應該。

· 面對敵方戰爭威脅，統治者當然要採取較專制統治，平時當然應實施民主政治，但很多口口聲聲說民主，但所作所為均為專制，更不應該。

· 大專聯考，法律系最熱門，分數最高，法律系人數也很多，但台灣的法治如何？可說違法最多的國家。如此，法律人才跑到何處去，這些法律人員無法使社會守法，走上真正法治，豈非造成教育的浪費，否則是讀歸讀、做歸做。

· 兩岸關係惡化始於李先生訪康大。不管李先生訪康大，是突破國際空間，或有些人說是「個人訪母校」，畢竟已造成兩岸緊張。

· 政治人物最無人格，藉權力抬高自己身價，高高在上地享受榮華富貴，在是非與利害之間選擇時，以利害做為其處世基本原則，不會有是非之分和公義存在。

· 東企銀發生擠兌，游淮銀靠國民黨提名，當選立法委員，然後以至高無上的民代來監督政府官員。在此種天不怕地不怕的情形下，搞銀行超貸，造成金融風暴，其罪還不是國民黨製造出來，其責任老K應負責。

· 國民黨主政下，不是用私人就是用有錢人，能作秀加上收買媒體的人或馬屁精，及與其有關之財團。

· 不少人藉權力來膨脹自己，以滿足無知的人生。

2/10 · 國民黨及民進黨總統、副總統候選人，作秀重於經營。林、郝無秀可作，陳、王喚醒政治人物的良知，嚴厲批判李先生及國

民黨的腐敗，雖當選可能性不高，但目的已達成。

- 以政府資源和國家資源投入於一人的選舉，其公正性值得推敲。

- 總統的選舉雖說民主化總統直選，但手段和威權時代一樣，還是動員國家資源競選、動員軍公教人員和政府主宰下的各人民團體輔選。

2/13

- 一個人如果不知自己的錯誤、缺點，不知對不起人家，這個人不是智能消失，便是惡質蠻橫。

- 主僕一為「亢童」，一為「桌頭」。

2/14

- 生活在保溫箱內的人很難長大，同樣生活在權力保溫內的人，不但不會長進，甚至將會被埋沒，逃出權力保溫箱才有自己的天地。

- 權力慾強的人，心胸較窄小，不容他人意見，因此生活在權力者周圍的人，只有權力者的意見，無自己的意見，自己只不過是權力者的應聲蟲、馬屁精而已。

- 純潔的心靈最容易被名利侵蝕破壞。未進入功利時期的兒童最純真，人家稱為天真無邪，等到出了社會，受功利的影響，就變成「不真有邪」。

2/15

- 利用國家資源或行政資源取得的政權，與獨裁專制何異？利用國家資源或行政資源從事競選，就是公私不分的人。公私不分的人不會清廉，公私不分的人最會舞弊不正。

- 國民黨＋金權（利益輸送）＋黑道＝口口聲聲的「民主」或主權在民。

- 陳履安前日說，主政者專門給人民打「麻醉劑」麻醉人民，現在又再打「興奮劑」，相當有政治腦筋。

- 前日陳履安罵李「好話說盡，壞事做絕」。昨天林洋港批李「含血噴人」。這些話對元首相當毒。一個元首被批為如此，對國民尊嚴有損。彭明敏亦曾批李「喪失道德和誠實」。

- 以「主權在民」來掩飾個人威權，造成政治腐敗、社會不安和

人心腐化。有威權存在，官員施政不看國家和人民利益，只看威權者的眼色，如此，表面上喊「民主」，事實上是專制，只是以障眼法來誤導人民，如此國家怎能有新局可開創呢？

・高官天天說話，高興說什麼就說什麼，大部分爲枝枝節節，不依原則政策和制度執行，怎能會有民主呢？

民主貴在大家共同遵守「制度」。如果國人不遵守制度，破壞制度，無制度的國家不但不是民主，甚至形成國家大亂。

・政治如果不須道德、不須原則、不分是非，那政治是何物？比出賣靈肉的行業更髒、更賤。目前台灣的政治人物只有功利、只有權力，無原則、無是非，更從不談道德，這是政治嗎？很悲哀台灣是被這些人主宰、領導。

2/17 ・我是主宰者，而非工具。不少政治人物無理念和骨氣，永淪爲他人的工具，甘被利用而不自知。

2/23 ・想、說、寫、做一貫和一致，才是正常的人。很可惜大部分參與政治的人，想的一套，說的一套，寫的一套，做又另一回事。

・總統記者會有記者問李總統，有無培養接班人？李答：接班人由人民選舉產生，他無培養。我想「接班人」這個名詞是專制時代和共產國家才有的，民主國家根本無「接班人」，是由人民選舉「接班人」。

2/27 ・好的功勞自己吞，壞的罪過自己不承受，反而批判他人，眞不知責任之所在。

・兩岸關係如同兩家人。他家有否民主、有無人權，生活如何痛苦，我家何必批判他、嘲笑他呢？也不是期待與他結合，何必管他專制、無人權或生活貧苦。如果要嘲笑他家生活窮，會被人毒打一頓。

兩岸關係只要不批評他人、不責難他人、不嘲笑他人、不謾罵他人，一定可相安無事的。無奈執政者爲逞口舌之快，常出口傷人，才釀成今日之局。一人之誤全民承擔，不公平。

・國民黨的民主程式——

　　一、嘴巴磨練得很好，說的是民主，做的是不民主，騙人的。

　　二、壟斷媒體：三台、金錢攻勢。

　　三、搶來的財產達千億，有訓練的實踐研究院、有華信銀行、有很多大於國營的企業。世上政黨大部無財產，獨國民黨財產為全世界之冠。金權政治就不會有民主可言。

　　四、國民黨的政務官只會說話，不必做，只會騙從不認帳，不負責任。

　　五、國民黨從不講道德。反道德的黨，是騙黨也是爛黨。

・無良心的人才會信口開河。自己該做而無做，不但不檢討自己，還在罵人（批判他人），不但無恥，還以批判者姿態出現，掩蓋自己錯誤，誤導他人、指責他人。

・功利式的民主，精英政治將被淘汰。不需精英的社會，埋頭苦幹努力的精華，也在功利式的民主口號之下，無用武之地。

・林洋港的話——

　　一、說二二八本省人欺侮外省人；惹事、製造抵銷自己的問題。

　　二、批評陳履安，不反台獨。

　　三、批評彭明敏，不反台獨，主張台獨。

　　四、不知與誰競選。

・李先生的觀念——

　　一、對國代說：「你看我與李光耀誰獨裁？」

　　二、在國民黨團拜時說「不怕人家批評」。民主政治就是要接受人家批評的政治，如果他都不怕、不檢討、不改進，只有獨行其事的一途而已，自成專制政治。

　　三、他說他的道德是零缺點。

・領導者的言行是風範，而非口舌之爽。

・如果是只會「說」，而不「行」，則啞巴最吃虧。

・知識分子如果失去良知和公平，就不得稱為知識分子；知識分

子如果無理想、無是非，只有功利，就變成生意人，失去知識分子的資格。

3/1　·硬性專制──蔣介石；軟性專制──比專制更惡劣。
　　軟性專制比硬性專制更陰險、更惡質，只是表面上看不出來而已。

　·陳定南在國是論壇時，攻擊李總統「花錢買推薦，汙辱和平獎」。

　·國民黨不分區委員大部分是靠酬庸而得來的。他們的嘴臉只有權力，無良知、良心、無恥，說話由鼻孔出來，而非由口出來。

　·有利害就無公道、正義可言，看立法委員這群醜人，由其發言可看出誰是為利益，誰是為公道，馬上可看出他的人格。

　·如果大家均具公道心，自然就無爭論。因此行政設計應基於絕對的公正、公道、公平，大家自然口服心服，所謂「不平則鳴」。

　·也許你可不伸張正義，但切勿踐踏摧毀正義。

　·國民黨結合金權、黑道和不負責、不道德的所謂民主方式，趁功利社會的弱點來欺壓國民，令人遺憾。

3/2　·做官的人應對事負責、對公義負責，不是只為保持自己的官位。大部分官吏不對公義負責，怕損及自己官位。

　·不可以御用的心態處理公事。很多派用官員、監委、大法官，以御用心理決定事情，不以自己的良知、智慧、公義來決定，是最不負責的。而以御用心態，符合「御意」來決定事情，是最無出息的人。

3/7　·有無親和力、誠意、誠懇，看眼神便知。許多大官看到人、碰到人，眼神不敢注視人，如有很多人在，他的眼神至多只注視地位比他高的一人或兩人，眼神無法掃瞄所有的人，此種人是「功利眼」、「現實眼」，不誠懇。
　　我的眼神一碰到人或一大堆人，每個人均網羅在我的視線內，

顯示我對每個人的重視，不分性別、貧賤，也是我親和、誠懇，不現實的自然天性。

· 功利眼：現實、目中無人，只有利害無是非，自無公道心和正義感。

· 一張無人理會的勒令停業，造成三十條人命的慘死，世上哪有這種政府？勒令停業無法執行，讓其繼續營業，才會造成人命的枉死。

· 鄭太吉暴力的介入，成黑道政治，是國民黨所培養出來的。國民黨在表決時可以條件（如不追究黑道罪責），交換黑道立委的支持，這是黑道參政對國家體制的致命因果，黑道參政的嚴重後果在此。

· 對中國挑釁造成兩岸關係的惡化，中國在台海南北夾擊演習的緊張——

一、罵中共為土匪，領導人腦筋「恐固力」（裝水泥）。

二、赴康大，衣錦返母校，又批中共，惹起中共的不快。

三、當中共對台灣一再軍事演習後，他在競選中不斷強調中共演習我不怕、中共對我「無法度」、中共演習我有十八套劇本對付、中共演習怕台灣民主化、中共演習是作秀。

四、中共再大也不比我爸大。

在李先生領導七年多相安無事，也造成二十二萬台灣人到大陸投資，自他去年訪康大後一直批判中共、辱罵中共，才造成今日緊張之局。

· 討厭道德、反道德的執政觀念，做不道德的錯誤示範，難怪社會風氣敗壞、治安惡化、黑金掛勾的政治層出不窮，作秀說謊成為政客騙取選票、誤導人民的本領。如陳履安說的，在麻醉人民，功利就是麻醉劑，受了功利的麻醉，人民無是非之心，更無公義感。

· 國民黨利用黑道分子參政，是以體制外的獨裁達成獨裁專制的目的。黑道分子參政是不會有民主的，國民黨口口聲聲說民

主，是騙政權、騙全世界。

- 無公道的智慧、性格和擔當的人，絕無能力做出好事來。政務官未具上述條件者將禍害國家。

- 研考會提出院會八十六年度施政計劃，共一千七百四十三頁，實際照抄過去，做不了什麼，如此厚厚一大本將模糊施政目標和責任。

- 民主政治是責任政治，責任政治的執政者自應接受嚴格檢驗和批判，否則何來責任政治。

- 政府首長大舉到處輔選，是在「拵官位」。

- 權力和功利的結合，使台灣人無是非感和公道心，造成政治腐化、社會黑天暗地。

3/10
- 唯有「超乎名利」的念頭才能主持公道、公正。不公道的人不是頭腦壞掉，便是名（做官）利心作祟。不公道的人，我最看不起，不管他地位多高、金錢多大。

- 看到總統選舉，國民黨動員之大，完全失去所謂主權在民，民主落實的意義。國民黨利用執政之便，充分動員政府資源，加上權位的現實、西瓜偎大邊，人民不分是非、好壞、盲目地火上加油，走火入魔，無正義可言。

- 台灣要民主，國民黨的黨產絕對要清算，歸返國庫，否則所謂「主權在民」是騙人的，永無法達到民主。

3/11
- 尊敬與巴結：我們可尊敬人家，但不可巴結人家，因此應分明值得尊敬與不值得尊敬的人。會巴結人的人是最卑賤的、無恥的搖尾狗，巴結人是最不要臉、最肉麻也最痛苦的事，被巴結的更丟臉，好像被當瘋子還不自知。很多有權有勢的人，總喜歡被人巴結、拍馬屁而爽，因此尊敬與巴結是相對性的。巴結可說是馬屁精，巴結和馬屁精均為利害而來，是小人最無恥的人才做得出來。我一生最怕人巴結，但應在言行、人格方面受到尊敬、尊重，才有意義。

- 馬屁職業化：專門靠拍馬屁為業而生存，可不勞而獲，是吃軟

271

飯的行業。喜被拍馬屁的權貴是最無內涵、無風格、幼稚、無知、無恥、無能、無賴的小人，被當瘋子還不知。喜被人巴結的人自然就有人巴結，不喜被巴結的人，自然沒有人敢巴結，如同兩個銅板才會響。巴結文化是指利害和虛偽而已，有人格的人不喜人巴結，無人格的人喜人巴結而有快感。活來活去都是假的，喜被人巴結的人不會做事，巴結人的人更不做事。

3/12
- 王令麟、蔡璧煌均經提名競選而落選，竟提名為不分區立委，這是國民黨一貫無視民意之例，也是主權在民的一大諷刺。選民不要的，國民黨硬要，社會有公道嗎？有是非嗎？有民主嗎？

3/13
- 看上級臉色而辦事是威權專制。
- 寧做三年受尊敬的首長，不做不受尊敬的終身首長。
- 為了選票不敢取締違法，為了選票不執法，才造成為非作歹、姑息養奸、不可收拾之局。
- 為了自己做官（民代）出賣公權力，犧牲社會、全民，是罪大惡極。台灣社會大部分存在這種人，這個社會有救嗎？

3/14
- 監委及大法官均為總統提名，他們必須看總統的臉色行事，尤其酬庸性的用人，更難為公道、正義工作，難怪人民對監察權和司法權不信任。
- 終身部會首長之結構不打破，台灣永無改革之日，無法面對民代的壓力，無法擺脫事事看高層臉色而辦事的心態，為了當官寧願出賣靈魂，出賣良知，甘心墮落，淪為民代的俘虜和高層的工具而已，俘虜與工具能做些什麼呢？
- 從這次大選可看出政治人物的無正義感、學者的無良知，這種國家能算先進文明國家嗎？
- 「做的事，馬上否認」是台灣高層最可怕的地方。做對也是他的功勞，做錯說錯也是他的功勞。「對與不對通通是對」，這是國民黨政府最可怕之處，比獨裁專制更可怕，已經沒有給人公道的餘地，這種社會吾人能適應嗎？

- 由說話口氣、舉動、表情可判斷獨裁、專制的性格，或有否民主修養。不是憑聲聲民主、主權在民，而是要看言行是否一致。如根本都無民主修養的條件，然聲聲句句民主化，不是騙人嗎？
- 別人只有權力贏我，其餘均輸我，尤其道德、人格是輸我的；只有財富贏我，其餘均輸我，尤其倫理道德的修為是輸我的。可惜功利社會的價格觀，把權力和財富視為人生的一切，權力和財富可代替道德，真悲哀！
- 公的立場應採取理性，私的行為可以感情、感受之。
- 報載李先生的說話，事後經人指責，他就說「媒體亂寫」。為何不在媒體刊出後立即更正，而等事後有人指責時才說媒體亂寫，這樣會讓人民無所適從，什麼是真的？什麼是亂寫？
- 這次總統選舉國民黨所動員的行政資源至為徹底，比兩蔣時代（威權）有過而沒有不及（我以個人對黨政軍聯合作戰的感受）。這是以民主之名行威權之實，如果無威權，行政資源就很難動員。

3/15
- 是尊敬他的人格，而不是官位的大小。

3/19
- 在晶華及日本料理店，向彭先生及法航太代表華強陸說我處理困難問題均以自然的方法處理。很簡單，猶如用中醫的草藥，就可治好病，不需用西醫、西藥、開刀或用有副作用的藥物。

3/21
- 應以潛地鼠的精神默默拚命做工，這是公務員的服務精神，政務官更然，非在表面作秀。
- 專門說謊的高層是國家的不幸。
- 我心永如秤，是很正確無瑕疵之秤，是對事不對人，是非分明而不計利害，是重「格」輕「權勢」。
- 為何官員不主持公道？究其原因，自己均有汙點、有弊端。自己有汙點有弊端的人，已在怕人家清理他了，況理屈怎有勇氣大義滅己呢？難怪大部分官員不敢主持公道，也不敢維護自己的尊嚴，因他本來就沒有尊嚴的條件，能當為無尊嚴的大官就

不錯了。

・無尊嚴的大官滿滿是，無廉恥的高官都處有。

・活力：黑金掛勾是最大活力。

尊嚴：說謊、言行不一、汙點那麼多，無恥、無知、無賴、無能，還有什麼尊嚴。

大建設：無道德，不主張道德的建設，不是騙人便是禍害子孫的建設。

・政府官員的辦事心態是「阻力」，而缺「助力」。眞正的政府應具有「助力」，不能有「阻力」的心態。

・行政革新首要脫掉「權威」、「做官」的外衣，剷除「阻力」和邪念（官員辦事無助力反而以阻力而爲）。

・在政府與黑金掛勾之下，治安工作只在對付一部分異議的黑金，與政府走近的黑金還是互相利用、合作無間的。所謂治安工作是表面的，背後在支持黑金，還講什麼治安。

・選舉是政府與黑金掛勾的根源。爲維護政權不擇手段，拉攏黑道、財團，相互利用。爲了選票、爲了政權，就是魔鬼也是朋友、同志、親密同路人。

・金融風暴原因：合作社農會的領導者，不少是黑道，是國民黨提名的寶貝，這些黑道掌握金權怎會不出事呢？金融風暴罪魁禍首是國民黨政府，還要怪誰呢？

・官商勾結利益輸送亦然。國民黨選舉時要財團的支持、要財團捐錢，取得政權後自然要回饋、勾結，利益輸送自然泛濫。

治安惡化亦然。與黑道掛勾，國民黨要黑道支持，要以黑道力量對抗反對勢力，自然要付出代價，治安怎會好呢？一切的一切說不完道不盡，都爲選票爲政權與黑金相互利用，惡性循環造成反淘汰的社會。

・治安問題——

一、治本

　　（一）教育：加強人本教育，消除功利思想，由學校、家

庭、社會教育，重建「人本」的價值觀。

（二）社會風氣：功利、不勞而獲、賭博、六合彩、投機、色情、不法砂石場、無勤儉美德……。

（三）黑金介入政治：不少民代爲黑金，黑道管政府人員、管治安人員，治安怎會好呢？

二、治標

（一）公權力貫徹。

（二）消除黑金。

（三）政府不與黑金掛勾。

・小偷——

一、小偷算文雅、禮貌，最怕搶劫、強盜。

二、小偷在古代是樑上君子，現在不是小偷的君子也很少。

三、不義之財太多，小偷幫忙處理。

四、偷東西因偷偷摸摸，吃睡都不受騷擾。

・我不說沒有辦法的話，不發表沒有辦法的意見。我要說解決問題的話，我要發表解決問題的意見。

・台灣政府很多基本制度迄未確立，遑論修正。

3/22　・林、郝和民進黨均指李登輝曾加入共產黨，其實蔣經國還是共產黨出身。並非加入共產黨不好，而是有無害人害國，才是問題。

3/23　・李潔民、穆考斯基變來變去，臉上均貼上待價而沽。很多政客就是拿到好處，然後爲給他好處的人說話。

3/25　・權力足以使人腐化，權力足以使政黨腐化。民進黨員取得公職人員後，在享受權力的傲慢之際，忘了他們的信用、理念、目標，以個人自私的榮耀爲出發點，造成今日民進黨的困境。彭、謝只得百分之二十二票，加上去年立委選舉的不長進，民進黨很難出頭，足見民進黨與國民黨主流意識形態相同，將被國民黨吸收收編。

・台灣的民主，政治人物只會說選舉，但從不談守法，這是台灣

的亂源。

・壞秤錘與壞腦筋一樣，永不會秤出公道、公平，永不會說公道話、做公道事。

・政治上以「喝咖啡」當爲和解的名言。政治是嚴肅的問題，如果以喝咖啡能解決政治問題，那是利害一時的結合，並非爲理想、爲公義而爲的。

・金錢賄選進到政策賄選，如鄉鎮長補助款的賄選（省長和總統選舉均由林豐正負責，效果佳）。

・有的人是錢貼在頭上而説話，有的人是官位貼在頭上而説話。

3/26 ・許多學者或官員在媒體上發言，無眞實意識的觀念存在，只是空洞的聲音而已，也是我常說的，只要沒有啞巴都可信口開河、騙來騙去、誤導社會、害人害己。

・爲什麼在野黨議員不追求執政黨違法違憲之責，而只高論法外的事？難道違法違憲是朝野共同的目標。

・台灣政治人物只強調民主化、自由化，從不強調道德和法治。僅民主化自由化能吃嗎？能達到維護國民尊嚴和公義嗎？無道德和法治的民主化和自由化，國家永難超生。

・權利——民主化自由化；責任——道德和法治。
只有權力而無責任的政治，是台灣現在的政治生態，這種政治永不會好的。

・善的意思，利己利他與損己利他；惡的意思，害己害他與利己害他。

・在立法院只有利益的結合，無理念的結合，這是國會的結構。

・政治家在當代社會，應對維護人性尊嚴和生存環境有開創性的具體實績，具體的事實留給歷史和後代的人懷念和尊敬，並非享受權力的傲慢而已。
台灣現在政治人物大都在享受權力的傲慢，很少創造性的實績或值得人民學習和尊敬的事蹟。

・民主政治如無法治和制度，與人治的獨裁專制何異？行政機關

不依法或超乎法律和制度處理公事，就是獨裁專制，縱有選舉也難謂民主政治。

- 行政首長答覆民意代表的質詢，應具體明確清楚，不但有澄清謠傳，更可明確宣示行政機關的政策和作為，並兼有教化功能，這才是負責的政府。目前行政首長在答詢時含糊不清、敷衍應付，只希望把質詢時間拖過去，官位仍在的心態，對國家是一大損失。

- 限制一定時間答詢是一大敗筆，使部會首長無法答覆重心，而專門打馬虎眼，說些五四三事情來消耗時間、拖延時間，結果等於零答覆。如此議事，不但無效率，甚至浪費國家資源。

- 國民黨政府盛行彈性外交、彈性休假，我想還有彈性法治最盛行。

- 說話要清楚負責，絕不可含糊不清。

3/27
- 獎勵投票就是妨害投票，人民如對所有候選人不認同，有權不投票。我常說不投票即投票，倘以獎勵方式鼓勵去投不認同的候選人，將妨害投票人的權利，因此獎勵投票在選舉上是違法行為，政府應深思之。

- 生命永保鮮度、活力年輕，並將年輕活力的定點鎖定後，延長十年或二十年。

3/28
- 不以利害衡量人家，應以人格衡量他人。

- 不要把台灣人當成無知的小學生，以授課式的講話為統治本領是錯誤。政治是要建設的，要做真實的事出來，而講課不需做，只是清談而已。

- 台灣的政治人物包括領導階層均在清談的階段而已，政治如淪為清談，實在可憐！

- 短短數十年人生，無法維護公義而生活，實在可惜。

3/29
- 我的痛苦在於自私心太弱。看到社會上，尤其政治人物私心那麼強，如葉爾辛槍炮攻擊國會，達成一九九六年參選總統。國民黨有黨無國、私心重、排除異己，我心如秤（正確），每日

看到自私充滿世上，時刻與我格格不入，而自己又太固執，永堅持公道、公正、公平，自私不起來，而眼看自私的人在名利上的雙收，我對他們又無可奈何，心情很不平衡，自然痛苦在心頭，誰會了解我的心事呢！

3/30 ・不是以國家和全民利益為職志，又無公義的政黨，比幫派黑道更惡質。以政黨之名吃國家、吃人民、吃公義、吃子孫，有過於虎豹。

・無倫理道德的社會還有什麼值得活，還有什麼可活的呢？除非進入動物園，否則實在很難活。

3/31 ・要受人尊敬而不是要人巴結。

・利害結合的社會不會有是非之分，不會有公道，不會有人格的社會。

・何德何能當監察委員，靠監察權維護他的事業和派系利益，此種自私自利，無公義理念之徒，竟被提名為監委，完全是利害的結合，無是非可言。監委照理道德文章、人格應為一時之選，為人表率，很可惜，我們的監委有幾人是人格者、有風骨？還是在利害結合下，亂點鴛鴦譜而產生。

・朋友有三種：一為理念而結合的朋友，只有千分之一，二為尊敬尊重而結合的朋友，只有千分之九，三為利害而結合的朋友，多達百分之九十九。現在社會大多是為利害而結合的朋友，此種朋友互相利用，無情無義可言，是炒短線，容易分手。

4/1 ・總統府已成為利害結合的大本營，功利思想彌漫的場所，真正有道德的人止步。

・無黨籍不能任閣揆嗎？有人說現在是政黨政治，政黨應負政治責任。其實政黨做很多錯事，還是說很好而從不負責。只要政權在握，黑的可變白的、白的可變黑的，況政府應是全民所有並非政黨所有，只要不私心，無黨籍更能超越派系，不為黨派利益，只為國家和全民利益設想，有何不可。何況現在的政黨

278

均以黨的利益高於國家和全民，與一般幫派無異，怎能與政治學上神聖政黨所可比擬，不要騙人了。

- 有堅強反對黨存在時（前提下），其他黨始可組聯合內閣。倘所有政黨組聯合內閣，誰去監督內閣呢？將成為政治分贓。

- 一生未加入任何黨派，現在已成老處女了。

- 我母親在我幼時經常提醒我要有志氣，奠定了力爭上游的精神和決心。

- 偉大的母親！李遠哲的母親李蔡配說「當人格者比當行政院長好」、「政治太黑暗，而李遠哲是學者、人格者，不適合」。

- 總統府應有德威，可惜現在的總統府只有權威，而無德威。

- 如果為了做官而要我做不公道的事，是絕不可能的。

- 下午四點五十五分，與李院長遠哲談擔任閣揆事。李院長問我，李總統得票百分之五十四的意義，我未作答，他就說百分之五十四得票，將會強勢作為，加上國民黨官僚，擔任院長無法照自己理想做決策，注定無法做好，因此還是不作為宜，況他並未同意出任此職。

  我讚揚他的母親偉大，能說「當人格者比當行政院好」、「政治太黑暗，李遠哲是學者、人格者，不適合」。

  我對李遠哲任閣揆的意見是，能全權主宰一定可做很好的院長，對台灣有很大責任。如無決策權，最好不要，不但無法做好，甚至會被毀掉。

4/2
- 過去是專制騙人，現在是民主騙人，都是騙。後騙比前騙更厲害。

- 院長看總統臉色而施政，部長看院長臉色而施政，司長看部長臉色而施政，科長看司長臉色而施政，科員看科長臉色而施政……不是威權政治便是指導民主。政務官無風骨又無健全文官制度，這是國家無法走上法治和制度化的關鍵。

- 李先生要我入黨，一起在國民黨打拚，因他非老黨員，與國民黨黨員無淵源，要我與他一起在國民黨黨內發展，他以過去歷

279

程告訴我——

一、過去他也不入黨,他罵國民黨比我更兇。

二、後來覺得要改革國民黨,須加入國民黨才能改革國民黨,如此才入黨。

三、入黨不久,非資深黨員。

當時他正被告知將提名為副總統,將來在黨內擔任重要角色,如無知心人在一起,難發揮作用,因此要我入黨。我說主席好意領了,唯入黨我不考慮。

我並不想做官,而是想做事。做事不一定當官,一切看得淡然,如要做官,早就入黨了。

・軍隊國家化是憲法規定,但誰去遵守?誰把軍隊當成國家的?只是憲法規定來騙騙國民而已,完全無國家化,而是黨有化、私有化。總統統領三軍,因此總統要超越黨派,軍隊國家化,才能真正落實。

・民主政治的悲哀——

一、用金錢買票得來,有何民主?

二、所選出的公職人員大部分為黑金,藉民主之名行黑金而治之實。

三、民意代表大多為私利私益而來的,是垃圾。

四、不足為人之風範,反而成為國民的壞榜樣。

五、無人格、無道德是社會最壞的示範。

六、反淘汰的民主,將把國人斷送掉。

・謝欽宗委員總質詢以神戶大地震為例,針對台灣公共安全問題,如衛爾康西餐廳大火燒死六十七人之事,主管部會答詢時,僅以我主持審查的災害防救法照讀災害預防、災害應變、災害善後,把五分鐘答詢時間唸過後,國民納稅錢就完了。這種國家有希望嗎?政務官應有擔當,答覆具體措施,如有失職應負責。

・大家(媒體、學者、民代、社會人士)均在說行政院長誰來

做，猜測哪個或哪個，但從未見人說某某人有道德、有智慧、有做事的能力和實績，那個人來做一定會把國家建設好，這種人才有資格當院長。

- 公共安全是執法不嚴及人民不守法之故，並非什麼法規的檢討。如果法規有問題，為什麼有合法的公共場所，也有不合法的公共場所呢？如法規不妥，就無合法與違法之事。公共場所燒死人，政府不負責，竟推給法規不完整，才導致災害。如此推法，好像推給死人一樣。做官的人太聰明，如此轉移目標而推卸責任，令人髮指。

- 公共安全發生災害，政府官員竟推給法令不周，猶如推給死人負責一樣。

- 言之有物與空話，政府官員與民代、媒體大都是說空話，說「言之有物」的人已太少了。

- 高爾夫球打得好，必須以很柔軟輕鬆的持桿和揮桿才能打好，如身軀太硬，握緊球桿一定打不好、打不遠，足見與老子的「大智若愚」道理一樣。人與人之間也然，以輕功軟功待人，較易產生功能和目的。

- 中正機場二期工程發生綁標、圍標。連院長答覆已令調查局、法務部、警政系統查察，如有實據將依法辦理。這是官樣答覆方式，其實黑道或民代介入綁標、圍標，如與國民黨掛勾，還是不會查的，什麼依法辦理，是騙人的，也許連院長不知內幕。

- 周陽山委員質詢公共工程黑金、圍標、綁標時，提出瑞典是民主乾淨的國家，政府乾淨的原因——

  一、為一八〇四年設監察使。

  二、資訊自由化：政府文件除國安及外交機密外，任何公文，人民均可自由取得，如此公開化、透明化，黑金與政府掛勾，自然消失。

- 我不聽他的話，但我要看他的行動是否真實，是否言行一致。

聽言行不一致的話，是愚人，是傻瓜。

· 政府公文處理過程如能陽光化、公開化、透明化，任何人均可取得影本，相信政府不會腐化。

· 過去我曾寫：第一流政府民主又乾淨，第二流政府爲專制而乾淨，第三流政府是民主而腐化，第四流政府是專制又腐化，第五流政府是假民主又腐化。

· 連院長答林建榮委員，現在政府要全方位，有宏觀的目標，政務官有規劃能力、執行能力。我想說的簡單，具備上述條件的人有嗎？誰有規劃能力，誰有執行能力？每年編列總預算均照往年抄襲，這是全方位嗎？令人懷疑。人民已被騙得麻木了，國民黨高官是騙定吃定人民的。

· 連戰強調現在是政黨政治，好像是政黨萬能、政黨掛帥，其實在黨的利益高於國家利益，黨的利益在全民之上的政黨與幫派何異？國民黨過去搜刮國家財產，有千億黨產，這是什麼政黨政治？國民黨丟掉中國大陸，誰負政治責任？在台灣公共場所災害頻頻，國民黨誰負責？壟括國家財產又不負政策責任的政黨，與民主國家的政黨完全不同。

· 軍隊國家化是不可能，除非總統是無黨派，否則軍人想升官得看政黨總統的眼神。如現在台灣的軍人，雖總統是台灣人，外省軍人還是乖乖地聽命總統，無法保持中立，以中國人的性格，軍隊國家化是有名無實。

4/6 · 無法以倫理解決就靠公權力解決，否則只好讓其自生自滅、天下大亂（挽救中小企業研討會）。

· 一味討好勞工，以獲得選票，最後中小企業消失，勞工無法存在，此結局是討好勞工的政客所使然的。因此我一再強調，要有倫理道德爲基礎的企業，要有倫理道德爲基礎的勞資關係，才有永續經營。

4/12 · 一個人無論做什麼事，都要事先有詳盡計劃，然後工作才會順利、迅速完成，猶如一條路，要事先把障礙排除，然後走路才

會順，否則等逢到障礙才排除，已太遲了。

- 我一生最吃虧的是心胸無法容納明的一套、暗的一套的作法，只有明的一套的作法。明的又是太明、太固執，無法跟上時代的兩套潮流。

- 我發覺政治人物不但有兩套作法，甚至三套，使我眼花撩亂，很難捉摸。

4/13 · 無痕跡的殺人才可怕。

4/14 · 我不參加明的一套、暗的一套的宴會。

- 言行不一致就是無誠信、無道德。

- 有人批不要泛道德化，是不懂道德的人說的，他本身就是無道德觀念。

- 過去喊「反攻大陸」的神話，現在喊「自由化民主化」的神話。無法治哪有民主，無法治哪來自由？須知道法治是民主的基本，法律之內人人自由，無法治而談民主、談自由是無責任的政府。

4/15 · 知識分子的麻木是台灣無法進步的主因。由於知識分子麻木，任憑政客胡作非為而不自覺，導致社會貧乏空洞，無是非公道可言。

- 偉峰說民進黨欲參加國民黨內閣，組織聯合內閣，是一種政治自殺。

- 無原則的權力者，說來說去都是他對，別人都錯，這是非常可怕的。

- 高層大多強調「果」，不說「因」。無「因」哪有「果」呢？我自幼至今無論什麼事都注重「因」，很少說「果」。有「因」自然有「果」，何必我去談呢？無「因」永遠無「果」，因此說「果」不說「因」是騙人的。

- 如果是「無因果」，大家都要去做壞事了。

4/16 · 內閣官員的麻痺已成性，就是天大的弊端，立委也無可奈何，如此質詢方式，官員不負責清楚交代，而立委又無可奈何，實

在可憐。此種國會和內閣，是浪費老百姓血汗錢和全民生命。國家如有幸，應從國會和內閣改革，否則如此虛問虛答，亂問亂答，也無法解決問題，既然無法解決弊端和問題，要國會幹什麼，內閣也無存在價值。

· 獎勵投票率之提高是政府公然違法。人民有拒絕投壞人或壞政黨的權利，不可以獎勵方式誘惑人民投票給壞人或壞政黨。人民不投壞人或壞政黨，是人民神聖不可剝奪的權利，投票率低表示人民不滿政府、不滿壞人的反應。

· 終身的部會首長與專制政治無異，只有台灣才有終身部會首長，如此能算為民主國家嗎？

· 政府官員答詢應以具體實據（成果）來答覆國會議員，不要畫山畫水消耗時間。拖延時間表示他代表行政院答詢完成任務，這種心態是要不得。

· 情治首長一定要超黨派，情治首長不能當為黨派的工具，否則白色恐怖難免，同時會發生栽贓和整肅異己。反對黨不提此問題太可惜。

· 電動玩具發生弊案，牽涉板橋主任檢察官洪家儀和很多警官。記起郝內閣要恢復開放電玩時，我在內閣強烈反對，但形勢比人強，敵不過他們，才釀成今日的結局。

4/18 · 「不投票就是投票」。政府為提高投票率所為的獎勵是非法，是妨害投票、是瀆職。

· 胡志強甫在台中競選國代得全國最高票而當選，未就職就要到美國擔任駐美代表，完全無視人民的選舉權，不把選民當一回事，這是主權在民嗎？所謂主權在民完全在騙人民的，根本無此心。高層只會放話、無知、言行不一、作秀，踐踏民意，無民主常識。

· 國民黨高層只要他要的、他喜歡的，黑的可說成白的，白的可染成黑的，專制可說為民主。如此還說得很動聽，被長期麻醉的人民不知覺，還為他們歌頌，悲哉！

- 立法院總質詢，立委與官員可說各說各話，無交集，更無誠意針對問題、解決問題，如此低效率，甚至無效率的國會運作，媒體知道嗎？人民知道嗎？

- 運用行政資源賄選縱然高票當選，沒有什麼光彩，正如台灣民選公職人員大多賄選而當選，有何光彩呢？

4/19
- 李先生在十七日中常會說，黑道介入工程圍標、綁標，他都很清楚，誰在圍標他既然清楚，為何政府不交辦、不舉發？政府不舉發，老百姓怎會舉發呢？綁標、圍標是非常嚴重問題，總統既然知道誰在圍標，為何政府不速交辦、嚴辦？

- 為何執政者不說原則、不說人的品質、不說道德、不說公義、不說倫理、不說法治？這個國家怎能建設好呢？國民品質不好（無人性、無倫理道德、無公義、無守法觀念、無原則、無是非心）一切免談，民主政治無法達成，社會風氣敗壞，治安惡化，到處髒亂，永無解決之日。

  執政者只會作秀、說閒話、風涼話、說枝枝節節的三八話，雖可麻醉人心，使人心如吸毒一時興奮，但貽害人民、腐蝕人心、至為嚴重。執政者如此心態，國家怎會有前途。

- 原則：政治問題歸於政治解決，法治問題歸於法律解決，心靈問題歸於道德解決（宗教）。

  政治問題有時可以法律和道德解決，但法律問題絕不可以政治解決，否則成為人治。

- 精神靈魂的連續性（生命）往往被「名利」破壞。欲保持精神靈魂的連續性，應淡泊名利。

- 名利只不過是一時的炫耀、作秀，吸引無知幼稚的人而已，對生命並無什麼意義。唯有基於道德的名利，對人生才有正面的價值。

- 政務官的思路、思考以至決策，均應具國家、社會、全民觀，更應有道德性、歷史性和國際觀。

4/20
- 短短數十年人生，無機會也無能力說公道話、做公道事，做人

是白做的。

・應重視工作意識，不要只會說話的意識。

4/21 ・不重視倫理道德只談民主自由的高官，只能騙現在無知的人，
　　　但對子孫的遺害是無限的。

4/22 ・應做到讓人尊敬，不可接受馬屁精。

・身邊的人不是兔眼就是奸臣面，這種領導者連忠奸、好壞都搞
　　不清了，國家怎會建設好。

4/23 ・政府獎勵提高投票率是妨害投票行為，刑法和選罷法應列入處
　　　罰之規定。

・人民有不投票的自由，當然也可宣傳不投票的競選運動，就像
　　助選員為某人助選一樣，要求不投票的助選。

・觀立法委員的素質（品質）太惡劣，只管自己利益作秀騙選
　　民，心術不正，無道德和公義意識，不負責任，無法言行一
　　致，以身作則，專門在抹黑、毀損他人人格，而洋洋得意，是
　　全民的壞模範、是垃圾。有這種立委，自然有這種政府官員。
　　神聖的國會竟比未受教育的農工階級都不如，如此民主政治，
　　是國家人民的不幸，是歷史和子孫的悲哀。選民如不張開眼
　　睛，生存環境永無淨化公義之日。過去我一再強調，民代是吃
　　天吃地吃政府吃人民的毒蠍，這是我的感受。

・無道德的政治就是權術政治，國家永無誠信、公義可言。

・國會議員的臉孔和言行，很少有為公道而想。無公道觀念還議
　　什麼政！

・人類受功利的破壞後，再也不會有更高的理想、更高的心靈。
　　功利將斷絕人類品質無法再提升，功利的結果則只有利害無是
　　非、無公義、無倫理道德，將人類推進與其他無倫理道德的動
　　物同等。其他的動物只有利害，大吃小，強欺弱，無公義可
　　言。

・立委質詢沒有公義，官員答詢更無公義，如此無公義的國會，
　　無法聽到公義聲音的場所，我是非常厭煩的。

4/24 ・無靈性就無智慧，無智慧就無法辨別是非善惡，無是非之分就無公道，無公道就無正義，無公義與其他動物無異。

・經常道人之短，說人的後面話，這種高官是小人，吾人何其不幸。

・重視功利的教育體制，國民品質無法提升反而會降低，教育應注重人的品格教育。

・最近國內發現到處圍標和綁標，其實比這些更重要的是「民代用特權與官員勾結」。為了要賺多少錢才去規劃那個工程、編列預算，並非有整體年度系統建設計劃，依計劃循序進行建設，蚊子館的出現在此。

・尊嚴：最無尊嚴的地方，連李先生都被罵爛了，遑論人民呢？民代罵官員如罵小孩子，還有什麼資格談尊嚴？無道德的國家還講「尊嚴」，可笑。
活力：是功利的活力，非人本的活力。說謊作秀騙人的活力相當強，為非作歹、犯法、犯罪活力也不差，是「負面」的活力。
大建設：綁標、圍標浪費財源，效率低的大建設倒不少。

・政務會議中，經建會提出「跨世紀國家建設計劃規劃構想」。報告內容均為數十年來的老調、舊內容，抄不完唸不完，唱高調而無法落實。官員無心於計劃內涵，自然無責任感，根本不想進入狀況。如果認真提出意見，高官不會回應。是騙騙社會，透過輿論欺騙世人而已，有心做事的人很難切入。

・我不是要「做官」，而是要「做事」，不但要「做事」，還要堅持「做公道事」。不做公道事有何價值呢？

4/25 ・省長和總統選舉均由林豐正負責各鄉鎮長，以補助款誘惑他們為宋及李、連助選，每鄉鎮兩千、三千、五千萬，鄉鎮長為此拚命助選，此種的意義如下——
一、以公的資源公然賄選。
二、鄉鎮市長要那些補助款目的是得利益，有些千萬起碼可抽

三到五百萬的利益。他們並非爲建設，而是爲抽頭而來的。

三、鄉鎮市長水準不一，執政能力有限，但在觀念上他們是爲抽頭才做工程的，沒有那麼好心、那麼認真有心爲地方而建設。

四、無抽頭他們是不會爭做工程的，沒有那麼好心。

・人的品質的提升和價值體系重建，是二十一世紀人類努力的目標，否則人類雖在科技方面進步和物質生活在富裕中，與其他動物無異。

・台灣的社會表面上看起來很堂皇、好看，又會引聖賢的話，甚至民主自由均富，但作法上完全相反，以表面堂皇的話來掩蓋反淘汰的罪惡，才能騙人民騙社會，誘使人民相信那些鬼話。國家的高官對此不是不知，就是打馬虎眼。

・我在縣長競選中的構思和意識，李、連也運用——

一、太極圖：李、連也用。只是李、連把太極圖藝術化，基本精神仍是太極。

二、有兩對聯：

（一）人咧做，天咧看，有道德，眾人成。

（二）縣民利益勝過大，黨派特權撥在邊。

其中「人咧做，天咧看」也被李、連配競選總統時運用。

上述兩對聯的精神就是我參政的基本原則，治國的基本理念。

・執政者的理念：一、功利思想；二、不道德、不公義；三、言行不一致；四、是非不明，善惡不分；五、無法治的民主與自由；六、作秀、公關、欺騙世人；七、以犧牲子孫爲代價，求一時的榮華和現實。

這些理念與我的理念完全不合，因此我在政府機關是浪費生命，能結束這種生活才是求仁得仁，如有權力堅持理念，擔任公職才有意義。

・我時刻爲公設想，不眠不休爲人類著想，因此我對很多事的了

解，如看過三層壁的透澈了解，因此處理事情很中肯。

- 兩本帳（暗帳與明帳）的文化：政府官員也有兩本帳，明的一套，暗的一套，即言行不一致，言的一本帳，行的又一本帳。兩本帳的文化，官民一致。

4/26
- 我的朋友無馬屁精，都是互相尊敬、尊重的朋友。馬屁朋友是利害朋友，人的一生最怕馬屁朋友。馬屁朋友只會利用你，吸你的血，最後還是害你，馬屁最無價值和意義。

- 教做人比教讀書重要。我們的教育只教讀書不教做人，是錯誤的。

- 藝術如受政治介入或政治人物的影響，就不成藝術也不成為藝術家。

4/27
- 教孩子如何尊敬他人，如何受尊敬，不是教孩子如何巴結人家，如何受巴結。

4/28
- 寧做有尊嚴的老百姓，也不做無尊嚴的官吏。

- 有智慧、有實力的人能解決問題。無智慧和實力的人會製造問題。

4/29
- 台灣社會雖腐蝕很深，但還是可救的，只是會救不會救，與不救的問題。如果我有權力，我會救它，雖病情嚴重，我有智慧、能力，以草藥就可解決，不至於用注射或服西藥（免副作用）。

- 功利社會現象：有吃說有吃的話，無吃說無吃的話。悲哉！

4/30
- 當正義受到執政黨或在野黨破壞時，為維護正義與公道，人民或政黨得動手或動腳抵抗之。

- 當政治破壞國家利益和人民利益時，應以道德和法律對付之，為了目的得以武力解決之。

- 學經濟學的人出發點是功利，因此較排斥倫理道德。為達經濟目的只有利害，不懂是非，更不談是非、不分是非。無是非就無公義，當然無道德。因此對學經濟的人談道德，有對牛彈琴之感。

- 國民黨從專制而腐化，發展到所謂民主而腐化的一貫數十年，接受反對力量的民進黨無法推翻國民黨，現在竟倡言聯合內閣，甘心認主稱臣，天理不容。

- 拖時間式的答詢使總質詢流於形式和作秀，失去民主政治國會機能，只要能設法拖過答詢時間，不管有無進入狀況，不管有無解決問題，質詢者均滿意。

- 法治與健全的制度固然是文明國家應有現象，但我們的國家法治蕩然，還遑論什麼制度呢？制度固然重要，但誰去設計規劃呢？誰去遵守呢？說不定連設計的人，本身都不會遵守，在道德消失的社會，不要太天真，認為制度就可解決一切嗎？

- 官員的答詢太不誠意，太不負責，總不面對問題、針對問題、解決問題，如此官員均為層峰所激賞的。說些天方夜譚、不三不四的拖延時間，應付應付而已。

- 西瓜偎大邊，這種人是十足的自私自利，是投機分子，是最無人格的人，也是我最看不起的小人。

- 辜振甫在「辜汪會談」三週年發表談話說「一個中國是未來，不是現在」。這句話中共可能不會接受，因中共有十二億人口，世界最大國家，你說是未來，中共怎會接受。

- 生活在台灣是無尊嚴，到處製造是非、無中生有，可憐的人民，到處相信假的，無智慧判斷真偽，到處馬屁文化，很少有尊嚴的心。

- 無道德的權力加上無公義的輿論，使台灣無是非真實可言，找不到真實在何處。

- 只要能說「民主」與「自由」兩句，人民就五體投地地相信，有無真正民主和真正自由可以不管。領導階層只要能說民主化與自由化，一切都無責任，天天以公的資源來搞他爽快的公共關係，美其名為參觀建設或文化建設，實際上是到有錢人的家去建立私交，很少到窮人的家，縱然有也只是點綴而已，無心的。

- 台灣有錢的人不少是不正當得來的，就像黑道喜與白道結合而漂白。

5/1
- 是是非非、善善惡惡、真真假假、虛虛實實、利利害害的社會，只有靠你的智慧、能力和人格，去尋找你所喜愛的公道正義，以爲你生存的感受，如此你才能生存得有意義。

5/2
- 李登輝先生昨天在中常會聽取江丙坤報告後，對振興經濟方案執行不力深表不滿，並揚言要召集中常委開會，同時說什麼事都須由他親自處理才能解決。政府相關首長是由他任命，做不好隨時可免除職務，還要怪誰呢？
- 只說不做是最無道德的人。
- 爭到權力，而無法運用權力真正維護人的尊嚴和福祉，是罪惡，無什麼值得榮耀的。
- 選舉與民主不能劃成等號。許多人不懂民主，以爲有選舉就是民主，其實日本在二次大戰前都有選舉，但是帝國主義並非民主國家。民主的目的是維護人的尊嚴，並非僅指選舉而言，公共政策的透明辯論，人的品質的提升，公義社會的出現，精神文化的提高及硬體建設，均比選舉更重要。

5/3
- 江丙坤在中常會批評公權力不彰，造成投資意願低落，馬英九以前也說黑金介入政治。政府首長不能說「公權力不彰」，因公權力是政府的靈魂，是人民授予執政者權力，首長如無法執行致公權力不彰，首長應辭職下台，不能認自己當然無責任而要推給別人。公權力自己掌握，然不執行或執行不力，執政者應負責，甚至辭職下台。故「公權力不彰」這句話是反對黨或在野黨或無權力的人民、民代才能說，執政者自己說公權力不彰，是自己打自己嘴巴，應辭職下台。馬英九身爲法務部長，讓黑金介入政治、介入工程圍標，馬英九難辭其咎，還在批誰呢？
- 由江丙坤和馬英九之言，他倆均失職應下台，國民黨更應負責倒台。因此國人對負責者與不負責者之責任無法分明，造成是

非不分，應負責而不負責，還要批判他人，真是得了便宜還要賣乖。然當今社會，江、馬之言大家喝采，誰會想起他倆應負責下台，如果他倆辭職下台，才值得人尊敬。

・世界各國約九成九均稱大陸為「China」，「Taiwan」為「Taiwan」，然台灣的官員偏偏說台灣是「China」。台灣應是「Taiwan」，為什麼官員要說台灣是「China」？不但矛盾又無智慧。兩岸關係處理方式——

一、維持現狀不談主權，台灣已獨立五十年，與中國未發生關係，只在經濟和文化方面交流合作，互惠、互利，至於中國與台灣是否要統一，留待時間和未來的子孫去處理，目前根本無法處理，既無法處理何必碰它，何必談它呢？徒傷感情又無濟於事。兩岸維持現狀互相交流、合作，不必批評指責對方、嘲笑對方，無民主無人權或生活很苦等等，如此才表示彼此友善，和平共存。

二、台灣宣布獨立，絕不與中國統一，不接受一國兩制。如此只有與中共一戰一途，戰勝如願獨立，戰敗任憑中共處理。

三、接受中共的一國兩制，順利完成兩岸統一，台灣也不能接受。如此中共將製造台海緊張局勢，甚至難免一戰。

綜上，二、三案一定要經過戰爭才能解決。為避免戰爭，兩岸能和平共存，只有採取第一案維持現狀，訂定和平協定，加強兩岸經濟文化交流，不談政治不談主權，不互相指責批判，誠懇善意互相尊重，如此才能使兩岸維持和平共存。

・功利社會找不到公義。如果你是賊頭，連讀書人都會扶你的。有風骨有格調的人被功利埋葬掉，可憐這個社會已很難看到有風骨的人，價值觀就是這樣地崩解。

・台灣無救的原因，權力者均會說「果」，不說「因」和「過程」，而人民亦然，無「因」和無「過程」的「果」已太離譜了。

- 社會關係的整合和組成是非常重要的工作，如果要對國家社會有所貢獻，須整合意志相投的人，把他們組織起來，才有力量進行改革，才能真正爲國家的發展方向重新釐訂政策。

- 有權力的人，同一事實說「黑」的也對，說「白」的也對，將「白」的說成「黑」的也對。以權力來判定是非，是台灣無是非之源。

- 是非的標準由權力者來判定就無是非，無是非除了愚民外誰會服呢？

- 屏東鹽埔農會被總幹事挪用六億，造成擠兌，財政單位不負責，扯到內政部，內政部政次楊寶發說是抹黑。這種無人負責的政府只有台灣才有，也是國民黨才有。

5/8
- 國民黨無血無淚，利用金主取得不法錢財，以不法錢財助選或爲其公關經費，待東窗事發，推得一乾二淨，那些傻瓜就要替國民黨吃長期牢飯，弄得身敗名裂的下場。如最近發生航站圍標案之中興電工董事長王人達、以前之梁柏薰……

- 台灣有專門道人之短的政客。

5/9
- 領導階層無國家觀念、無責任感、言行不一、公私不分、無道德觀念、無公義心、無羞惡之心，國之痛也。

- 政治人物品質低劣的民主，值得嗎？

- 有人說國民黨今後四年要大改革，難也——

　一、如何改革？

　二、改革條件何在？

　三、改革的人在哪裡？有智慧、有能力、有操守，能掌握全局，能從基本處著手的人很難找到。如果是那些老面孔，做數十年都無法做好，還遑論改革。因此這些老油條做官，老手高手永無法改革。也許那些老臉孔的人是應被改革的對象，先改革那些老手，然後才有革新的機會。

- 領導者用人不慎造成弊端，然後才來作秀罵天罵地，公道嗎？

- 鹽埔農會總幹事彭崑城出事，農民血汗錢泡湯，愚農民一早到

農會領不到錢，政府竟動用鎮暴警察對付這些手無寸鐵可憐的農民，這種政府不要也罷。

・李總統最近生氣，罵行政官員對「振興經濟方案」執行不力，中科院員工抗爭為何不妥辦？其實主要關鍵在於用人不當，才會造成這些問題。如果是酬庸或御用，用那些奴才、馬屁精自然無能力做事。

・用人不當無法辦事，應先檢討用人不當，然後才究責。

・國民黨要推動社會改革運動，內容為推行儉樸生活，其實國民黨本身最奢侈浪費公帑鋪張。試看政府天天請客，一人份兩到三千元，不知請幾十億，如此奢侈，還談儉樸。

・講文化而不講道德，非文化也。

・無道德的人：一、在背後批評人，說人的是非；二、不知自己有責任，反而把責任推給他人；三、自己奢侈，還大喊勤儉生活；四、言行不一致：最無道德；五、旁邊小人一大堆，這些小人如魔鬼。無道德的人喜與小人相處，臭味相投；六、喜馬屁精，靠馬屁起家。

・大家都會說尊嚴，但不知尊嚴之為何物，悲哀！自己有尊嚴，才會受尊重，也即「自重人重」才有尊嚴。

・鹽埔農會事，財政部說去年已發公文給內政部，要求解除總幹事職務，內政部說已發公文給省。只說「公文」，但並無解決問題，因此我的觀念是「解決問題」，並非只發公文就了事。公文是解決問題的一個手段而已，並非發公文就是解決問題的全部。

・蘇嘉全對金融風暴（鹽埔農會）要求政府負責，負責方法是「道歉」。這個觀念是錯誤的。人民權益受損害，豈可以道歉兩字了事？應下台和賠償，才是負責任。

・鹽埔農會總幹事虧空那麼多錢，縱然政府解決，也是將全體納稅人的錢拿去解決，如此對納稅人公平嗎？負責嗎？負責的方法仍然是：一為下台，一為賠償。政府官員做錯事從不下台，

談什麼負責，民進黨只會知道要求道歉，是無知的。

· 張文儀質詢連唸稿都唸不流利，表示未進入狀況，其他立委也有此現象。

· 爲官不正（公）是狗官。

· 尊重與尊敬：人與人之間爲維護人類尊嚴應互相尊重，是對等的。尊敬是人格問題，有道德、有學問、有風骨，熱愛國家、社會、人類，犧牲自己，從事公益慈善工作有具體實績者當然受尊敬。故尊重與尊敬有別。

· 無公平就無尊嚴。

· 我今日吃虧在於一本帳，言行一致，無法作假，才不容於人。現在大官大多具兩本帳，明帳與暗帳，眞帳與假帳，言帳與行帳，眞是矛盾中求生存。

· 情治首長由各黨派推舉，才能超然中立辦案，否則將落入執政黨的工具，做爲排除異己和保衛政權的籌碼。

5/11 · 國民黨現況：榮華富貴民主化，權力行使專制化。

· 治亂世必須有「官威」。有公道有正義而無私心才有「威」，無公道正義難產生「威」，公義才有「威」。因做官有公義自然有「官威」。現在的官只有「官」而無「威」，因大部是馬屁精而得的官，無公義性格，自然無「官威」可言。

5/12 · 民主——

一、人的民主：選舉。但賄選不能算民主。

二、事的民主：公投也。公共政策的辯論，人民有參與辯論，然後納入各方意見，形成共識，經公民投票決定後，成爲政策以達成民眾福祉。

因此民主包括「人」的民主和「事」的民主。還有民主是維護人類尊嚴，如政府無法維護人民的尊嚴，它不能算爲民主國家，還有部會首長終身職也非民主政治。

· 做官的人只會把官做很好，做事的人他會把事情做得很好。因此我喜歡做事的人，最討厭做官的人。

- 李總統在五月二十日發行的美國《新聞周刊》批判新加坡的亞洲價值觀，並批李光耀的錯誤。

5/13
- 教育只教如何收成、如何享用，不教如何整地、如何播種、除草、施肥、灌溉，國民品質怎麼能好？收成享用是功利，整地、播種是根本。

- 看上級長官臉色而辦事的，才是真正的父權主義，也是家長制。台灣是十足的看長官臉色而辦事的國家，是十足的父權主義。

- 台灣的公共工程不少為賺錢而設計的建設，並非為建設而建設，因此造成蚊子館。

- 政治是實際工作，是要做要實現要有成果，並非在講學講古而已。台灣的高層以講學、講古的方式主政，才形成言行不一致，光說不練的空轉。

- 要依國家法令和制度辦事，並非看長官臉色而辦事，否則成為父權主義的專制政治。

- 政務會談討論「振興經濟方案」問題，不是法令問題便是立法或民代或環境評估或人民抗爭，行政程序繁雜，用地取得問題等等影響該方案執行。我想主要還是人的問題，公權力不彰，首長不負責之故。

- 有道德的作法雖無近利，但均正面的效果。無道德的作法雖有暴利，但有副作用的負面結果。正和負抵銷，無道德的作法是划不來的。

- 做「官」做到無「威」有何用？「威」的來源是：一、無私，二、正義感，三、公道心，四、包青天的鐵面無私。

- 由人說話的聲音、口氣、手勢、舉動，可看出誰是父權主義者。

5/14
- 現在是公權力不彰，而私權力膨脹的社會。黑道的槍枝武裝比警察火力新且強大，難怪公權力不彰，私權力強過公權力。

- 在立法院看官員的答詢不針對問題、面對問題、解決問題，而

是迴避問題，牛頭不對馬嘴地把時間耗完就算了，議事功能等於零。

・評評看：資政、國策顧問，過去酬庸公職，現在酬庸選舉功臣，誰公器私用？

・有個性才有生命力。個性是人的格，個性常表現於健全的思想理念，有主張、有立場、有原則，就是暴風雨都沒有辦法動搖他的個性，改變他的性格、思想、理念、原則。這種人才值得尊敬的，值得敬重的。

無個性就無骨氣，無風骨的人，我看不起。沒有個性和生命力的，如生意人唯利是圖，終身做金錢的奴隸，又如從政的人無風骨，將成權力的奴隸。

・以民主之名行獨裁專制之實——

一、資政、國策顧問改為酬庸競選功臣。

二、黨產超過數千億且在商場上左右一切，執政黨又兼做生意，與公務員兼營生意無異，為法所不允許的。

三、終身部會首長。

四、國會實問虛答，虛問虛答，亂問亂答的無功能。

五、無法治的民主。

六、黑金介入政治，主導一切，與執政黨結合，魚肉人民。

七、人民尊嚴無法得到維護和保障。

・公務員不得兼營商業。同理，執政黨也不得兼營商業，如果執政黨可兼營商業，則公務員也可兼營商業。因執政黨是集體的行使公權力，與公務員之行使公權力相同，可能黨的權力高於公務員的權力，權力較少的公務員禁止兼營商業，權力高的黨可兼營商業，是不合理的。

・有公權力的任何個人團體均不得兼營商業，不得有商業行為，因握有公權力，應避嫌或利用公權力謀不當利益，才有禁止公務人員不得兼營商業的規定。同理，政黨也應禁止兼營商業的規定。

- 我因具公義的天性，因此對不公義的事特別敏感、特別有反應，容易形成思想、形成意見，主持公義，讓天地人均口服心服。
- 《道德經》與《易經》是中華文化上兩顆明亮的鑽石。《道德經》揭櫫人性與自然互動真相，《易經》闡明宇宙時空的結構，《易經》是群經之首
- 人家做了官就腐化變質，連學者都會爛掉。然我當縣長、政務委員、中選會主委，越當越新鮮，至少與未任公職前一樣，一點都不變。

5/15
- 日常生活如無吸收有智慧的氧氣，將很容易腐化，將失去人生的意義和價值。因此應找有智慧、有思想、有風格的朋友為伍。
- 我是永遠一加一等於二的人，非如其他政客，包括高層一加一可等於三、四、十或等於零或一。拿到權力的人，用權力使一加一不等於二，這就是所謂硬拗。
- 國民黨在選舉時不擇手段，包括運用政府資源，行政不中立、黑金介入、賄選，待得到政權（當選）後，那些首長又要說風涼話，照批上述違法情事（上述利用行政資源），以示自己未參與，自己很清白，其實做賊又喊捉賊。
- 「主權在民」不是指選舉而已，而是人民的權益才對（人權和公共政策之權）。
- 政黨利用行政資源競選，是一種「制度性貪汙」。

5/16
- 權威與官威：權威係指公權力的威嚴，官威係指官員的威嚴，前者為法治，後者為人治。
- 道德是老實人、善良人、公義人的專利，道德是政客和奸人的剋星，這些人不敢面對道德。

5/17
- 一加一不等於二的政治環境下生存很難適應，他們一再強調多元化，可能就是一加一不等於二，而是等於三、四、五、六或零、一的多元化。

- 民進黨人過去批評國民黨是比毒蛇猛獸更惡的黨，如今打不倒這些猛獸毒蛇，反而加入其政府，接受資政、國策顧問之位，那不是被猛獸毒蛇吞掉嗎？

- 國民黨的黨產千億如無充公，台灣民主政治永無可期（張俊宏在今日質詢中說，全世界無一個國家的黨有黨產），只有採取革命方式推翻無正義的惡黨。如今民進黨不圖此途，竟反而投靠有錢人的籬下。

- 政治人物不要永霸舞台，應讓別人演看看，猶如演戲的人不要演太久，太久人家會討厭。

- 兩蔣時代靠專制控制媒體，現在靠金錢控制媒體。

- 李先生接受《新聞周刊》訪問，批評新加坡李光耀不知傳統文化和扭曲儒家思想的談話。總統府丁祕書長雖馬上否認，但經查證《新聞周刊》訪問的記者，則認為無錯，亦即非《新聞周刊》記錯。

5/18
- 人生很奇怪，碰運氣的人生，黃信介七十壽，民進黨政治化。當初黃信介受苦受難甚至受打擊時，今日請來祝壽先講話的貴賓，均為當時修理黃信介的人，如國民黨吳伯雄、徐立德、連戰等人，如今民進黨竟請這些敵人當貴賓。這些意義表示，民進黨不是度量大，便是無是非，抑或要與敵對者合作貪圖榮華富貴。李遠哲說台灣須「換黨」否則無救。如今人民寄望的民進黨竟投靠國民黨，台灣人大失所望。

- 國民黨統治下，公義兩字應在字典上消失。

- 民主政治是鬥來鬥去的政治，它是在個人利害中的選擇，不會有公義的存在，所謂「妥協」就是犧牲公義。

5/20
- 為什麼他們一直強調多元化，因多元化怎麼說都是對的，他們永遠都是對的。1＋1＝5也是對的、1＋1＝0也是對的，這是他們一再強調多元化的目的。

- 哥斯大黎加總統費蓋雷斯在國宴上代表各元首答宴，他強調一位偉大領導者必須有道德觀念和原則，在喚醒台灣的政治領

袖。

・利用行政資源、軍方情治和千億黨產進行的選舉，並非眞正公平公道的選舉，而以不公平的選舉結果欺騙世人，是假民主也。

5/21　・權力定位爲眞理，人治也。

・蔡璧煌、王令麟參選立委，未獲選民肯定而落選，國民黨竟提名爲不分區立委，這是主權在民嗎？人民不要的，國民黨堅持要，硬拗也。

5/22　・在國家中只有哥斯大黎加總統在國宴答話中強調，領導者應有充實的道德和原則。

5/23　・李在演講中強調落實政黨政治。如何落實？黨的利益高於國家和人民利益的黨，如同幫派、黑幫、黑手黨，很難落實。

・無法治的社會根本無民主可言。

・不說道德的政府很難做好國家建設，是騙人民的。

・不說道德的任何榮譽均不足取，也不值得尊敬尊重的。

・反道德的治理下，有道德的人下場很慘。

・路邊違規停車太多，停一排也停兩排，甚至停三排，不僅讓已窄的路寸步難行，更破壞都市景觀。有停車場大家不停，喜違規就近停車，這是無公德心國民的習性，此種隨便停車的習慣如何解決，我想很難，而政府又不在乎。

・資政和國策顧問名單分析——

　一、排除非主流，徹底清除。

　二、拉攏民進黨人士，象徵不分黨派的樣板，也想與民進黨合作。

　三、軍方和老K黨員，象徵照顧兩蔣時代的人。

　四、競選功臣之安插。

　五、準備打官司，邀兩位律師。

　六、牽親引戚，安慰其老友。

　七、幾位學界、文化界來充門面。

5/24
- 如果不接受功利理念，很難在這個社會生存。我太頑固，不與無道德的功利妥協。
- 無法治觀念的國家，連政府都不守法，也不依法辦事。
- 無道德和法治，何必設立政府，無道德和法治的政府是多餘的。
- 正人必先正己。政府維護公權力，但自己必先遵守公權力。自己不守法，不該以嚴法加於人民身上。我常說人民會抗爭，政府應先檢討自己有否錯誤，有否合法，不是一逢人民抗爭，就說人民不對，而直接以鎮暴警察對付人民。
- 台灣只要能收買輿論和媒體，就可控制一切。
- 不管如何對我有利，我總要留些良心。

5/27
- 以有限公務員要對付無限動態的違法者，根本無法解決問題（主持公共安全方案會議有感）。
- 最佳的決策是負面最小，副作用最小，社會成本最低。
- 民主政治的可貴，是在於總統及大官卸任後成為平民。很可惜台灣口口聲聲說主權在民，然那些資政和國策顧問的存在和聘請，卻是威權時代的產物，是專制時代的體制，完全不符民主精神。嘴裡說民主，事實上是威權。
- 民主不能有酬庸性制度，酬庸就不是民主，是制度性的貪瀆。

5/28
- 如果喜做台灣的官，我早就要加入幫派（黨）了，不加入幫派就是不想與他們同流合污。
- 用錢可買違法嗎？重利的行業判連續罰鍰（金），是用錢買違法的例證。
- 任何人都無權用金錢購買違法。
- 金錢購買違法的法制應廢棄。有錢就能買違法是不公平的，那無錢的人怎麼辦？
- 如果有錢就可買違法，這款生意大家都會做。因此法制上應消除「可買違法」條款，也是「違法生意」，也是「違法抽頭條款」。這種抽頭的政府太無水準，政府只要有錢抽就可讓人民

違法。

5/30　· 內閣閣員在院會時，無法發表創新又有活力的想法、看法、主張和行動，也無這種環境。因此說要革新，有效能的政府實不可能的。

· 國民品質差、道德觀念無，建設怎會好呢？我敢說永無可能好。如法國馬特拉公司在世界各國興建捷運工程，均未發生問題，獨到台灣興建台北市捷運工程一再發生問題，原因碰到人品低的國家就倒楣。

· 緊急醫療救護法施行細則草案中規定，救護車至少三個月消毒一次。在無人意見下我發言，救護車專載病人有傳染性，怎可規定三個月消毒一次呢？應該每載一病人消毒一次。規定三個月，太不衛生了。

· 李在二十九日與立委餐敘時評論林柏榕被判刑之事，公然說林柏榕沒有問題。在司法未做最後判決前，元首不應發表意見，否則有干預司法之慮。

5/31　· 制度性貪汙應列入懲治貪汙條例，因制度性貪汙比個人貪汙更嚴重。

· 情治首長如不超出黨派，並具高度正義感和道德勇氣，將淪為執政者整人害人的工具，與黑道首領利用其爪牙去欺侮善良、殺傷人一樣。國民黨現在是如此。

· 「說的」比「做的」還久。我們說好幾年，人家很短時間已做完了，表示台灣只會說，大陸很會做。

· 說了沒有做，無誠信，這種人最多，高層也然。

6/1　· 葉爾辛總統宣布競選政見時，公開承認過去六年犯了很多錯誤，今後一定要改進。然國民黨執政多年，社會風氣敗壞、治安惡化、人性消失、貪汙腐敗、假民主，從不承認錯誤竟反而向人民發怒。這種不知反省的政治人物，怎能把國家治好。

· 政治人物樂於承認錯誤，才有救。

· 承認錯誤才是結帳，會結帳才會清楚，清楚才有分明的責任。

- 死不承認錯誤的人能做什麼事。過去天子都會認錯，如今聲聲句句喊民主而不承認錯誤，猶如日本天皇不認錯、不能認錯。
- 勇於認錯才有希望。

6/2
- 台灣的政客比生意人更厲害，可說厲害中的厲害。
- 罵立法委員爲怪獸，林豐喜竟反罵他爲畜生（報載）。悲哉！
- 立委、國代建言那麼多，都不採納了，怎會去聽酬庸性的資政、國策顧問呢？體制內的都不聽信了，怎會去聽體制外呢？

6/3
- 百分之五十四的總統不是強勢，而是要在法律制度下做更多的事。強勢仍應守法，在法律規定之內強勢，並不是百分之五十四就可不守法。台灣民智低，不講法而說強勢，是專制思想。
- 政黨如不以國家利益爲訴求，就成爲幫派而非政黨。非以國家利益爲目的的政黨是不合法，因此義大利的政治不以政黨出現，而以執政聯盟出現。大家不敢用政黨名義競選，因用不合法的政黨名義，人民不會認同，故才以執政聯盟出現。台灣迄還以政黨是天經地義，占盡優勢，還分贓不分區名額，而爲惡勢力，魚肉國家人民。

6/4
- 政府不能選擇性執法，政府如選擇性執法，則與黑道幫派無異。

6/5
- 有權力無誠信的大官，是最可怕的。

6/6
- 院會中，他們所說的多元化，是同一謊言可說成多種謊言，也即多元化謊言、多元化虛僞、多元化騙人，使人被騙到眼花撩亂，是非模糊，如此才能任他主宰擺佈，這是無道德政治人物精心設計的多元傑作。人民受多元化中毒太深，無法尋找眞實，一切虛無，一天過一天。
- 多元眞實的尊重和肯定才有意義，空洞的多元化是騙人害人的。
- 我一生最吃虧的是堅持「公道」和「對事不對人」。爲了公道不與權勢妥協，不與功利妥協，這就是我硬骨頭。
- 多元化之「元」應是有「本體」、有「實質」存在，並非虛無

抽象空洞亂騙人的。如果多元化可濫用，可改為「多類化」或「多種化」較具體，不會誤導人、欺騙人。

- 物質生活豐富後個個肥胖、肉體豐滿，但無骨頭髓，也成為無骨氣的人、無風骨的社會。這個社會有風骨的有幾人呢！
- 政治人物不負責、不清楚，「烏魯木齊」地敷衍，我最討厭此種人。台灣的首長大多打馬虎眼、厚臉皮，「有錯誤」不認錯，還藉其權力錯下去，太可惡。
- 說有說的方法，做有做的方法，說的要做也不易。
- 現在敢講違背良心話的官才能存在。
- 民主政治，主政者意見應接受人民的挑戰。
- 幫派均在競爭分配國家資源，不是造福人民和國家建設。分贓資源、壟斷公的資源，是政黨主要目的，由政黨以至學校社團均在競爭壟斷資源、分贓資源。

6/8
- 俗語說「生意嘴糊蕊蕊」，我說「政治嘴黑蕊蕊」。現在的政治人物最不可信。
- 觀其行不觀其人，即對事不對人。我們看政治人物如何做事、會不會做事、做多少事，而不是看他的官位，他的名位。
- 為何要有道德的政治？因政治是眾人的事，眾人的事如何達到各人均能滿足，須透過眾人的協商、發表意見、公開討論，接受眾人意見建立共識，這些過程均須人民有道德素養才能達成。無道德的人民怎能接受他人意見，建立共識呢？難怪甘地「世間的七宗罪」中，第一罪是沒有道德的政治。

6/9
- 國會要改革——
  一、質詢時間不可死板板地，卡死五分鐘。
  二、審查法案先經立委審查後，如有必要或不清楚之處才邀官員來說明，不要一開始就請官員來等，浪費時間，況立委也不是不識字或無知識，為何不先行以他們的學識審查，說不定用不著官員來說明，就可通過法案。
  三、政府官員答詢應以真實、簡單、明瞭地答詢，最好答是或

否就可以，如此質詢才能發揮功能。

‧電話隨時受監聽，比兩蔣時代更公然，難道用民主的名就可隨便監聽嗎？用民主的名行專制之實。

6/10 ‧對卸任政務官安慰安撫是父權主義的表現，民主是說道理，不是安撫，安撫是父權主義的產物。

6/13 ‧執政黨兼營龐大事業，將涉內線交易，也違公平交易法，應予追究。

‧黨產如不充公，黨營事業如不禁止，台灣永無民主可言。

6/22 ‧領導階層不重視道德，甚至反道德，真是國人的不幸，不知何時能終結反道德的統治。

6/23 ‧內閣改組，國民黨以黨政交流，標新立異的作法，無視政務官的智慧、理念和執政能力。以黨官當政務官，此種作法，將國家當為兒戲，將為人民所不齒。如此作法，將來政務官就可不必什麼條件和資格，只要在黑黨混一混就可當部會首長了。

‧多元邪說如不破解，社會永無是非、無原則、無公道、無正義可言。多元以什麼為標準，以什麼為原則，以多元來模糊人民麻醉人民、混淆視聽，使人民莫衷一是，這個社會還有什麼原則可言。統治者以多元利益來模糊國家利益，整體利益，達成分贓政治的目的。

‧台灣根本問題——

一、教育：人的品質教育也即道德倫理和法治教育，如不徹底重視提升，人性將會消失，與其他動物無異。天下大亂，無是非、無公義社會。

二、政務官：

（一）應有國家整體觀念。

（二）高度道德修為。

（三）有高度智慧、豐富經驗，能力強。

（四）有整體規劃能力。

（五）對國家整體問題包括內政，交通、農業、環保、教

育、衛生、經濟、財政、外交、文化等均能了解，並能綜合、整合，做成有系統的短程、中程和長程計劃。

（六）解決問題的能力。

（七）高度責任感，並要有政務官風骨、風範。

（八）無私無我，有公道心和正義感。

（九）不要做大官，要有做大事的條件。

（十）執政不要太久，要隨時準備下台。

三、政黨：應以國家利益和人民利益為前提。現在的政黨實質上均以黨的利益高於國家利益和全民利益。尤其國民黨黨產數千億，並公然經營大規模事業與民爭利，與黑手黨無異。黨產應充公才能算為民主政黨，否則成為特權政黨，永無民主之日。民進黨急著分贓資源，欲與國民黨組聯合內閣，無疑已失去政黨理念和經營國家的訴求。

四、民意代表素質低：當選後搞特權，分贓利益，自私自利，又無學識和能力監督政府，只會魚肉人民，而成為萬惡之源。因此應提升民代水準，喚起民眾選真正賢能之人，否則將成為反淘汰的社會。

五、司法和情治人員均應超出黨派，獨立中立行使職權，才不會淪為政爭的工具，做選擇性執法，整肅異己的手段，否則將有白色恐怖的統治。

以上五大問題如能解決，其他細則問題自可迎刃而解。

6/25 ・教育綁標不遜於工程綁標。新聘教授經各大學教授先內定後，再形式上公告招聘以符合規定，均為騙人的。教育為何綁標：一、起用自己派系人馬，排斥他人；二、怕比他們優秀人員進入，以免被淘汰。

6/28 ・難道有道德就無法現代化嗎？難道有道德就無法賺錢嗎？難道有道德就無法做官、做事嗎？很悲哀的，我們的領導階層常以現代化和多元化來否定道德的價值，使今日社會大亂、人性消

失，社會無是非、無公義存在。有道德更能賺錢，有道德的官更能做好工作，如此才是正面的。

6/29 ・無道德就無法治。道德是無形的，法治是有形的，無靈魂還談什麼形體呢？有無形的道德才能使有形的法治有生命力，法治才能存在，不說道德還遑論什麼法治。

一個領導者從不談道德、誠信，還談什麼法治呢？無法治天下大亂，如同無政府狀態。

6/30 ・美國要求開發中或落後國家的人權，其實是「亂權」而不是人權。美國對落後地區人民數十萬人飢餓瀕臨死亡，為何不伸出援手，不加拯救，讓其飢餓死亡呢？生存權才是人權最重要的，美國為何不理呢？

7/2 ・布拉格（Prague）代表謝新在說，李總統接見許信良。其實做一個反對黨主席，一味想與國民黨組聯合政府，一心一意求見國民黨的總統，太無格調。如此，民進黨即將解體。

7/8 ・《天下雜誌》七月號第168頁，在「民主先生的民主冬天」主題下，墨西哥詩人也是諾貝爾文學獎得主帕茲，在檢討美國式民主的時候，語重心長地指出「道德與政治的分離是民主最大的危機」，「西方歷史的傷痕正是因為來源於道德與歷史的分離，歷史必然性不能代替道德。民主要能恢復生機，唯一的秘訣在於建立歷史道德的對話，這是我們這個世代與下一個世代必須努力去做的」。

7/9 ・高官對倫理道德除講稿上明列，不得不唸，其他場所閉口不說道德，還說不要泛道德化、道德是宗教家的事。如此領導政治，社會教育怎會好。

・孫文說「無道德就無國家」，孔子說「為政以德」，甘地說「要有道德的政治」，墨西哥詩人帕茲說「道德與政治的分離是民主最大的危機」。只有現在政府不說道德。

・在政界、學界，如果你說道德，人家就不與你為友，甚至不敢在一起。

- 美國式的民主是道德與政治分離，是墨西哥詩人帕茲所說的，足見美國政治人物不涉獵道德。台灣的領導人也效法美國，令人擔憂。

  民、新兩黨屬性與國民黨相同，只是分贓不均而已，因此台灣政治要好，應有一支以強烈道德核心的政黨出現，否則永無公道的政治可言。

7/12
- 李先生在國大發表國情報告中，呼應民進黨主張「政黨合作」。這是無了解政黨政治的主張。政黨應以制衡並非合作，如非制衡，何必那麼多政黨呢？一個政黨就夠了，也是最合作的。執政黨當然可以「合作」為餌，可惜民進黨以在野黨身分，竟要求與國民黨合作，令人心寒。如此在野黨不要也罷。政治系教授學生在那裡，未見有人說話！政黨合作，政治責任誰屬？美國兩黨有無合作呢？腐敗的國民黨，在野黨還在跟它合作，缺乏政治道德。在野黨之間可合作制衡執政黨，但絕對不可與執政黨合作。在野黨如與執政黨合作，則失去制衡及監督功能，只能分贓到閣員的一杯羹而已。

7/15
- 總統府國父記念月會，施啓揚報告「建立清廉公正的司法」，這個題目對國民黨政府是一大諷刺。實施民主政治近五十年的國民黨政府，到現在司法還未能清廉、公正，因此今日才提出問題，可說不打自招，這是台灣人的悲哀。報告內容不是推諉便是紙上文章而已。本來法官的清廉及審判公正是法官的天職，任何人無資格批評，可惜司法院長不知教育法官道德修養，專門在枝節上大做文章，永遠無法達到司法清廉公正之日。

- 道德教育和價值重建才能解決所有問題，不談道德和價值重建，遑論革新或改革，均是緣木求魚的。試問功利社會、功利主義，將使問題更加嚴重，怎會變好呢？國民黨高層天天喊改革，天天不談社會道德，只談功利不談格調，永無改革之望。

- 過去鄉村村民大多不識字，但他們經常說出要遵守道德，要有

天良（良心）。記得父母親雖不識字，但經常要求要遵守道德，不可違背良心，如不要害人、不要欺侮人、不要冤枉人、不要占人家便宜、要有大有小、對長者應先打招呼，尊敬他們、有禮貌……這些就是道德。

為什麼過去不識字的人那麼重視道德，現在的讀書人、大官們，不敢說道德、反道德，不知原因何在？

7/19 ・在野黨與執政黨合作，是分贓而非執政。在野黨以與執政黨合作是準備執政，完全騙人之詞，許信良的幻想，令人惋惜。

7/20 ・台灣的學者無讀書人的風骨，不敢面對是非、不敢分辨是非善惡，只是等著關愛的眼神，導致無人敢說良心話和公道話，這是國家日益墮落的主因。

・台灣只有御用學者而少有風骨的讀書人，學者成為御用或有錢人的工具，可憐。

・良心的結合、公義的結合、道德的結合，而不是權力的結合、錢財的結合、功利的結合。

7/21 ・國策顧問和資政本來是酬庸的，可廢除。唯把資政等聘期改為一年，顯示不是對被聘人不信任，便是控制被聘人要服從，如此算什麼資政或顧問呢？

蓋顧問或資政，無論智慧、學識、經驗、能力、品德應屬一流，看準後始可聘請，否則不應聘任，不能以試用一年為之，對資政、顧問均甚不禮貌。

・政客與學客氾濫了整個台灣。

7/22 ・無道德就是眼睛起濁（霧），眼睛起濁如瘋狗目，什麼事都幹得出來，但無法幹出好事來。

7/23 ・我心每日交割清楚，無論對人對事對天均清楚，毫無瓜葛。

7/25 ・德國以道德治國之例──

一、火車公車不查票、不驗票，可自由上下車，很少人不買票。

二、高速公路只建議國民開一百六十公里最適當，超過也不

罰。人民自己斟酌情況、體能、精神，自己決定速度，如此車禍全世界最低。

・國家迄無體制，人民今日要求什麼，當權者就給他們什麼，自己做好人，明日又要求其他，爲做好人，還是照給，這種惡性循環，誰能治理好這個國家呢？

7/26　・三不朽：立德、立言、立功。立德的立言才有價值，立德的立功才有意義，因此立言與立功的基本是道德。無道德的立言和立功，對人類社會有害。

7/28　・我只能當國家和人民的工具，不能當某某個人或少數利益集團的工具。

7/29　・一個有正義的人士足以抵擋萬人功利主義者，一個有道德的人足以抵擋無限數不道德的功利主義者。因有此信念，我才擇德固執，並有信心以道德和正義來推倒無數的功利主義者。

・政黨政治的功能不只是政黨間的競爭，更重要的是制衡、監督，如果僅是競爭，很容易不擇手段，成爲惡性競爭。

8/1　・我非在意於官位，而是在意於人類公道的理想無法實現。

・權位均被無政治常識的人主掌，而大部分（政治）學者等著關愛的眼神想當官，致學有專業的人，無法以專業知識提供參與政治的人建立法規和制度，造成不懂政治的人，以權術來破壞政治原理和制度，台灣之亂源在此。

・李敖說「待人接物要厚道，追求眞理要刻薄」。我贊同。

・賀伯颱風眞正驗收台灣公共工程。台北縣到處水患、台北市以至全省均發生嚴重水患，顯示政府公共工程在無道德的公務員和包商勾結下的工程，大部分不合格，但人無法驗收，只有靠老天爺來驗收。

・經營大台灣是騙人的，台灣無法維持永續生存的原因——

一、無倫理道德的社會，人類能永續嗎？

二、自然生態和環境在官員與大企業家勾結下破壞無遺，到處土石流，到處公害，到處汙染，到處不安全，怎能永續生

存呢？

8/2 ・我看電視或媒體新聞，是要看是否真實，有無公義，並非看官員們作秀，歌頌功德或他們的風光。

8/3 ・我從政風格：有公義的，我始終堅持不妥協，我做我的；不關公義的，我可馬虎對付。

8/8 ・選舉落選不能以「唾棄」來形容。連院長在頒發選舉機關有功人員時說，落選者是被選民「唾棄」。有選舉就有落選，如果落選就是被唾棄，那誰敢參加選舉。

・連院長中午在貴賓室宴請獲頒一等功績獎章的御任部會首長，在談論這次風災之責任時，竟有人說責任應由民眾負責。民眾何辜，設政府要做什麼呢？太幼稚又官僚，該負責的應是政府。

8/9 ・有道德的人會自動守法，無道德的人是被動的守法。

8/11 ・台灣的高官只學會國際新名詞，如「競爭力」，高官就說台灣競爭力要進入世界前茅。今日下午送偉峰到中正機場，看到廁所無法沖洗也無人管理，髒透了。偷工減料的建物，沖水系統無法暢通，如此情況，還有臉皮說競爭力呢？

8/12 ・無道德和倫理的感受像人嗎？唯有人才有道德和倫理的感受。

・防災體系我在行政院已建立，惜相關首長不推動、不執行，災害自難免。

8/15 ・會作秀的政治人有掌聲無內涵，用掌聲來麻醉民心。

8/19 ・道德是一切之根，功利不過是枝葉而已，敗根的枝葉是不會久的。無道德的政治人物是無根的，也是不能維持久長的。

8/22 ・有錢的人說錢話，做官的人說官話，他們眼中並無是非公義，這些人是垃圾，不值得我尊重。

8/23 ・道德的淪喪是政治腐敗、社會亂象之源。

・民進黨將成為國民黨的花瓶，過去遇難的黨外人士是白白犧牲的。

・民進黨對財政有嚴重問題，未量入為出，亂揮霍，面臨破產危

機，如此作法連國家也會破產。

· 無氣節、無風骨的大官顯要，哪會有好的政治呢？還遑論大有為政府，全方位內閣呢！

· 無意識和靈性感受的人生，只醉生於物質和權勢，有何意義？

8/24 · 人面臨死亡時精神可能崩潰，不得不接受不得已的現實，隨而失去生命。

8/25 · 統一式（整齊式）的獨裁（蔣時代）、混亂中的獨裁，容易使人錯覺的民主，是最高明的獨裁手段。

8/27 · 民進黨如與國民黨合作，就不必要民進黨存在，只國民黨就可以。人民在選舉投票時直接投給國民黨，不必經仲介的民進黨去和國民黨合作。換言之，人民可直接與國民黨合作，不必再透過第三者掮客的民進黨了。

8/29 · 國民黨的競爭力？！中油漏油弊端賠償十億以上，追查責任時，經濟部長認為是小事，只給董事會張子源「口頭告誡」、總經理陳國勇記過一次。國庫損失十億鉅款在國民黨政府看起來是小事，真大方，如果是損失三、五億是司空見慣，不值得一提，此事如果在新加坡發生，部長早就垮台，甚至撤職查辦，難怪新加坡競爭力如此之高。

· 國民黨的高官無內涵，不做事只會專業作秀，把所有精神用於拍人馬屁或被拍馬屁而已，如此輕易浪費生命至為可惜。

8/30 · 桃園縣如中壢、大溪，垃圾滿地，偷倒風、抗爭風，雞犬鬧不完，政府官員束手無策，此情此景還想提升競爭力，我想應是淘汰力吧。

9/2 · 留有靈魂、靈性的「名」才有意義，留沒有靈魂、靈性的「名」有何用？很多無靈性的大官顯要很快就消失，縱留有「大名」，也沒內涵讓人懷念的。

9/3 · 國民黨靠過去吃國家財產，在黨國不分情形下侵吞國有財產數千億，此鉅款如不充公，在國民黨主導下，永遠無法實施民主政治，而是永遠腐敗的錢主政治、金權政治。

9/4 ・我一生敗在過分遵守和提倡倫理道德，才導致高層們的不滿，並得罪不少權貴。因這些權貴何德何能能擔任權貴地位，是靠馬屁精或爭權奪利、違背倫理道德的小人之爭，才有今日的地位。我一再提倡倫理道德，教訓到他們，因此他們反撲。

・民進黨將來要競選時，黨外候選人可攻擊民進黨已與國民黨合作了，已無競選的立場，要投民進黨不如投國民黨，因它們已合而為一了。

9/7 ・晨（十一點）到父母墓，嗅到濃厚農藥味在田間。農民就是為收割農作物而撒下很多農藥，自己又吸進去，才產生現在農村嚴重病患，尤其以癌症居多。為了收成而犧牲性命，政府不管他們。

同樣的，政府為了存在，好大喜功，讓環境汙染，破壞生態環境，所得的是執政、榮華富貴，犧牲了下一代。

9/9 ・「格」永不變，「官」常變。格永遠存在，官很快消失，因此應永保「風格」、「風骨」，才是永久的。

・「無風骨」、「無風格」、「無風範」的領導階層，值得尊敬嗎？

9/10 ・「格」高於「名」和「利」，「無格」，「名利」何用。

・一萬多名保警無法應付治安，又要徵調一萬多人服兵役，改服警察役來維護治安，顯見治安惡化、社會敗壞，才要動用那麼多警力。警力多還是無法解決問題，應從倫理道德教育做起，國民品質高治安自然好。不治本而治標是騙人的，解決不了問題反而增加問題，國民黨騙人一貫伎倆是不治本，也顯見國民黨無倫理道德的治本人物。

・以文化藝術處理政治問題，才能解決問題，以政治處理政治問題，如同吃抗生素，不是致死便是副作用，無法解決問題。

・不是看他的「官位」，而是看他的「風格」。

・活一輩子無法看到公義的社會，悲哀！

9/13 ・政治介入的東西都沒有好貨，政治的汙染比其他的化學汙染更

毒更嚴重，由於目前政治人物品質之惡劣，才有此現象。

9/14 ・以黑金和馬屁為核心組成的政府不會好到哪裡，領導者＋黑金掛勾＋馬屁人物＝國家完蛋！

9/16 ・讀書人無風骨等於無尊嚴，表示肚子裡是空的，是無內涵，只能擔任應聲蟲而已。

・張瑞猛在福華二樓請我吃早餐時說，許慶復為求法學院院長曾向邱榮舉下跪。這是台大政治系主任，靠關懷眼神起家。

・兩蔣時代是被迫討好當權者，現在是主動討好當權者，完全無是非和尊嚴，後者比前者惡劣。

9/17 ・台灣的部會首長每日均發表不負責的政策性談話，這是錯誤的，行政首長講話應負責，非如民意代表可不負責，因此不可亂講話。由於首長不了解自己權責才亂說話，作作秀、出出鋒頭，況民代和人民無常識追究首長言行，才導致上至高層下至縣市長均亂說話，說了又不負責。

・不清楚就是不乾淨，如同活在垃圾場，烏煙瘴氣很難受。

・台灣報紙天天有部會首長放屁，而記者喜嗅屁味，每日幫那些首長放屁，並把屁味擴散給全民，全民被屁味沖昏了頭而無法清醒。

・暗的獨裁比明的獨裁更可怕。名為民主實為專制，是暗的獨裁。

9/22 ・兩蔣時代為專制的專制統治，現在是民主的專制統治。

9/23 ・生命經濟學：永遠健康和財務基礎，加上完整人格。

・我已看破國民黨。兩蔣較紀律化，現在唯利是圖，無原則、無是非，倒行逆施。

・得意時需防失意時之苦。

9/25 ・英國人本教育：教你先成為人，然後才可當醫師、律師、工程師、科學家。功利教育：只要能當醫師、科學家……不是人也沒有關係。

・讀書人以其學位或學術地位作為功利的騙本，可憐。

9/26　・主政者不以道德治國，卸任後必遭清算鬥爭翻舊帳的。

　　　・上台時須有下台時之感受。

　　　・主政者不治本只治標，顯見政治腐敗，騙騙人民而已。

9/28　・爲什麼現代化的人無廉恥？因爲現代盛產塑膠，臉上貼上塑膠
　　　　不痛不癢，比厚臉皮更厚，怎麼會有廉恥。

　　　・不主張道德的大官因吃天、吃地、吃人已習慣，好像是吃定了
　　　　一切，其實他們所占便宜，是守道德的人讓給他們。如大家均
　　　　不守道德，他們就無機會占便宜。

　　　・執政黨如與反對黨可合作，則政治責任誰負之，政治責任如何
　　　　分呢？

9/29　・警察的存在猶如國防中的軍隊，並非每日在打仗，一爲維護社
　　　　會安全，一爲維護國家安全，最好是備而不用，並非每日打仗
　　　　或每日抓那麼多犯罪的人。犯罪多表示政府腐敗，無重視治本
　　　　的教育和整個社會因素，抓人只是治標而已，有效能的。政府
　　　　是重視治本，老子無爲而治之意在此。

　　　・科技時代，「讀」是趕不上時代，應以「掃瞄」的方法吸收新
　　　　知。

　　　・威權時代，大官如吳伯雄等極力打壓黨外，如今無志氣的民進
　　　　黨籠絡他。吳伯雄是幸運人，黑白通吃，民進黨慶只要吳伯雄
　　　　到，民進黨感到驕傲臉上有光，真是無是非。

9/30　・心胸廣闊的人，任何心結均容易稀釋，使心結淡化甚至成無心
　　　　結。心胸狹小的人任何心結均無法稀釋，永結成一丸，很難釋
　　　　懷。

10/1　・廖正豪說，幫派將變成政黨，然國民黨內黑道太多，如鄭太
　　　　吉。太多黑幫均爲國民黨黨員，並被提名議長、副議長，如此
　　　　國民黨算政黨或是幫派。

10/2　・什麼國家發展會議！既然是民主社會，應依政黨政治的運作，
　　　　處理國家發展事宜，此時此際還開如訓政時期「蘆山談話會」
　　　　訓政式的國家發展會議，很可笑。許信良的民進黨最喜此種會

議，難道立法院、國民大會均無法達成國家發展嗎？此種會
議——

一、高層想以家長制，父權主義訓話，做作秀。

二、表示還在訓政時期，非民主社會。

三、反對黨無理想和常識，黨主席也想藉此會議，出出鋒頭。

四、執政黨收編反對黨，麻醉反對黨，最佳辦法。

國民黨最喜搞蔣介石那套，其目的也在轉移目標，也是體制內
無法做，以體制外動作誤導人民，然在野黨不察是非，竟當應
聲蟲。

· 鄭太吉等無數人被國民黨利用後才被整，當國民黨要利用他時
說盡他的好話，當國民黨要整他時，國民黨官員一一撇清自
保，這是國民黨在台灣吃定人民的小人作風。雖國民黨主席、
這些中常委不是黑道，但他們利用那麼多黑道魚肉人民互相利
用，控制政權。

10/3 · 我當八年縣長、六年政務委員，從不油條、官僚，完全以平民
心情和生活度過十四年公職之旅。我應是屬於會做事，解決困
難的官員，不是會做官那類型的人。

· 口口聲聲說民主，但終身要做大官，矛盾至極。因此做官的人
應學習過平民生活，隨時準備過私人平淡的生活，倘有風格、
風骨、風範的官員，縱過平民生活，民眾還是會尊敬、敬重
的、懷念的，不會寂寞，還是很溫暖的，與在任無異。因此任
何說民主的人，應有隨時過著平淡平民生活的準備。

· 我不是死火山，而是活火山，隨時會爆發的，不要小看我，我
只是太厚道。

10/8 · 台灣的警察比兩蔣時代多，算為民主的警察國家。警察國家是
最不得民心的政府，政府錯誤又不加檢討，專門以鎮暴警察來
壓制人民，警察多表示政府腐化，也顯示政府退步。

· 賴國洲之父賴清吉之告別式，國民黨政府首長黨政要員競相參
加，是一場馬屁競賽，為了升官，馬屁拍了不像樣，也太肉麻

了，一場莊嚴的告別式，竟成一場馬屁競技大會。

10/10 ・十月八日李先生在國父紀念館參觀吳炫三畫展後，在咖啡店喝咖啡時說，中國人最自私，無公的心。他說是受儒教影響才私心重，他說家庭制度就是私心的明證，他主張要「公」的心。其實要「公」的心，首要道德，有道德修養的人才有公德心，不說道德，哪來「公」呢？道德淪落自然是自私自利，哪來「為公」呢？

10/11 ・「掃」與「拾」：過去當小學生時，校園的垃圾是用「拾」的，現在什麼都是用「掃」的，掃黑、掃白、掃黃、掃廟寺，掃一大堆垃圾，足見政府幾年來治理不好，才會產生這麼多有問題的黑、白、黃……如此嚴重，才要用「掃」的來解決。過去垃圾不多才用「拾」的，用不著掃的，廖正豪還得意「掃」的成果，不知問題的嚴重性。

・中共中央安全委員會昨天開會，主題為社會主義精神文明建設，內容為思想、道德、文化。中共會注意道德，台灣的政府、國民黨、不講道德，比中共還差。

10/13 ・生命存在時一切均應珍惜，尤其倫理親情應時刻抓住時間機會共敘天倫。無天倫親情，縱在地位或事業上有所成就，也只不過是非人性的成就而已。

10/16 ・無風範、風骨、風格的權位和財勢，環境一變立即消失。

10/19 ・看到交通這麼亂，就知道社會人心的亂。駕車的或乘車的每日花很多時間在交通「亂」的上面，時刻感受亂，訓練亂，久而久之就成「習慣亂」、「亂習慣」。亂習慣的人亂來亂去，不亂才怪，亂才是正常，難怪天下大亂。

10/23 ・屏東議長鄭太吉、縣長伍澤元……不計其數的國民黨涉貪人士均與國民黨高層交情甚深。他們敢貪贓，主要是靠國民黨高層的關係，而高層選舉也靠這些人的金錢和人脈互相利用，如今東窗事發，關的關、官司纏身的纏身，而高層則逍遙法外，盡享權力和榮華，公平嗎？

- 有的為做官而做官，有的為得利益而做官，有的為理想而做官，百分之九十九以上是為「做官」和「賺錢」而做官，很少為理想而做官。

- 有道德始有是非，無道德不會有是非。

10/25 · 向陳必照說，人一年一年老，人的品質和社會風氣一天一天壞。如此，縱有地位或權勢也是虛度生命，縱有多大權勢也無法戰勝年老，縱有多大權勢也會被年老和死神埋葬掉，為何不用你的生命換取公義，維護人性呢？

- 台灣的讀書人缺讀書人的良知，也缺讀書人的風骨，是台灣社會惡化的主因，也是台灣人的不幸！

10/26 · 台灣之敗在於知識分子失去良知，甘為權勢利用的工具和打手，然這些學者未得到權位時一直叫罵，等到權位給他時，與政客的言行一致，甚至充政客的打手。悲哉！

- 學者被政客收編，如同學者被閹割一樣，不但自己出賣心靈，也是讀書人之恥。

- 有人強調人權，但台灣社會抗爭不斷，主政者靠其掌握的警察，以鎮暴部隊對付抗爭者，有何人權可言？談人權應解決抗爭訴求的問題，不是動輒以鎮暴警察對付抗爭民眾。
政府施政錯誤或損害人民權益，受害人民抗爭，政府應出面解決問題，才算是有人權。

- 人權不是用嘴巴講一講而了事，本身應放棄威權心態來談才準確。很不幸，這個社會，「人權」竟成為政客欺騙世人的口頭禪。

- 學者無法在其專長、專業知識上發揮力量，提供影響人類生活的新思維或突破性的見解，超乎政治社會的良知，則學者有何意義呢？
台灣大部分的學者自己無思維能力和智慧條件，無法發揮學者的風骨和專業，只靠做官或馬屁，來提高其知名度和學優則仕之癮而已。

· 價值觀——

　一、主觀的價值觀：人性、倫理道德、公義（人的價值觀）。

　二、客觀價值觀：公平社會、環境和生態、福利、弱勢保護（社會國家的價值觀）。

· 「正面的」可以數字表達出來，「負面的」很難以數字表達出來。

西方雖在正面有很驚人數字表達其成就，這是短期性的。但負面的破壞倫理道德、破壞人的品質和破壞地球環境和生態的人類永續生存資源，則因無法以數字表達出來，其罪惡無法估價，因此大家只讚揚西方的民主和科學的成就，而忽略了其為害人類永續生存罪惡的一面。

10/27 · 「亞洲展望會」由於是李先生促成的，報告人和討論人不管是台灣來的或日本人，均以「關愛的眼神」為準，頌揚台灣，貶罵中共，文章內容如出一轍。最可憐的是日本人，不如從前的日本人，他們的意見比台灣人更台灣人，失去日本人的原則和格調。

學術研討會不應預設立場，要客觀、超然、中立，才能發揮真智慧和不違心的見解，否則研討會將無法達到真正功能，只是一種交誼、公關而已。藉研討會交朋友，和歌功頌德的研討會毫無價值。

· 言論自由，政府固不應加以限制，唯言論自由經不起「權勢」和「私利」的誘惑，為了追求權勢和私利，而失去良知的言論，和違背公義的言論，這些利誘產生的言論，與無言論自由無異。

政府表面上固強調言論自由，但常以「權勢和利誘」來封閉人民之口，甚至可迫使學者說出違背良知的所謂言論自由。

· 言論自由在聯合國憲章甚至各國憲法均有明文保障，但在落後國家和開發中國家的言論自由，真正操在主政者之手。開明和無私的政治家喜聽真話，不喜聽高興話，才能有真正的言論自

319

由。

- 我喜聽眞話而不喜聽爽話（高興話）。很多高官喜聽高興的假話，不喜聽到不高興的眞話。

- 學者無法維護其學人風格，就是他有多大學問也等於垃圾而已。很可惜台灣的學人，甘被政客收編，而將一生所修的學問付之一炬。

- 寧聽不高興的眞話，都不願聽高興的假話。

10/28 ・如果要博取人家的喜歡，應以其風骨和學識、實力深入人民之心，影響人家，使人家喜歡，並非以阿諛或馬屁之心騙取人們的喜歡。

10/31 ・日本選票上未印候選人姓名或政黨名稱，而是由投票人填寫候選人姓名或政黨名稱。大法官也在選票上由人民寫「同意」或「不同意」，最高法院法官由人民監督，是好的制度。

11/4 ・學者與學客：學客無風格、風骨，將所學的學問用來追求自己名利，尤其出賣良知，圖關愛眼神，當官自豪，與無知之徒無異。

- 當你最有地位、權力和財勢時，你會目中無人，生活範圍縮小，早晚只生存於金錢和權力的遊戲之中。你可以權力和財勢欺壓任何人，然人民也無可奈何，只有道德可批判你、反抗你，只有健康和生命使你服輸。因此面對最高權力或財勢，只有三項法寶可收拾你：道德、健康和生命也。

11/5 ・腦海內無倫理道德修爲的人，顯示他的腦已破功，無法歸零。腦筋散功或無法歸零的人，言行不一致、變來變去、無原則、不知廉恥。政權如落入此種人之手，是天下之不幸。

- 無倫理道德的人不會保護好人，他會討厭好人，認爲好人太泛道德化。

- 倫理道德（儒家）與現代化就如同根與末稍、頭與腳，並不衝突，有儒家＋現代化。如果現代化否定儒家，等於有末稍而無根，有腳而無頭，這個原理應清楚。

- 不講公道話不是腦筋壞掉，便是得到利頭。

11/12
- 新的法律未產生前，難道不守現行法律？新的道德未形成前，難道不守現行道德（舊道德）？

- 多元化社會民主自由社會須倫理道德的素養，倫理道德是人的基本條件，民主多元自由只不過是人的生活樣式而已。倫理道德是根，民主多元是枝葉而已，並不衝突（倫理道德配合民主多元才算完整）。
  無道德哪會有民主多元的社會，無道德將成無根的民主，是口號、標語，是騙人的。

- 民主重於道德是今日價值觀的錯失，導致無真正民主的出現。

- 心靈改革應從每個人做起，尤其領導階層以身作則更重要，並非說說而已，自己不做說給人聽，太無修養。

- 林澄枝在中樞紀念國父誕辰典禮報告「營建一個心靈富裕的社會」中，也提倡「提升人的品質」。這句話我在彰化主政時就常說，「是人的品質不是生活品質，人的品質差，生活品質不可能好」。然後在數年前《天下雜誌》訪我時也同樣刊出。最近聖嚴法師也說「人的品質」，如今文建會主委也說出，惜十多年前就感到人的品質的提升最重要，但英雄無用武之地。

- 在位的人，無法盡責，工作不夠或無作為，均有罪惡感，尤其不做事還要貪汙，更應罪該萬死。

11/14
- 看到林柏榕被判五年、伍澤元收押、張子源、林仁德被限制出境，才知道國民黨政府下，雖得到一時的風光、紅人威風，但到後來一切都是假的，甚至弄得滿身腥味，身敗名裂。

- 國民黨政府本來就是腐敗無能，有的守法、有的不守法，政策前後矛盾，亂七八糟，威權者隨時發號施令，不管有無違法，隨便說說，因此在國民黨統治下，不管是官員或人民均靠運氣，並不是誰清誰濁，「誰清弄誰」都無法逃避法律的制裁。

- 偉峰說「學者從政而無道德基礎，國家人民穩害的。」這句話很正確。

11/15 ・不能以多元化來否定是非之分。不少高層政客以多元化爲由來模糊「是非之心」，使這個社會無是非之分，才可混水摸魚，造成很亂的社會。

11/16 ・偉峰說：「台灣的政府均先陷人於不義，然後才抓他。」很正確。

・希臘古時先選一批人，然後這批人用抽籤方式執政，執政過的人不得再執政。

・偉峰說：「《華盛頓郵報》評論這次大選，不管是民主黨或共和黨，最大贏家是利益團體。」

・國民黨政府已昏庸到失去公信力，因此高鐵才會聘請民間財團王永慶、辜振甫來背書，審查高鐵預算。

・執政黨可經營龐大黨營事業，如同公務員可經營商業，根本是違法，然國民黨數十年我行我素，目無法律。

・名爲民主，其實是吃天、吃地、吃人民。

・不懂政治的人掌權，不依政治道德和政治倫理及政治學原理，倒行逆施，搞得天下大亂，並以有名無實的所謂「民主」來麻醉人民，作爲其統治的藉口，可憐的是民眾和下一代人。

11/18 ・在台灣的社會生存由於功利思想主導，人人均燥熱（如同食補過多）、火氣大，如不降溫，會束死。郭爲藩在荷蘭可冷卻下來，才不致被束死。

・多元化就是是非不分，因此多元化是無是非之心的人所主張來騙取政權，什麼錯誤均推諉爲多元化社會。

・國民黨政府是「選擇性執法」的政府。

・國民黨是財團掛勾最嚴重的政府。

・政黨怎麼可經營千億企業，內線、利益輸送，國庫通黨庫就是一例。

11/21 ・國民黨高層的敗筆不是騙人，便是行動趕不上嘴巴。

11/26 ・國民黨的高官有權無責，比不民主還糟。

・民主政治是責任政治，有權無責能算民主嗎？

- 民進黨人嚐到權力滋味後與國民黨無異。
- 搞學問的人如果與名利結合，等於無學問。
- 真正知識分子一定超越名利。
- 有智慧的生活，才有人生的價值和意義，這個世間有智慧的人幾何？

11/27 · 看人「頭面」的生活我不幹。

11/28 · 腦筋組織應保持完整清醒，腦筋完整的人才有靈性、有骨氣、有人性、有倫理、有道德、有責任、言行一致、不矛盾、不脫線、尊重他人、是非分明、善惡分清、有愛心、公正、公平心、做的比說的多、為善不為人知。缺上述意識和反應的人，表示其腦筋的組織已受損、破壞、不正常，也即腦筋已壞掉了。

- 接見台灣區電氣工業公會理監事時，一再批判政府的不是、錯誤、官員的不對，忘了自己是政府的負責人。
- 領導人強調民主化和多元化，不談道德，無道德的民主化，無道德的多元化，就是天下大亂的今日社會。
- 記得我當縣長時公館不需侍衛，我也不用侍衛，這些人要他們好好維護治安。有些人為我擔心，說縣長單槍匹馬下鄉走入群眾實在太危險，我答說，縣長做到人家要「宰」他，表示縣長做不好，人家才會「宰」他。縣長做不好，被人家「宰」也是應該的。我為官的觀念和國民黨完全不一樣，國民黨的官員是做不好又要保護他。
- 多元化是混淆價值的。
- 唯有相當條件和環境才能完成某項目標，如要經營國際貿易，你必須有：一、語言能力，二、資本，三、辦公所，四、貿易經驗，五、市場，六、供應商等條件，和貿易環境才能達成。譬如說要教育改革，就須先有良好教育的環境，無好的教育環境，如何去教育？

12/4 · 台灣的官員、民代、政黨吃定「大碗滿緣」（滿到溢出之

323

意）、「要好又要便宜」，這是不公道之事，此種價格觀才造成今日嚴重問題。

12/8 ・「大家混的社會」，爭權奪利，無責無恥，搶官、搶地位，無人格，大官混、民代混、公職人員混、士農工商混，混來混去，真是大家混的社會。

12/9 ・結黨營私，結了黨就會營私。不是國民黨營私，現在民進黨也營私了。結黨就是為了營私，不要再說好聽話騙人。

12/11 ・頭腦不要被「無路用的東西纏住」。

・時間是生命的全部，無時間談什麼壽命，因此我們應超越功利，把一生有限的生命，好好計劃時間、運用時間、珍惜時間、把握時間，好好將幾十寒暑的時間做最高的利用，不要與無智慧和投機分子為伍，更不可與惡人鬼混（有權力的人大部分是惡人）。

1997年

1/7 ・重功利不重道德的人如何推動心靈改革？有道德的心靈，才有真正的愛心，才能不斷自省、尊重他人。重功利、講利害的人不會有是非之分，心靈受汙染嚴重，無改革的本錢，談心靈改革只是抬高身分，騙騙愚笨的人民而已。

1/8 ・有公道心的人，才值得我尊敬，不因地位、職業、階級、貧富而別。

1/11 ・國民黨政府無能、無公信力已昏庸到底。高鐵藉民間財團王永慶、辜振甫、何壽山、高清愿、許勝發為評審背書，一方騙騙人民，一方可搞其財團關係，如此政府還有何資格收人民的稅金呢？

・廢省何必兩年前舉行省長的選舉？既然要廢省，兩年前就不必舉辦選舉。一個政治家或決策者如何對國家建設無十年、二十年的遠見和計劃能力，實浪費國家和人民資源，也是糟蹋人民的。

1/15 ・我不是被摸頭那種貨色。

1/17 ・高層政治人物只有治標的專才，無治本的智慧和能力及責任，這是台灣今日的敗筆。

1/18 ・掃黑掃白均為國民黨政府長期培養（提名公職，利用為選舉樁腳），最後才收拾他，如同養雞，待養肥了才殺牠。唯雞不會害人，但那些被培養的黑白兩道，不知害多少人、吃多少人民血汗錢。

1/19 ・說利害是價格觀，說是非是價值觀。

1/21 ・同一戲班、同一演員、同一故事、同一內涵、同一戲路、同一布景，看久了也會討厭，況無忠孝節義的戲不值得看。可憐的台灣人這樣歹戲拖棚那麼久了，看不厭、看不驚，如此一生只看這齣歹戲就滿足了嗎？浪費人生。

・與對方解決問題時，不要以自己的意見為意見，應尊重對方，先給對方表示意見，給對方提出解決問題的公道方法，然後斟酌雙方差距，再提出修正，並以情理法使對方信服，如此任何

爭端自可解決。

· 爲了節省生命，有人性的可以活、有倫理道德可以活、有智慧有公義的可以活，騙人的名利不可活，順乎自然眞實可以活，其他多餘的不必活，如此才能節省生命，人生活的才有價值，才有意義。

· 人生「該活」與「不該活」應劃清界線，否則一個人沒有那麼多時間去「亂活一場」。

1/31 · 除了身體健康維護生命外，剩下的時間全面用於追求眞實、善良、完美。

· 虛僞的，大家還活得那麼起勁，很奇怪。

· 當縣長八年，幾乎單槍匹馬與司機到處跑，不排場、不一大堆人馬、不威風、不擺架子，好讓每單位的人去做他們分內工作。

2/3 · 在「心靈改革座談會」，華梵人文科技學院院長馬遜說：「孟德斯鳩在《法意》裡說『民主政治要以道德爲精神』。沒有道德，民主政治就變成暴民政治。」（錄自《中央日報》一月二十日第十一版）

· 無智慧、無風骨、無風格更無風範，只靠人家巴結。喜人家拍馬屁的大官有何意義呢？

2/8 · 言行一致的風範，很多政治人物口口聲聲說用人唯才，其實所用的人非庸才便是奴才，由他們的用人，可看出政治人物的騙人眞面目。

· 過去的厚黑學在目前台灣社會算不厚又不黑了，因此過去的厚黑學還可適用，唯面對社會惡化、人心墮落的社會，可能要更厚黑的厚黑學，才能適應。

2/10 · 上香或祈禱時應檢討心是否善良，有否守倫理道德。

2/11 · 做官的說民主，要人民對他民主，但自己不民主，專制、威權，才會想做那麼久的官，做不厭。

· 是價值重建而不是心靈改革，心靈怎樣改革呢？心靈就是心

靈，如何改革呢？

- 偉峰説台灣「權力即知識（Power is knowledge）」，我同感。權力者説「心靈改革」，大官小官均競相引用，連老百姓也起閧起來，可見台灣「權力即知識」。

2/12
- 新春團拜時，國民黨説修憲是提高國家競爭力，還是障眼法。連戰説完成跨世紀建設也是障眼法。一直叫大口號叫不停，障眼他們統治下的嚴重問題，來欺騙老百姓。現在國民黨的口號比過去兩蔣喊得更響亮、更多、更高明，過去比較八股，現在變化較多較有彈性。

- 國民黨先把社會弄得烏煙瘴氣、天下大亂，然後才來收拾，顯示它們有做事、有功勞，如掃黑，先陷人於不義後收拾，要黨員賄選，然後大喊嚴辦賄選，矛盾至極。

- 台灣社會一貫流行兩本帳，商人如此，政治人物更如此。一本實帳，還有一本假帳，有時以實帳來掩護假帳，使人誤認他老實。

2/13
- 台灣學術界何其不幸，執政者為掩護其無知、無能、無恥，起用些學者充當不分區國代、立委或考試委員、監察委員，擔任虛名不重要的官位，犧牲他們一生研究的學問，至為可惜。那些將所學付之東流，甘心接虛官之職，完全失去讀書人的風骨，悲哀！

- 大學應開闢「馬屁學系」或「巴結學系」，以應目前官場文化之需。做官與做官之間只有「馬屁」，馬屁來馬屁去就可當官了，不會這一套的人免談。

- 政務官無風格、無風骨、無風範，比不上生意人。老闆擁有財團、財產，財金壽命比政務官久；政務官壽命短，三、五年就下台，其所以能較財團老闆有意義，原因是政務官有風格、風骨、風範。

- 政治人物的話中，均留有「做官」和「升官」的餘地。

2/14
- 台灣的警察，大體上是在保護財團和權力者而已。

2/15　・首長不正將陷下屬於不義、不正，因下屬必須討好首長，極盡馬屁之能事，隨著首長行不公正之事，上至高層下至一般主管均然，因此首長不正，社會風氣、政治風氣必腐敗。

2/16　・多元化是指人的生活社會發展可多采多姿、豐富充實，並非人格多元化、人的多元化。倫理道德和法律均為一元的，無多元的，如法律和道德可多元化，就不能算為法律或道德，如果道德和法律可多元化，教我們要如何遵守呢？那些不守道德和法律的政治人物，天天強調多元化，以反道德並掩護不守道德和法律，來騙騙人民，才造成今日價值混淆、是非不分的社會。

2/21　・喜被人拍馬屁的人，他所用的人一定找最會拍馬屁的人（馬屁大王）。

　　　・馬屁禍國，真正國家的資源均浪費在馬屁來馬屁去。

　　　・馬屁來馬屁去、騙來騙去、假來假去，是現在官場文化的戲碼，無上述的性格者只好遠離官員（大官）。

2/22　・賴國洲聲明說他今日的成就是自己奮鬥而來，並非靠李總統，說他是因李的女婿而紅，是對他人格的侮辱。

2/24　・台灣民主實質意義是——

　　　一、民代有特權獲取不法巨額利益：工程、都計、貸款、經營不法電玩業、不法砂石場等不法情形，官員必須屈服，處處讓步，任由他們予取予求，貪而無厭。

　　　二、官員為當官出賣公權力，求取民代和財團的歡心。

　　　三、說話可不負責、言行不一致，騙人民的自由和錯誤不負責的民主。

　　　四、人民亂七八糟的自由、自生自滅，與野蠻時代無政府狀態一樣，又要繳稅金。

2/25　・那些終身當大官的人享盡被拍馬屁的爽而已，但其為害國家和社會罪責至深。

2/26　・孔子主張仁愛，但主政者聲聲句句說愛心，卻反對儒家思想。

2/27　・名與利均可比高低多寡，唯人格不能相比。人格各人均需努力

而得到，不需與人相比，人家自會尊敬您，這就是價值。

·人格即有風格、風骨、風範，也即立德、立言、立功的人。

·反對倫理道德的心靈改革，是將人的心靈改革越革越壞。

2/28 ·民主就無總統（元首）兼黨魁，元首兼黨魁就不是民主，如美國、日本、英國。

3/1 ·路邊攤式的政治——

一、兩年前選省長，兩年後廢省。

二、二二八國定日三天完成。

三、二二八碑文安置後數小時，即被拿掉（民間拿掉）。

所謂路邊攤式政治是要排就排、要收就收，最方便不過的，無計劃又隨便的生意。

·要注意，政治人物最會扮黑面和白面，不要上當，隨時會受黑白包抄。

3/2 ·大官在應酬或活動時，見到財團或企業界或有錢人，先亮名片，其用意何在？與新加坡之大官不給人名片相較，台灣的大官確實無格。

·用人與人用：用人是指領導者所用的人應具高度智慧、學識、好品德、能力強，能爲國家社會做事的人，然後才用他。人用是指領導者爲謀其私利，所用的人，無智慧、品德差、能力差、無法爲公做事，只會拍馬屁充其工具、爲其利用的人。

3/7 ·古代言行不一致較難追究，現在資訊發達，言行不一致立即被發現被查出。過去說倫理道德是說給人做，自己不守倫道，現在說倫理道德要自己做起，如自己不遵守道德，在資訊發達的今日馬上會被捉住、被揪出來。因此現在說倫理道德要以身作則，由自己做起，是要負責任的，如說了不做，人格即破產。

3/8 ·讀書時讀到三不朽：立德、立言、立功。考試時也有此題目。雖然久已忘了這些名詞，但我數十年的人生，均在追求立言、立德、立功的境界。我在從政或價值觀中經常提起的風格、風骨、風範與三不朽完全一致，早已成爲我日常生活的內涵、自

然的生活習慣。以現在生活内涵與生活習慣，回想過去考試時的三不朽完全一致，這就是我的人生價值，也是活對了。雖然未刻意重視名利的成就，總能活在立言、立德、立功的人生，已感無限滿足了。

· 權力容易消失，人格是永恆的。

· 台灣的高官主要目的是要被（給）人拍馬屁而已，只要馬屁他就爽了，就滿意了。

· 受功利的影響，台灣只有名利家，而缺維護人類永續生存的哲學家。

3/9 · 因為我有濃厚的感情和親情，因此我有強大的親和力，有親和力表示有黏性，猶如強力膠一樣容易與人結為一體。

3/14 · 惡人長壽原因為——

　　一、不用腦做實事，只做表面爭權奪利以得到財勢為榮，而分泌很多腦内啡，使其健康。

　　二、喜人家給他拍馬屁而爽，也會分泌腦内啡，而使其健康。
　　　　由此可得到權勢之人為何較長壽之理由。

3/16 · 不遵道德的人絕不會遵守法律，政治人物無道德觀念，自然無法治觀念。

· 社會只要有公義，人人口服心服。

3/17 · 有道德觀念的人才有絕對的愛，也是真愛，如依利害而定的人，就只有選擇性的愛，不純潔的愛，非真愛，而是利害的愛。

· 説「愛心」很容易講，但社會上究竟有幾人有真正的愛心，純潔地真正去愛他人、愛社會呢？有道德的人，才有發出內心的人類愛，去關心他人關心社會。

· 靜態時可能有愛，動態時愛會隨利害情緒而變化。如果要有「真愛」，還是有道德修養的人始能為之，因有道德的人不會因利害和情緒好壞而起變化。

· 神愛世人可能較有真愛，人的真愛我有點質疑，因人會因利害

331

和情緒而發生變化。如人有真愛，必須有高度的道德素養。

· 父母對子女的愛可能比神更純潔、更真愛，是無條件的愛。

· 印地安納州Snota Ruger演講，「美國重視民主自由與市場經濟的社會制度」。

· 單純、道德、學識、健康最重要。

· 要說心裡（底）的話不是說嘴皮話，很多政客只會耍嘴皮，而無法說心底話，因為他是無心於責任的工作，只有心當官。

· 一九五〇年代離婚是羞恥的，一九九〇年代離婚是家常便飯；一九五〇年代父母需要孩子，一九九〇年代看情形。全美單親家庭百分之三十三，紐約占百分之六十八、華盛頓特區占百分之七十。根據一九九五年統計，一九九〇年有一萬三千人墮胎。

3/18 · 家庭是倫理（Ethics）和道德（Morality）的第一個學校。

3/19 · 凡事如有周詳計劃和充分準備，工作進行將會很順利，如一下子通過數十個綠燈般，快速達成任務。如無充分準備，就如過一個綠燈馬上碰到紅燈。因此決策計劃應有每次通過數十綠燈的效果，也就是不可計劃只通過一個綠燈的計劃。

· 無人格的官只是大官的工具而已。

3/20 · 無格的官不是政客，便是政客的工具。

3/22 · 國民黨是建立在利害基礎上，非在道德基礎的黨，因此隨著利害而動搖，無安寧之日。

3/23 · 宗教家與政治騙子之會合。悲哀！

3/26 · 很多人一開口「愛心」，其實是愛權力、愛金錢、愛利益後，才輪到愛他人、愛社會、愛國家。因此要說愛心應排除名利，否則愛心是騙人的。

3/28 · 有責任的民主與無責任的民主，真的民主與假的民主，有法治的民主與無法治的民主（選擇性執法），國民黨屬於後者。

· 言行不一致便是不道德，言行不一致就是騙子。

· 反對黨只會演講批評國民黨政府的錯誤和弊端，唯從不查究失

職或瀆職的責任，只是作秀騙騙選票而已。

・國民黨弊端太多，人品太差，查究不完，只好任其毀滅台灣這個社會。

3/29 ・口蹄疫豬隻是恥辱的問題。先進國家竟無焚化爐處理，而用土埋，產生第二度汙染。

4/6 ・政府應有能力做到無法給人關說的機會，並非怪關說者的關說。

・政府頒獎狀太隨便，因此獎狀無意義，不值得尊重，因獎狀須靠關係或酬庸或當選舉的樁腳才能得獎狀。

・政治人物、民代參加喜喪事，南北奔波，浪費大部分時間生命，還談什麼競爭力。

・民主政治不是妥協而是說服，所謂說服是政黨的對辯，對辯即說服。人民可看到政黨的對辯，誰是誰非，作為下屆選擇的依據，至於妥協是暗盤，容易造成分贓，人民無法了解政黨的責任。

4/9 ・參加喜喪事和應酬的競爭力最高，真正辦事的競爭力殿後。

4/10 ・民主自由是未得權力的人，用來推翻有權力的人而強調的口號，有權力的人講民主自由是騙騙人民而已，並非真心的民主自由，如果有真正民主自由，他的權力就很快讓予人的。

4/12 ・大官顯要僅會說「蓋子」的話，無法說「罐內」的話，所以人家說他們「亂蓋」。「罐內」的東西都須經許多「心力」才能製成，是一門大學問，非「蓋子」之表面簡單騙騙人也。

4/18 ・貪汙：落後國家「明貪」、「粗貪」、「小貪」，開發國家「暗貪」、「大貪」、「高明貪」，如台灣。

4/19 ・選舉的樁腳——

一、資政、國策顧問、行政院顧問、省府顧問。

二、即將廢省的所謂「諮詢委員」（省議員改為諮詢委員）。

三、總統府參議。

上述應廢止，否則將成為現任者的樁腳，那些人有何條件可當

顧問、諮詢呢？

4/20 ・對偉峰説——

　　一、拿衣服時應拿領才會平衡、平順，不要拿袖子或拿其他部位。拿領的就是領導人、領袖，拿其他部位的不平衡，口袋東西易掉下去，不能當領袖，是天命注定。我是拿領的人，因此拿衣服應抓住領。

　　二、做事要做正面，不要有負面，否則在不知不覺中會被抵銷掉，如果都能做正面不要負面，一切將是豐富、滿載，否則抵銷後將是空空的。

　　三、不要「因小失大」。掌握大局，斤斤計較於零零碎碎的人不成大事，不可做零零碎碎的人。

4/24 ・政治人物——

　　一、説「有的」，不要説「沒有的」。

　　二、説「有意識的」，不要説「沒有意識的」。

　　三、不參加「政治秀」，多參加「心靈」活動。

4/26 ・説「眞實的話」，不要説「好聽的話」。

　　・「有做才有資格講話，無做沒有資格説話」。如果大家都不做，只説話，這個社會就成爲空的社會，人人連生存都有問題。我是實踐主義者，喜歡做事，討厭「只説不做」的人，因爲説話只要不是啞巴，大家都會説。

4/27 ・令人尊敬的本錢，自己不要花光了，否則將失去人的尊嚴。

4/29 ・道德是内在的、裡面的、暗的，違背無人知道，每人都要遵守，做官也不例外，因此做官的更要守道德。法律是外在的、表面的、明的，掌握在做官人的手裡，因此做官比較強調法治，但自己又不守法，矛盾。

　　・權貴害死人，白曉燕之死種因於白冰冰與高官有交情之誤，以爲權貴可特別保護其女。報案後歹徒看到白冰冰既已報案，不守約束才撕票，害死白曉燕。白冰冰如無交上那麼多權貴就不會輕易報案，白曉燕可能不會死。

- 如果你有利用價值，高官權貴就會對你好、拍你馬屁，但這些都是假的，都是騙人的，白冰冰的受害在此。
- 民主政治是責任政治，不是道歉政治，白曉燕被撕票，立委竟要求官員（朱惠良）道歉，無常識。立法委員每逢政府官員失職時只會抨擊，不會追究責任，因為立委只是作秀，抨擊是作秀最佳方法，無真正解決問題的心。

4/30
- 權力足以使人腐化——
  - 一、人家追求治安責任，高層說不要「泛政治化」，不知政治是何物。
  - 二、不能以道歉代替責任政治。道歉是私人間可以，政府與人民之間不可以道歉，只有責任，如官員犯錯應負法律責任，並非道歉了事。

5/3
- 台灣馬屁力量太大，幾乎可解決一切，反淘汰。

5/4
- 如果是經濟快速發展，社會就會變成這樣，那新加坡國民所得兩萬美金，多我們一倍，為何家庭、社會、政治那麼好？
  台灣政治人物以經濟快速發展卸責，然人民也一樣受騙，悲哀！
- 親情和感情是溫暖、溫馨的泉源，你要溫暖就要親情，無親情怎會有溫暖呢？

5/6
- 國民黨的大官所有時間用來一主持開會，會開完一切也完；二用在餐桌上；三到處作秀，展示威風和接受馬屁，連參加喜喪事也作秀。
- 酬庸性的椿腳太多（顧問、參議、諮詢委員），這些人不是扯後腿，便是介入利益，是破壞國家競爭力的主要因素，不是廢省就能解決一切的。
- 看政治人物的後面，不要看他的秀（前面）。

5/9
- 請大官來演講（談話），等於請他們來放屁，言行不一致，「說的」與自己的行為不一致，自己竟不知道，不是患了健忘症，便是老人痴呆症。

5/10 ・眞理是不能用馬屁拍出來的，馬屁是最無風骨、無尊嚴的、最肉麻的，馬屁是最功利的小人、阿諛小人才會馬屁，正人君子不會馬屁。

5/16 ・道歉還要負責（下台，民事與刑事、行政責任），同時要解決問題，並非道歉了事而不負責任的。

・犯人固應受制裁，仍應有人道對待。犯罪社會有責任，國家也有責，並非只犯罪者自己負責。

・請馬屁精來心靈改革，如同請鬼來醫病。

・政治化的言詞很難心靈改革，甚至破壞純潔的心靈。

5/19 ・許信良是無原則的政治人物，民進黨將栽在他的手裡。

・馬屁比垃圾更髒。

・要講尊敬話不要講馬屁話。

・會做大官的人絕對不做大事，也不會做大事，他只會爲他的當官設想而已。

・國民黨大官是如何做的——

一、巴哈馬斷交，經貿影響不大，過去很多大官也是如此說。

二、爲瑞士洛桑管理學院發表國家競爭力，排在第二十三名，薛琦說「不服氣」，這也是大官的嘴硬法。國民黨的大官大都爲這類型的。他們從不檢討自己，高層也怕檢討自己，因此乾脆推給他人。

5/20 ・不會做官也不會做事——台灣官場；做官也會做事——還算不錯；做事不會做官——很好；會做事又有理想——最好，對國家社會和歷史才眞正有貢獻。

5/21 ・這個國家就是被馬屁倒了，到處馬屁，馬屁發酵。

5/22 ・智慧源於道德、正義、公道、善良，對人類有理想。名利心重的不會產生智慧，財富多的，他的生存空間被財富塞滿了，哪有空間容納智慧，產生智慧呢？權力也不可能產生智慧。

・能與有智慧的人爲友，是人生最大的幸福。

・不源於道德、公義、眞善美的想法不是智慧，而是垃圾。

5/23 ・很可惜，台灣的政治人物不是酒氣就是邪氣，完全無正氣，才會造成今日的台灣。

5/30 ・權威式的道德規範和權威式的法律規範一樣，既有權威人人均應遵守，如均遵守法律規範而不遵守道德規範，那是矛盾的。

・是與非、黑與白、清與濁、善與惡，均為清楚的二分法，不能以多元化的眼光來看是非、黑白、善惡、清濁，否則是非不分、黑白不明、善惡不清、清濁不隔，成什麼社會？成什麼世界？那些有意混淆是非的政客，在主導無是非善惡黑白的社會，好讓他們混水摸魚。

・憲改是國、民合流，國民黨又可度幾年，對李統治有利。憲改可把過去國民黨的法統消除，表示台灣新憲法，李先生也歡喜。憲改也可能是台灣共和國的誕生，憲改也可掩飾國民黨政府腐敗的障眼法。

・廖正豪（法務部長）竟說台灣黑槍有三、四師裝備之多。這是國民黨官員的失職，自己不加反省，反而以英雄式地說此話，不知黑槍存在是法務部長的責任。黑槍有三、四師裝備，難道是老百姓的責任嗎？

5/31 ・元首或總理的言論集並非自己所撰寫，係經幕僚、記者或他人代筆，內涵前後矛盾不一，很多與事實不符，無價值可言。

・情、理、法——
一、以情感解決問題。
二、以道理經調解、和解解決問題。
三、情、理無法解決問題，只好訴之於法來解決問題。
情感和道理如能解決問題乃最上策，用法律是最下策也是不得已。
情：是私人間自行以情感處理解決問題。
理：是以道理經調解而解決問題。
法：訴之於法律應依法解決問題，無法才以理，無法與理時只好以「情」處理問題。

6/4　‧駐外單位各自爲政，如僑務中心、新聞中心、文化中心、經濟單位、教育單位各自爲政，無法統合，談什麼團隊精神，談什麼競爭力？國家對外單位如此設計，眞是無知。照理來說，這些單位應歸由外交部駐當地代表處（大使館）統合指揮監督考核，這是體制問題，連此種體制都無法做到，太不應該。

6/5　‧縣長時說的話，垃圾當私房錢自己保管，經常出現餐廳的公務員都不是好人。

6/7　‧政黨並非全民，只不過是全部的一小部分而已，怎能以小部分的黨、幫、派壟斷全國的資源，主宰全民的生命財產呢？況政黨圈內的政客都是自私自利，以黨的利益高於一切，如此的所謂政黨政治，豈非爲另一專制獨裁的翻版，只不過是名詞不同而已。

　　雖然政黨透過選舉而謂民主，但黑金政治和政客欺騙選民的伎倆，人民受騙受利誘受脅迫的意思表示（投票）並非眞正民意，當然亦非眞正的民主。

　　因此在人民水準低、無民主認知的國度，以民主政治爲政黨政治，然後以政黨主宰或壟斷國家資源和人民生存爲天經地義，如此，政黨這行業是無本萬利的。

　　故我對政黨政治不如當初之天眞，認爲台灣的政黨藉民主之名，圖少數人的榮華富貴，名利雙收與獨裁專制的意義無異。

　　‧我覺得未任公職前沒有好好地活，雖然當時的環境、家境，算來還是認眞活，但現在感覺起來，還活不夠多了，可惜年過花甲，健康不如從前，很想在人生觀、價值觀、哲學觀多做些體會、感受、發表想法給人類，做更完美、更公道、更有靈性的注解，但上蒼是不是要給我機會，亦即給我時間。

6/8　‧人不能與物相提並論，儒家重視人文思想、重視人本教育，提高人的品質，期使人類達到有靈性的眞善美的境界，與科學發展的對物不相干，何能說儒家妨礙科學發展。

　　人的品質高，科學才能發展，人的修爲好，科學發展更好，更

有價值。如同有道德更能賺錢，無道德所賺的錢誰會尊敬呢？故人文思想不但可使人格完美，更能促進科學發展。

· 御用學人和學界介入黨派，造成學人公信力的崩盤，台灣已無超然客觀受尊敬、受信任的學者，做公道改革的先鋒，這是台灣社會沒有救的主因。

· 台灣今日之亂，主政者說是多元化和民主化的正常現象，這是絕頂欺人，無責任、反教育的論調，其實台灣今日之亂源在主政者。

6/11 · 制定（修憲）憲法或法律命令，均應以高度智慧、道德、絕對公正、公道、公平的原則，為千千萬萬子子孫孫著想，並非為某一人或政黨利益為出發點，否則這些憲、法、令，均為災禍。其實制憲、法、令均應如運動會起跑點一樣地公道，不能那一人或那一黨占便宜可先跑，或在起跑點或距離做手腳占便宜，政治人物應有此觀念，不要一味以一黨之私修憲。

6/12 · 執政者最不負責任地是欺騙國民說「民主就是亂，亂就是民主」。亂是民主社會的自然現象，亂不是政府的責任，是民主應有的結果。造成今日人性消失，倫理道德淪落，社會無是非，好壞不分，政治淪為政黨分贓、政黨壟斷，學者為功利淪為關愛眼神的御用工具及介入黨派分享榮華、失去良知，無學人氣質，不受尊重、尊敬，社會風氣敗壞、治安惡化、自然生態受破壞，風雨一到千瘡百孔、災禍嚴重，此係幾年來執政者大喊民主化的政績。如何挽回？難矣。從何做起？除非改朝換代從根做起，否則人不成人，獸不成獸也。

6/13 · 民主，人民做主人。既做主人，人人均應有修身、齊家、治國、平天下的本能，如此才能做主人，民主政治才有效果。

6/16 · 政治、社會只要能達公平、公道、公正，什麼人做都是一樣。

· 不要看不公道的人的臉色生存，不跟不公道的人接近，才不會同流合污。

6/17 · 智慧如清水，智慧也如鮮血。智慧的注入水可清，智慧的注入

血也清。無智慧,水越濁,最後成泥漿。無智慧的注入,血越濁,影響人命。

6/20 ・不分區民代「只有黨意,而無民意」。

6/21 ・道德才是秤錘,財富與權力均非秤錘。

6/25 ・由修憲過程,可看出各政黨領導人他們均無立德、立功、立言之風範,不是爭有形的私利,便是爭無形的利益。

・社團開會,全國千篇一律說無營養的話,大家都聽膩了,浪費時間、浪費生命,甚至受害。

6/26 ・連在時間上我都未曾「害人」——表示不分階級、職業均守時,不讓人家等、害人等。

6/27 ・不要看他在台上的風光,要看他在台下能否受尊敬。

・在台上雖很風光,但下台後可能被清算。

・燁隆假發票兩百億,總裁林義守被檢方限制出境,可能被起訴,然該南台灣最大企業在總統選舉時宴客兩千桌而聞名,其他助選不知多少,足見台灣的政商關係非常密切。

・台灣的企業為何無骨氣要馬屁大官,就是有違法怕被官方舉發,只好花小錢巴結高官而消災,大部分未爆發,但事實均一樣。

6/28 ・要做一位卸任被懷念的總統,不要做卸任後被清算的總統。要做一位萬古流芳的總統,不要做惡名昭彰的總統。在位時掌生殺之權力,人人不得不怕,下任時人人不得不誅之、唾棄之。

6/29 ・淡水河各座橋樑,如忠孝、中興、華中等各橋樑,沒有一座有藝術性的設計。試看金山大橋、香港機場大橋、紐約各橋樑,均為美麗的吊橋,足見台灣的政治人物均為五流。人民繳那麼多稅,他們沒有好的頭腦和責任去做有歷史性、有藝術性的建築。

7/1 ・政治人物如有私心,比妓女更不如,免本錢靠那張騙人的嘴臉,罵天罵地陷害中傷、挑撥離間,製造是非矛盾,從中漁利自己。

- 爲何政治人物不喜倫理道德，因無道德才可胡說八道（亂講話）、作秀騙人民、不負責任，如有道德，他們的吃根就沒有了，因此政治人物不講道德，有道德就無吃根。

7/4
- 人如血氣消失時，就不會追求公道正義，甚至會助紂爲虐。

7/6
- 又是標準答案！行政院成立「漢興黨部」，以與省的「田單黨部」別苗頭，當輿論揭發後，行政院又是標準答案「要以平常心看待之」。不知它們所說平常心的意思何在？如果是平常事又何必多此一舉，另設漢興黨部呢？國民黨的舉動如被人識破，均以標準答案「要以平常心看待之」，幼稚又邪惡。

- 應建立人本精神的社會文化才能救台灣。

- 廖正豪說，要效法新加坡的鞭刑，人家新加坡早就以鞭刑維護治安，然台灣兩蔣時代不用鞭刑，治安做得很好，直到現在治安才惡化，原因乃不提倡道德的人本教育，只在搞權力鬥爭，爲自己及少數財團利益而荒廢了整個時空，又不負責任，及至現在治安惡化到這種地步，竟要用古早野蠻時代的鞭刑伺候，將受人權國家非議。

- 我們還是在國民黨的黨國體制之下，哪有主權在民，眞是無稽之談。如此次修憲也是黨強力主導，應該說主權在黨，非在民。因國民黨一貫是黨在國之先，民當然在國之後，所以民最次要的，因此說主權在民、百姓是頭家，完全在騙人、騙統治權。

- 關於鞭刑——

  一、新加坡犯罪人少，更無暴力犯罪，稍以鞭刑伺候能收以一儆百之效。然台灣暴力犯罪多，槍林彈雨的社會，殺人、焚屍、綁票、搶劫不斷，還怕你的鞭刑嗎？台灣犯罪人連槍斃都不怕了還怕你打嗎？台灣與新加坡時空不合，怎能一概而論呢？

  二、台灣犯罪人那麼多，鞭刑鞭不完，全國天天打也打不完，應詳斟鞭刑在台灣有否市場。

三、被鞭刑的人既留下痕跡，一不作二不休，不如幹到底，將無法收刑期無刑之效果。主張的部長說官話，不深入又幼稚，國民被騙得團團轉。

7/7　‧有道德（公德心）的人是清除垃圾，無道德的人是專門製造垃圾。政治人物如無道德，就是垃圾（參觀廣池學園清潔有感）。

7/9　‧倫理道德是人與獸之別，是人的基本條件，是人性。因此倫理道德是人人應具備的行為和心靈，倫理道德是人的修為、修養、修身。文化是素養的問題，不是修身、修為的層次。人人應有倫理道德的心靈、修為，然後才說精神文化與物質文明的問題。當然應具倫理道德的條件修為後，才感受精神文化與物質文明，故倫理道德是高於精神文化與物質文明的，大家要搞清楚。

有人說道德是專制帝王統治人民的工具，而否定道德的價值。其實如此是怪帝王不遵道德，而不能怪守道德不好，猶如不讀書不能怪書不好。再者，倫理道德是社會生活的規範，自與無規範性質的文化，如藝術、音樂、戲劇、文學、民俗、雕塑等迥異。

無規範性的文化與物質文化可相提並論，但有規範性的道德人人均應遵守，除非不是人，自與其他文化有別。

7/11　‧台灣官場「不是騙就是馬屁」，因此這個國家不是被騙垮，便是馬屁倒下去。

7/12　‧擁有權力和財富的人，沒有好好運用其權力和財富做有益於人類社會的事，等於沒權力和財富。

7/15　‧應以「誠」對付「騙」，應以「尊敬」消除「馬屁」。
　　　‧證嚴法師：以信、實、誠、正、悲、喜、捨為處世心靈。

7/16　‧修憲的交易行為：如果政治人物不具道德形象，也無立德、立功、立言的條件，一味非騙即馬屁的作風，比生意人更不如。政治人物應有風範、風骨、風格為歷史負責。如今國民黨、民

進黨與奸商何異？領導者言行不一致，對「行」不負責，只會說好聽話騙騙稅金，享盡無知、無恥的榮華富貴而已，將爲後人清算、唾棄之。

- 有心能行，腦筋自然清楚有系統、有組織，然後才能帶動、推動理想。

- 違反規範性文化和法律的人，在整個社會中如有百分之十的人，這個社會就不能生存了。

- 宗教界人士如太重視政治權位，有點巴結政治權位的味道，此種宗教人不但失去出家人的靈魂，更失去出家人的本質和意義，就如我看不起介入政治的學者，當然出家人介入政治我也看不起。在台灣真正與政治較沒有來往的，可能是證嚴法師，其他大部分還是利用出家人的外衣頻與權貴交往，失去宗教家的精神。

- 有價值的才能稱爲文化，無價值的不能稱爲文化。很可惜很多政界或高級知識分子不懂文化的意義，連國會打架也稱爲國會文化，馬屁也稱爲馬屁文化，很多惡習也稱爲文化，實在無知濫用文化。

- 將政黨補貼提高爲每年每票五十元（原爲一票補助三十元），太浪費人民血汗錢。今後選舉時應倡導人民投給無黨籍（免補貼），可節省人民血汗錢。

7/17
- 國民黨、民進黨在修憲時能聯合，關鍵在李登輝和許信良見面時，承諾政黨分贓，即將過去補貼政黨之三十元提高爲兩百元的條件下，促成今日國民黨與民進黨空前合作的結果，完全是爲了金錢。民進黨與國民黨同樣不乾淨，人民均被蒙在鼓裡。

- 台灣已無正義公道的社會，已落入以民主爲口號魚肉人民的幫派，民主是台灣人民的罪惡，民主已成爲政黨分贓、劫奪人民權益的道具。國民黨和民進黨已成爲台灣人的災難，已無正義公道之聲爲台灣人呼喚。以民主爲口號封殺「正義和道德」之口，悲哉！

· 只要主政者或高層彌漫功利心態，任何單位工作人員的心無法穩定。每日人心思漢，怎能有守法守制度的人呢？不管開多少會，要如何建立制度，加強人員訓練和紀律或裝備器材，均無補於事。功利一日不消失，人心一日一日墮落，最後投機，官商勾結，違法亂紀者幸運成功，官員在向財勢低頭、靠攏下，功利掛帥，善良者永遠是弱勢，公道何在？

· 看到民進黨幾位重量級人物的變化，才覺悟今世社會真正有原則、有理想的人幾乎是零。他們嚐到權力滋味後成政客，貪婪之心比國民黨更甚。過去高唱民主自由，原來是把「民主自由」當作搖錢樹而已，並非真正為民主自由，而是為自私自利。

7/19 · 傳統與現代——

一、人性與人的本質應永遠一致，不分傳統或現代。

二、規範性文化迄仍一致，不分傳統或現代。

三、非規性文化和物質文明由於時間的增長，當然有差別，但傳統文化有其傳統價值，現代文化也有現代的價值。

7/20 · 原住民就是原住民，不能把他轉化為現代人。各國均在保護原住民及文物。

· 和睦家庭楷模頒獎人，竟找與其母親打官司不斷的考試院副院長關中來頒獎，如此不覺得諷刺嗎？

7/21 · 看到黃烈火先生八十七歲高齡還很健康，不但思維、言語、聽力、眼力都很正常，非常羨慕。他還成立三個社會福利方面的基金會，關心人的修養、關心家庭問題、社會問題，很值得尊敬。想起自己六十二歲，我的生命不知還有多久？不過我想生命長短無所謂，如果給我較多的生命，我還是如過去一樣，為維護倫理道德，為公義而活，願將生命喚醒人性，重建道德的價值觀而活，如果非為此，我將活得無意義，我就不需活那麼久了，隨時可結束我的生命。因生命長短並不介意，介意的是有生命你能給人類做些什麼？

- 人如脫離了道德，還有什麼資格談人生呢！很可惜這個社會偏偏是沒有道德的人在談人生，電視台幾乎被這些無道德的人占著。有道德的沒有聲音，偏偏是無道德的人的聲音，你看這個社會有無希望。
- 台灣的富裕是「垃圾吃垃圾肥」的富裕，由公共建設、交通、髒亂、垃圾處理、家戶衛生、治安、無氣質、無文化可看出。
- 規範性文化如倫理道德是自然的，雖無強制性，但殺傷力比法律大，無選擇的餘地。而法律是人爲的、規範性的，也是無選擇性的，雖有強制性但殺傷力不如道德。

7/22
- 這個社會背後那隻黑手最可怕，暗的力量、地下的操控才是眞正罪魁禍首。看不到的黑手，造成今日的罪惡，才由明的人負責，暗的人享盡榮華。
- 陳永興退出民進黨，民進黨高層出賣人民使台灣失去反對力量，不道德。國民黨收編反對黨（民進黨）等於扼殺政黨政治，也即扼殺民主政治應負歷史之責。

7/24
- 國民黨藉民主化之名，將社會故意弄亂，使人無法注意他們在搞獨裁專制，甚至與財團掛勾，搞自己權位利益，也即故意使人民社會亂糟糟來掩蓋其營私舞弊。
- 電視上《全民開講》節目上，由各黨派代表開講的嘴臉可看出誰是好人誰是壞人，誰是公道話、誰是狗腿，誰是忠誰是奸，猶如歌仔戲上的好人與壞人，馬上一目了然。

7/27
- 廖正豪在民俗村對國際青商中部地區青商年會演講時，一直批評黑道金權，並舉農會選舉，議長當場開槍殺人等一大堆問題，眞是惡人先告狀。黑金問題是廖所屬國民黨所製造出來，社會風氣敗壞、治安惡化，難道廖所屬政府不應負責嗎？難道是繳稅的百姓有罪嗎？國民黨政府得了便宜又賣乖，惡人先告狀。

7/28
- 《自由時報》第二版頭條登載「凍省入憲第二天，李總統指示處理宋辭呈」。按七個月前的辭呈，經李、連公開慰留後，辭

呈在道義上應失效，如今竟將這張廢紙當令箭來收拾宋楚瑜，太恐怖了。入憲第二天是七月二十二日，林以和告訴我，該日上午李先生到蔡萬才處感謝蔡寫文章罵宋，並聊談兩小時。由此看來這則新聞有可信度。

7/29 ・我們這個社會的病根因私心重：一、無道德、無正義、無公道、無倫理、無是非，二、只有功利的、爭權奪利的、非騙即拍的、投機取巧的、損人利己的。

・到長庚醫院探病，發覺車輛那麼多，那麼大的停車場停滿滿，醫院內如菜市場，產生靈感。
光復前後人口六百多萬，醫院那麼少，現在人口兩千一百萬，多三倍，照理醫院也應多三倍。但現在醫院可能多十數倍，病人也增數十倍，顯示物質生活好，生病的人也增多，原因何在？政府有責任查明究竟。

7/30 ・暗的獨裁專制比明的獨裁專制更可怕。與財團掛勾的政府不會有公平和乾淨的政治。執政者缺道德理念，只會把權力用於私人的喜怒和私利，並用趕盡殺絕的殘忍手段排除異己。

・台灣人的悲哀，在於無道德基礎的腐化權力，和財團結合的統治下，無真正民主和公義的社會可言。

・任何名與利都抵不過我終生所喜愛的道德與公義。

7/31 ・七月九日記載，將精神文化分為規範性文化與非規範性文化。規範性文化即倫理道德，如法律無選擇性，即無選擇性文化。非規範性文化如音樂、美術、戲劇——不管喜古典、現代，甚至不喜歡，誰都不能說你不對，與物質文化一樣。你喜一客五千元或喜一客五百元甚至一百元或不吃，誰都不能批評你不對，這是選擇性文化。

8/1 ・智慧高於能力，能力只能處理事情而已，有智慧的能力才能做更完美的事，對人類有所貢獻。智慧是軟體，能力是硬體。軟體與硬體結合才是完整的。

8/4 ・馬屁的災禍——

一、拍馬屁的對象是有權有勢的人。

二、馬屁的目的想藉攀龍附鳳壯大自己聲勢，以便欺騙無知，使人誤以為是權勢旁邊的紅人。

三、馬屁的另一目的，想使有權勢者重用他或從權勢中得到好處、利益。

四、因有人喜拍馬屁，得到權勢的人自然喜人拍，拍會爽是得權勢的主要目的。

五、喜被拍與喜拍人的搞在一起，使天下烏煙瘴氣。

六、喜被拍的權勢者，自然起用會拍的人，不拍的人永無機會為公做事。

七、會拍的人，臉皮厚、心黑、無羞惡之心，為目的不擇手段，才拍得下去。

八、會拍的人，通常是無智慧、能力，無實力做事的小人。

九、權勢者喜用會拍的人，表示他自私，只要對他好，在面前能說給他爽的話，一切OK。

十、台灣的有權勢者喜用會拍的小人，位居政府要津，這個國家社會希望在哪裡。

‧民主模糊了真理和道德、公義。無道德、人格的人，只要能大聲喊民主、自由，就可成為社會的主流。在吃賭與吵賭的人占盡優勢之下，可憐的忠厚百姓誰敢向他們嗆聲呢？

‧如果不談主權國，我此次到日本六天，發覺到日治時代的教育、秩序、守法、道德、家庭生活、社會風氣，壞人少，是一生中真正活得有人生價值和溫暖，雖只短短十二年，很純潔、單純、公平。如今連日本都變了，也是被民主口號模糊，斷送日本明治維新以來良好傳統，台灣更不必說了。

‧傳統經過數千年人類的奮鬥所留下的精華文化，已成為人類生存的價值，並成為人類自然生活的習俗，如人類須穿衣服，不能暴露或裸體（公眾），這些都是傳統生活習慣已成自然。因此自然與傳統很相近，破壞自然就是破壞傳統，破壞傳統等於

破壞自然。

8/6　‧拍馬屁的人自己的尊嚴和靈魂完全喪失才會拍得出來，有尊嚴、有靈性的人絕不會當小人來巴結人家，馬屁精是國家之大害，高層首長喜被人馬屁，是自私害國的行為。

　　‧馬屁多，一切均虛偽，久而久之，國必亡。無格的官員製造這麼多的馬屁精，敗事有餘成事不足，全世界最多馬屁精是台灣。

　　‧喜做官的人要一套馬屁哲學。

　　‧我在釐訂政策或方案時，每個字都思考可行性（如資源、法令、影響力、效益），才敢寫在文字上，如無可行條件的文字，絕不敢寫上去。很可憐我們大官小官在釐訂政策或方案時，從不考慮可行性，只會如文章般的長篇高論，只是號召騙人而已，並無心落實政策與方案，台灣的腐化，就是如此高官的不負責。

　　‧為何我不加入國民黨？因為我要做事，才不加入，加入的人都是為著要做官才加入。加入的目的是為做官，不是要做事，加入後要受控制，縱然要做也難做。

8/8　‧國民黨由劉泰英主持的黨投資會，掌握數千億投資證券、股票、房地產，加上政權的運作，是世界最大的財團。民主國家的政黨是財團嗎？只有無知的台灣，才有最大財團的國民黨。這種財團是壟斷、控制、是專制獨裁，無民主可言。

　　‧蕭萬長要組閣，記者問他時，他答層峰要他做什麼，他就全力去做。這種話表示，層峰並不亞於二次大戰時的日本天皇。當閣揆應有立場、主張、原則、使命感，更有立德、立功、立言的條件，如僅為層峰要他做什麼他才做，那就把閣揆當作小人，能君應不會喜歡的。

　　‧政客、高官欺騙人民天天騙，連監獄的詐欺犯都不及他們百分之一。然那些騙人的高官不但免關，還有司法和軍隊保護他們來騙民，甚至保護他們來冤枉人民。不幸的台灣人（《商業周

刊》委託哈利士國際公司台灣分公司的民調，近七成民眾認台
灣政治人物，說的一套做的一套，以公益掩飾私利，誠信度百
分之三十）！

‧江湖式的競選方式應改變，人民無知識、無是非心，才以江湖
式競選活動，如今知識提高應有是非、善惡之分，不應再用江
湖式的騙法。

8/11 ‧台灣的社會「無知勝有知」。因為無知的民眾較多、易騙，因
此政府高官說「無知的話」，無知的民眾較會認同，故無知勝
有知。也即「知」與「無知」差不多。

‧最不重視「公共安全」的政府——

一、緊急醫療體系無法建立。

二、消防體系裝備落伍不足，人員少。

三、導航設施落伍，航管人員少。

四、交通事故世界第一。

五、休閒遊憩地區安全設施不全。

六、治安惡化。

‧無尊嚴的高官可憐哉！看人臉色而做官的更可憐！

8/12 ‧以利害為出發點的行為均非道德的，以利害相處的均非出於誠
信的，而是互相利用的。

‧高層「有恩必報」這是對的，不過如以「公器私報」是自私
的，並非有恩必報的道理。

8/13 ‧權力如刀槍，要戒之濫用，如濫用，比強盜殺人更兇惡。

8/14 ‧「倒死囝躺式」（任性妄為、不負責任之意）的民主化（不負
責任、任社會腐化）是國民黨政權的口號——民主化。

‧解決台灣問題：一、很了解問題，二、有智慧、品德、能力的
條件，三、有心做事，不做官的人，四、哲理清楚，自然有無
形的解決方法，五、有責任心完成任務。

‧白曉燕三主犯，林春生等迄未捉起來，任憑消遙自在，八月八
日又幹了一票，陳姓被害人又被該三人綁票，勒索四百萬，對

政府是一大諷刺。全世界無此情形，幹了勒索，殺害肉票又經數月後繼續綁票，足見這個政府的無能。很見笑，可恥，又無官員要負責。

· 馬祖墜機亦然，官員推來推去，均說無錯誤，錯誤的是那些納稅的死亡乘客。

· 大官顯要享盡榮華，收稅抽頭，作秀說大聲話，媒體被他們占用，無品格、智慧和能力。地層下陷人不成人，人民生命安全受威脅剝削，自行負擔生存風險，官員誰能對人民負責呢？稅金交他們，死自己負責，政府這種算盤誰也會。

8/15 · 當厭倦的名利已不慣於生活時，可天不怕地不怕，大方地追求真理，不需看人臉色，自然自在地生活，是人生的真諦。人非為名利而活，而是為人的內涵和人格而活。

8/17 · 總統府資政、國策顧問，兩蔣時代有相當資歷和貢獻者始足當之。現在資政、國策顧問只要對他有好處，利用或工具，椿腳、金主、選舉功臣均足當之，完全為私人的酬庸資源。

8/18 · 以民主化的口號來執政就吃不完了，無道德觀念的高官不管治安會議開幾次，均無法解決，反而執政越久問題越多。很多問題和弊端、責任，均以民主化為由騙過去。因此執政者永久不需負責，錯的是人民，對的是他自己，永遠他是對的，用威權透過功利的媒體掩蓋他的責任。

· 治安不是破案就能解決，是教育、政治社會所造成的。治水不是水溝就能解決，濫墾、濫伐、濫建所造成的。

8/21 · 馬屁多競爭力自然弱，因此我說這個國家遲早會被馬屁舞倒（弄倒）。

· 騙來騙去，馬屁來馬屁去，即非騙即馬屁。

· 林肯大郡等災害官員的心態——

　　一、首長說大話「追究責任」，這是標準答案。殊不知很多大官都是他們選擇任官的，要追查責任應追查自己才公道。

　　二、「道歉」了事：台北市政府副市長、祕書長陳哲男代替陳

水扁向市民「道歉」。連民進黨也學會這一套，只要會「道歉」就能當大官，難道道歉後就無責任嗎？如此並非民主政治，是道歉政治，不是責任政治。

- 無道德──眼睛起濁──起瘋狗目──亂咬人、亂傷人──爲害社會人群。

- 有對事不對人的智慧，能堅持正義和公道發言和貫徹的人都值得我尊敬，惜這種人已成爲稀有動物。大多是趨勢附鳳，西瓜偎大邊，無骨頭髓的人。

- 有吃的人說有吃的話──國民黨，無吃的人說無吃的話──新黨，吃一點點的人說吃一點點的話──民進黨。這些可在電視鏡頭上（TVBS、民視、友聯等）看到他們的眞面目。由此可見他們是被僱用來當打手，由他們的嘴臉可看出他們得到好處而賣身、出賣色相。由他們的嘴臉可看出他們無正義感、無是非心，是不值得一看。可惜人民對電視好奇，而被那些在鏡頭出賣色相的迷住。其實值得尊敬的，是有吃的人會說公義話，無吃的也會說公義話，很可惜這種人已很少。

8/22
- 寧與有道德有公義的小民爲友，都不願與無道德、無公義的高官、富人爲伍。

- 資政、國策顧問之類是威權的產物，是在位者酬庸的私房錢。

8/23
- 有錢使鬼會推磨，同理，財團支配國民黨高官的施政與用人。

8/24
- 台灣的學術是學「術仔」、「豎仔」，學者是學客。

- 財團與政客的結合，加上民主騙術造成台灣社會無公義。人民應硬起來鬥爭這些政客和干預政治勾結高官的財團。官商掛勾的政治比獨裁政治更可惡。

8/25
- 國民黨批他人「爲反對而反對」，而自己呢？「爲贊成而贊成」、「爲護航而護航」。眞是只准自己點火，不准他黨點燈。

- 如今天子只會「追究責任而不負責」，古代皇帝是「下詔罪己」，比現在天子漂亮得多。

- 財團＋缺德的領導人物＋無責任的民主化口號＝人民的災難。
- 國民黨黨產的龐大＋內線交易＋財團的結合＝台灣不會有眞正的民主政治，而是黑金政治。
- 國民黨十五全代表選舉中央委員，送重禮買票情形不輸於菜市場。雖然吳伯雄一再強調換票、賄選要嚴辦。結果兩千多代表都買票賣票，如何辦起呢？其實地方和中央選舉均爲國民黨帶頭賄選，也是國民黨的專利商標，是國民黨最拿手的，如今國民黨自家選舉，國民黨最拿手的賄選，當然搶手。
- 國民黨今日在台灣的成就——
  一、破壞道德最成功。
  二、建立賄選政治。
  三、財團和高官結合魚肉公義，使社會無是非。
  四、財團＋權力＋情治＋軍隊，比兩蔣時代之將財團剔除還厲害。
- 國民黨政府之賄風嚴重其來有自——
  一、不重道德、人格、賢能。
  二、以金錢衡量利害的價格觀，因此以「私利」爲出發點的政權，亦即「金權」爲「命脈」而生存的政權，如無賄選，國民黨自然會消失。
  因此我們應認爲國民黨不重視道德、人格、賢能，眞正好人絕不能出頭，只有永遠賄選，直至子孫的根被絕爲止。
- 看到國民黨十五全大會的場面，可說集黨政軍財於一黨，如此不公義的力量，我們培養出來的民進黨，很可憐竟成了國民黨的應聲蟲，民進黨也成爲國民黨搖旗吶喊的小丑。許信良等少數投機分子爲一己之私，西瓜偎大邊，甘爲他曾在美國說過國民黨應從地球上消失，如今反而擁抱國民黨，擁抱得比國民黨黨員更緊更親密，眞是不幸。國民黨那麼大力量，許信良爲首的民進黨實微不足道，雖然許在獻媚進而謀取小利，以國民黨那麼大，民進黨如獻媚，對國民黨沒有什麼作用，只是象徵性

充為人家的工具而已。

8/26 ・有些打拳頭賣膏藥（苦肉計）的民進黨員，無志節、無理想，只為私利而裝模作樣，雖有人被關坐牢，也是打拳頭式的賣膏藥而回收利益而已。如與國民黨合作合流分贓，政黨補助款由三十元提高至兩百元，並過著花天酒地的夜生活，其目的也是得到榮華富貴的生活而已。

8/27 ・作官情操最重要，很可惜台灣的大官是「非騙即拍」，談不上情操。

・官員有情操國則興，官員無情操國則亡。

・大部分的人是「西瓜偎大邊」。這種人大家稱為「聰明人」或「識時務者為英雄」，也可被稱為「投機分子」、「勢利眼」，這些人在我看來是最不出息、不入流、無骨氣、重利輕義的垃圾，部分家財萬貫「無是非」，長期地西瓜偎大邊，偎專制的國民黨權貴，雖享崇隆的榮華，但人格何在？我一生只偎公義，不偎權勢，更不會下賤地「西瓜偎大邊」。當一個人被我發覺無公義時，我馬上疏遠，不管他的權勢、財勢有多大，都不值我瞄一眼。

8/30 ・台灣的社會，錢就是「是非」的標準，權力就是「是非」的標準。縱然有些是不盡然，但那是選擇性的。

9/1 ・一個人腦內已有「利頭」，他的思維、言、行，都不會有公義，為了自己的私利和嚐到權力的甜頭甘心出賣人格，實在可惜！

・一個人說話無超然、客觀、公義時，表示這個人不是得到私利便是嚐到甜頭，不要浪費時間生命與之相處。

・李先生昨日罵媒體在Call in中批評他及國民黨，是故意安排人來罵他們，我想台灣媒體很有可能，包括國民黨、民進黨的媒體亦然。但如按TVBS李濤說《2100全民開講》絕無事先安排的說法，則TVBS Call in的最多，表示人民的心聲是有真實性，那麼執政團隊應接受嚴屬批判，徹底檢討反省，甚至要負全

責。收人家的鉅額稅金，不能接受人民批判監督，則比過去專制時代更無道。白曉燕案、林肯大郡災害不該罵嗎？

- 爲一個人而當官，而當官只看一個人的臉色做事，此爲狗官。

- 國際四大社團喜常請大官來說話，是最無聊的事。大官來說官話、訓訓話、說廢話而已，說無智慧、無公義、無內涵的話，浪費時間和生命，況那些喜大官來說話的人，縱沒有得到好處，只不過是那些大官能使他過過拍馬屁的癮而已（拍馬屁會爽）。

- 大官向財團投靠是台灣政治的敗筆，金錢和權力壓制公義、收買公義，是台灣社會的墮落與腐化，是國民黨主政的特色。

- 滿身公義血，滿腔道德心，有此天性未能爲更多的人類做事，枉費老天爺給我的生命。

- 老子說「大智若愚」、「忍耐」，畢竟沒有生命可「忍」可「愚」了，到底「忍」與「愚」是對還是錯呢？會不會太消極了呢？

- 土地廣大的國家實施民主自由較能達成目的，土地狹小的國家因人口密度過高，國民品質如不高，實施時問題叢生。

9/7
- 官員利用公務時間參加婚喪喜慶，大作私人公關，與貪汙何異？如此惡習不消除，遑論國家競爭力。

- 政黨補助款由一票三十元提升爲兩百元，顯示一手要選票，一手要錢，魚與熊掌均要，猶如吃人黨。

- 無正當的政黨焉有眞正民主政治，政黨經營世界最大內線交易，又要人民納稅錢的補助款。

- 掌握國家公器的大官，做爲選擇性執法或與財團掛勾或因人而異的作爲，均非善類，國民黨的大官大多屬此類。

9/13
- 國民黨政權數十年來是靠出賣道德、公義、公權力、公的資源而生存的，如民代自肥，（省議員）年薪四百萬、立委、地方議長座車三百七十萬、退職金……完全違背議會政治原理，造成今日貪而無厭的社會。

- 出家人如此注重名利，完全違背佛陀放棄王位普度眾生的心意。
- 領導者應只重視「根」、「原則」、「領」的問題，至於「枝節」領導者不必參與。可惜台灣的領導者只懂「枝節」，無「根」、「原則」的意識。
- 領導者處理事情要無私無我，有輕重先後之分，不要棄公，而從事私人公關。
- 無是非的社會，政客最容易混。並成為「是不及非」、「善不及惡」的反淘汰社會。

9/14
- 高雄瓦斯爆炸造成慘重死傷，但李樹久前往慰問時竟以握手方式，我認為失當。以往政府高官慰問受難家屬時亦以握手實屬不當，應以行禮方式為之。受難家屬應拒絕握手。

9/15
- 李訪洪都拉斯，該國為表歡迎在報上登廣告，中華民國國旗竟為五星旗，李夫人換為余陳月英，足見這些國家是應付應付而已，連國旗和夫人都可改換，這種關鍵性大差錯的國家，有邦交之名，無邦交之實。

9/17
- 反對道德，無道德的人說什麼誠實，自己根本不誠實，更無資格說誠實。
- 金錢掛帥的台灣，林肯大郡、高雄氣爆死亡，均以金錢賠償了事。人命是無價的，而國民黨與民進黨合流的政府均以金錢平息生命災害，人（官員）從不負責，也即台灣諺語說的「錢去死也不免人去死」，因此台灣錢淹腳目，政府財富太多賠不完，死人無論多少，政府均可應付，也因此政府從不負責，負責的是人民的血汗錢，而不是官員。

9/18
- 民進黨如不重道德，與國民黨何異，無道德比國民黨更爛了，還有何資格批判國民黨，更無資格取代國民黨政權。
- 李批宋是孫悟空，走來走去走到無地方走還是會回來，也即逃不出如來佛的手掌，這是父權時代的想法。
- 別人會爽是最不尊重人的，也是不懂民主的精神，民主主要精

神在維護人的尊嚴,所謂尊嚴是要尊重他人,受尊重才有尊嚴,民主政治的目的在此。

・政府官員不能鼓吹人民買股票,首長說現在買股票一定賺,很準,當天股票大漲一百七十幾點,首長可說這種話嗎?如果今日股票跌停板,該首長如何負責?

9/19 ・我不受無道德的大官灌頂。

・李所說的話,總是要再解釋一次,好像媒體記者數十人均聽錯或亂寫,如照李說媒體報導無一項是實話、實事。這種不實的社會,難怪天下大亂。

9/26 ・德育為五育之本,也是五育之首,非五育並重。

9/28 ・亂七八糟即多元化的意思。

・孔孟學會會員大會幾乎清一色為外省人,只有我是台灣人,幾乎是年老之人,我可能算年輕人喜愛儒家思想的。文化是不分國界,孔子是亞洲人的。

・總統賀詞「心靈改革的內涵與儒家精神一致」,符合「修身、齊家、治國、平天下」的道理。

・人本思想可能很難推動,因政治人物(尤其民意代表)大部分不喜道德,因道德不適於他們生存,一講道德,民代一定群起而攻之伐之,因此教育當局不敢提倡儒家人本教育。

・一九八八年世界各國諾貝爾獎得主集會於法國巴黎,曾發表共同宣言,其中有云:人類要在二十一世紀生存下去,必須要回到兩千五百年前的孔子那裡去尋求智慧。

・四書之中,「仁」字出現兩百五十一次,「義」字出現一百三十次,「道」字出現一百八十七次,「德」字出現一百零次。

9/29 ・許信良強調他領導的民進黨正在轉型,沒錯,是轉型與國民黨一樣,如此犧牲無數的反對人士竟轉型與國民黨一樣,令人遺憾。

9/30 ・皇帝、天皇的話,黑的也變白的,善的會變惡的,無是非、公道可言。

- 民進黨十一年黨慶，竟以暴露的辣妹舞——一種不嚴肅、不莊重，而小丑型的活動。不懂民間疾苦的反對黨，貪圖坐享其成的榮華，是台灣人的恥辱，如果全民均如民進黨領導者無能力只想取得政權，分贓利益和享受，則我們應唾棄之。

- 現在是台灣人最不幸的時候，國民黨以無形的帝王專制「主權在民，假民主的外衣」披在國民身上，加上利用本省、外省的矛盾，騙取無知人民，又與財團結合，和不爭氣的民進黨合流，使台灣人無法見天日。

- 道德基礎不好的人不會穩重，只是輕浮妄動，此種人領導國家社會最危險的。

- 主政者聽到輿論的評論，說是「惡意批評」，對民眾的Call in則比為「安排的」，對民代當面陳情說是「囝仔話」。

10/1
- 中共十五全大會，黨代表只有兩千一百人左右，國民黨黨代表兩千三百人左右，中共選出中央委員兩百一十人左右，國民黨中央委員兩百三十人左右，中共政治局常委只有七人，國民黨中常委三十一人，中共統治十二億人口，國民黨統治兩千一百萬人，約中共的六十分之一，但黨代表中央委員均比中共多，中常委則為中共的四倍半，試看國民黨是分贓官位的黨，不是真正要做事的黨。

- 國民黨的封官是酬庸，不是真正有道德、有智慧、有能力的人。

- 無道德就無法治，加上無責任的假民主，台灣怎會有好的一天呢？

- 無道德觀念的教育，是失敗的；無道德觀念的政治，真正的民主法治是不可能的；無道德的國民，無論多好的制度均無法執行。

10/7
- 格拉納達（Garanada）的阿爾罕布拉宮建築為全世界最美、最具藝術價值的建築，是阿拉伯統治西班牙最後基地。

- 有最美麗廣大的花園，有最美的扁柏剪成圍牆隔間，也是世外

桃源人間仙境。

- 爲阿拉伯式建築，阿拉伯式雕刻花紋，細膩華貴，令人嘆爲觀止。
- 有文藝復興時期的天花板設計。
- 守衛佈置嚴密。
- 有四種水來源，熱水、冷水、飲用水和洗澡用的香水。
- 對國家有貢獻的人，死後必須將屍體洗乾淨再噴香水，然後埋葬於宮邊的墓園。
- 卡羅斯王五世的皇官。

10/8 · 台灣的人死去喜組治喪會、公祭等名堂，其實那些治喪委員並非至親至友，大部分是吃天、吃地、吃人民的政治人物，甚至黑道、無道德的財團所組成的，這些人並非善類，因此組織惡人爲治喪委員會來公祭，豈非對死者的不敬和侮辱，除非死者與他們是同夥的。符兆祥向李必賢說，李總統向王惕吾悼祭，出去時一扇門突倒塌，表示王不喜李。

10/9 · 資政、國策顧問勳章褒揚令均無體制，成爲執政者私人酬庸和公關的資源、工具，使上述榮譽浮濫、無公信力、水準差，不受人尊敬，國家無公義的表彰制度，榮典失去意義（於馬德里）。

- 我是活未來的，未到先活與老子無爲而治（爲之於未有，治之於未亂）。同理，任何事未發生問題前先考慮周詳，防患於未然，人民的需要未到，先爲他們設想好，如此不會等發生問題才處理或人民需要的無法事先準備妥當，讓人民等很久才做好。我的想法、做法都是活未到的，有開創性和創造性本能。很多人只活現在，活天活地，這種人最多。也有不少人還在活過去的，也即活發生問題的或人家已活不要的，他還活得很過癮。

- 看所有的人，絕大多數均極爲功利，看權力和金錢如生命，自己拚命追求權力和金錢，或極盡能事馬屁有權力者或財勢者。

我自幼迄今，明知金權爲大家所追求和喜愛，但我仍無所動，還是堅持道德人格高於名利，這是我的人生價值觀，已無法改變。如果我有時不得已追求權力，並非爲功利或私自的榮華富貴，而是爲維護人類的本質、本性的存在，爲道德公義而爲，爲人性價值而爲，爲人類永續而爲的。

· 爲名利無是非的是垃圾，爲名利無道德的是小人，向名利低頭的也是小人。

10/11 · 國民黨政權以民主之名行其無能無責之實，也即「死囝仔躺式」的政治，讓人民與人民之間互相抵銷自然淘汰，至嚴重時才動用公權力收拾人民，這是國民黨政權的真面目，這款政府不要也罷。

10/12 · 到義大利南部龐貝古城，看到遺址上的公告欄貼有選舉候選人廣告，簡單明瞭，僅載候選人的正直和德行而已。兩千年前龐貝人的選舉，主要還是以道德爲取捨條件，如今的選舉從不談道德、正直，才造成黑金政治，比兩千年前龐貝人還差。

10/13 · 昨天看到龐貝古城，發覺古代貴族家庭，當時工人就是奴隸，想到今日的財團（資本家）和古代貴族無兩樣，因權力與財團結合，則財團儼然和過去權貴的貴族相同。如今的勞工與過去的奴隸一樣，被資本家榨取勞力，雖現在勞工有勞基法保障，但只是門面而已，永遠與資本家的貴族無法相提並論，故現在的財團與古代貴族同，現代勞工與過去奴隸一樣。只不過現在可稱呼爲高級奴隸而已。

10/14 · 台灣政治落在無知的政客手裡，國家的方向、國民的格調、社會問題、貧富差距、治安、教育、價值觀、現代化規劃……完全無知，有權位的盡量揮霍公帑，享盡榮華富貴。

· 不可用傀儡來當政務官，政務官應具高度智慧、情操和能力，情操即骨頭髓，很可惜現在高層喜用傀儡不用有風骨的人才。

10/15 · 台灣的人大部分只有錢性、功利性，而無靈性、人性，尤其有權力的人和財團。

- 有權力和錢財才對你好，那是馬屁而不是尊敬。
- 一個人真正有成就，才受尊敬。如不受尊敬，縱然有多大權力或錢財的成就，都是毫無意義的。
- 有得吃便說有吃的話，很多有讀書的人，朝著這方面發展，太可惜！
- 政黨與幫派之差在於政黨有公義性，否則與黑幫何異？
- 台灣的大官先要學會上香、獻花、三鞠躬就可當之。林肯大郡案、空軍墜機案等等，大官顯要只會參加公祭，化解苦主的反彈，而不知責任。
- 無責任怎會有民主呢？
- 國民黨政府的建設不但工程品質差，更談不上有文化藝術品味。
- 台灣已成為「沒完沒了」的國家。青少年的問題、犯罪問題、災害問題，均是「沒完沒了」。根已爛，大官不重視治本，只重功利，奪取政權，當然是沒完沒了。
- 道德由自己行為做起，做模範，然後時常為他人設想、照顧別人、關心社會，維護公義。

10/16 · 參加人家的公祭看到輓聯、花圈和祭文，生平介紹幾乎是道德滿章來讚美死者，但活人的社會從不講道德。道德似是死人的專屬，活人無道德。
- 晚電告偉峰：不但金錢要用於刀口上，時間也然。

10/17 · 執政者應具道德和高度智慧，領袖群倫，並非以花樣騙取政權。政治是嚴肅的課題，如喜跳舞或唱歌，何不去當歌星或舞者。
- 執政者無法提出政績和具體方案，以跳舞和唱歌做競選活動內容，騙取選票，是台灣的悲哀！政治永無法變好，甚至變壞。
- 權力和金財容易腐化消失，不值得羨慕。道德文章（人格）是不朽的，值得追求。

10/18 · 不能做的事、無法做的事，政治人物能在口中說出要做什麼什

麼，不是騙人便是精神失常，也即形影分離的行爲和想法。

· 領導階層應赤膽忠心地重視國事、歷史、下一代子孫一百年五百年以後的遠見，是對事不對人的工作。不幸我們的高層大多是對人不對事，以其執掌的權力，作爲對付人是不公平的。對付人有兩種後果，一是不喜歡的人或不利於他的人，可以公權力吹毛求疵地打擊他或陷害他，二爲與財團掛勾，以公器及公資源來作私人人情或酬庸，賄賂他所喜歡的人，如此比過去的皇帝更皇帝。雖口號是「主權在民」，但骨子裡是獨裁專制，騙不過我。

· 政府高層參加公祭不少，每逢下鄉，均故意穿夾克僞裝慘兮兮的平民，誤導人民以爲他平民平實清廉。其實這些穿夾克的人，背面在享受榮華富貴，誰知道呢？

· 台灣執政者故意以天下大亂的民主來掩蓋其專制害民之實。

10/20 · 好的都屬於他，壞的都是別人的，這種人最自私，很不幸，我們的領導階層竟出這款人。

· 應多與家人吃飯，盡量減少與他人吃飯（應酬），多與家人聚餐是最溫馨、最健康的，也是最幸福的。

10/21 · 政府不可干預股市。政府角色只能取締違法炒作或內線交易，如果以政府龐大資金介入股市，則政府成爲股票大戶。不管爲某人的聲望或執政者的形象，均不得介入賭博市場。全世界無這種政府，天天介入股價或大官顯要叫人買股票，不像一個政府。況政府護盤均是不公義的，對未買股票的國民不公平，拿公家的錢來爲少數股票族護盤更不應該。

· 治安改善治標方法——

一、不良少年、黑道、犯罪傾向的戶口，集中建檔，管區警察負全責。

二、上述人員（犯罪傾向）全面清查其關係，並建檔（電腦）。

三、槍枝杜絕。

（一）自動報繳；（二）杜絕私槍進入（零進入）；（三）現有私槍清查，不准私槍存在；（四）使社會無私槍。

四、政府應有此決心，否則下台。

五、台灣治安惡化，國民黨主政者應下台向國人謝罪。

‧爲了維護國民黨政權，國民黨高層不惜與魔鬼擁抱，與黑道掛勾，同流合污，造成今日魔鬼的壯大，黑道的猖獗橫行、社會不安、治安惡化，其罪責嚴重。

‧香港中文大學教授饒宗頤專題演講〈從出土資料談古代養生與服食之道〉，內容豐富，簡單明瞭。

一、玄道子李頤之「導」氣令「和」，引體合「柔」，彭祖四時之和，春生夏長秋收冬藏自不虞有病。

二、天人合一。人與自然合一，天和者謂之天樂，人和者謂之人樂。

三、「夫德，和也；道，理也。德不容，仁也；道無不理，義也。故和之與理如德之與道，德近仁而道猶義。」（《莊子》繕性篇），叔夜謂「和，理相濟」，無異謂德與道相濟，其區別和與理爲二事，義本莊生。稱之莊書之言「和」。和之境界，是至德上德，如水之平，內保而外界不能蕩之。

「夫恬淡寂漠，此天地之平而道德之質也。……平易則恬淡矣，平易恬淡則憂患不能入，邪氣不能襲，故其德全而神不虧。……去知與故，循天之理，故無天災無物累。……虛無恬淡，乃合天德。」（《莊子》刻意篇）故莊子認養生之最高理想在「和」一字，導引只是手段，非其目的。

四、多吃礦物質：如水、玉、雲母。

10/24‧昨天又發生重大刑案，整容外科方醫師、太太及護士三人三槍斃命。立委質詢，蕭萬長答稱非僅治安，社會風氣、教育

均有問題。但誰又造成社會風氣敗壞，教育失敗呢？當然是收人民血汗錢（稅金）無能、無恥的國民黨政府，這是國民黨的罪惡。台中大火六十四條人命，林肯大郡二十八條人命、白曉燕案、警察被殺、軍機墜落，我們看到的高層官員，一點都不負責，也無表情、無人下台，只會道歉、上香、獻花、鞠躬而已，看不到官員憐憫的感受和自責。人民、青少年看到高官如此不愛民，自然有樣學樣，也不會愛他人。殺害又何妨，況且國防部長蔣仲苓還說「哪個地方沒有死人」。

10/25・治安不好，社會風氣敗壞誰之責？人性消失、倫理道德淪落誰之責？應是統治者之責、收稅金的人之責。今統治者、執政官員不知恥，將責任推給人民，視人民為愚民，太不公義。

・李先生以總統之尊為謝深山助選，到各鄉鎮助選，實無必要，倘要助選也只能推薦候選人的優點，絕不可罵對方候選人。今李先生專門罵對方，已失全民總統之尊，把餅做小。其實國民黨的候選人（關愛眼神光圈內的人）大都不是好貨，無什麼格調值得推薦。

10/27・國民黨在大陸時代，因戡亂抗戰而專制腐化，共產黨一上台全面清算鬥爭，固然有理，唯國民黨的專制情有可原，否則戡亂抗戰不專制如何戡亂，如何抗戰呢？很悲哀的是，民進黨對選出的公職人員也要搞後任清算前任的鬥爭，實有違民主政治原理。

10/29・國民黨以民主自由騙取政權、毀滅人性、破壞人倫和道德生活，造成人不人、虛偽、作秀的社會，導致社會風氣敗壞、治安惡化、人命不如螞蟻，這些帳，本應由國民黨付出，不幸民進黨長大後出賣人民，黨與國民黨合流，使國民黨應付出的明確帳成為爛帳，很難算清。

11/1・兩本帳：政治人物在公開場面說的一套，後面做的又是一套，人民現在也學會聽的一套，做的另一套，也是兩本帳。因公開說的都是假的，人民既學會聽的一套，如此則公開場合說的等

於無效,是白說的。

· 國民道德高,法律效用低,法律效用高,表示國民道德低。法律條文萬條誰能去記呢?就是法官、律師都無法應付,因此仍有法官、律師犯法。如果大家有道德,就不會故意去犯法。

11/2 · 一個人在有生之年,無公義意識,不維護公義,枉為是人,失去生命的意義和價值。

· 司法首長應有堅強的公義個性(即公義比生命重要的個性),司法才能獨立維護公義。做官型的人擔任司法首長必落入選擇性執法,成執政者的劊子手和統治工具,則人民無「天日」可言。

· 李先生助選,到處濫開老人年金支票是不適格,因他非候選人所開支票(政見),誰要負責,反而主角的候選人(謝深山)不提政見、不主張年金,則將來如不發年金,謝深山毋須負責,等於李要負責。

· 上級官員助選無資格開支票,不能開支票只能為候選人背書,開支票如同賄選,應負賄選之罪責。

· 李總統說謝深山當選縣長將發老人津貼(年金)五千元,蕭萬長也跟著起舞。殊不知李、蕭均現握大權,國家資源均握在其手中,如要發五千年金,現在馬上可發,如要待謝當選才發,則與賄選條件相符。

11/6 · 一生看人臉色而生活的人是最苦、最不出息、最無路用、最無價值的。

11/8 · 司法獨立非司法獨裁。

· 政務官:婚喪喜慶+公關應酬(魚翅)+助選+開會作秀=國家無競爭力。

· 台灣社會絕大多數是虛名,不值得浪費生命去爭虛名,如果是實名還可考慮。

· 公私不分,我的連任未動員過縣府人員及資源。別人的連任,縣府人員及資源,公然總動員。如勞工科在民俗村辦大型心靈

改革點燈大會，請李先生來開燈、環保局辦大型環保之夜，幾乎整個縣府都在爲選舉造勢，等於縣政府在競選。

11/10 ・李先生對《華盛頓郵報》記者說，明明講台灣早已獨立了，不必再宣布獨立，現在外交部竟去函更正，是指中華民國早已獨立，眞是越描越黑。不是李先生說錯話，便是台灣怕中共，否則何必改呢？

11/11 ・李先生在《華盛頓郵報》記者訪問中，挑戰儒家思想，批判新加坡、馬來西亞、香港所主張的亞洲價值觀。唯無儒家倫理，社會自然大亂。

・儒家重人本價值，西方重功利價值。

11/13 ・政務官不能爲民模範，是今日社會反淘汰的主因，也是政治腐敗一大敗筆。

・人生不管成敗，待人處事永不要改變。如果你有些成就而有所改變（如擺架子、看高不看低、官僚、擺高姿態），你將會減少一部分朋友，每改變一次減少一部分朋友，最後會孤立，是一生最大損失。我永不改變，自小學同學、村人，以至當政務委員、縣長所有朋友，迄今仍爲好朋友，感到很溫馨。

11/15 ・做官的人沒有資格罵人、批評人，因官員均爲公僕，尤其民主時代，大官無資格罵人、批判人民。可惜民主的大官經常以嚴屬的口吻對人謾罵，其實大官只能當好榜樣。

・民主是維護人的尊嚴，尊重就有尊嚴，因此民主即尊重，官員爲公僕更應尊重人民，無資格罵人民，不能喧賓奪主，官員只能「對事不對人」，而不能「對人不對事」。

11/16 ・好貨不需宣傳自然會搶購，壞貨才須靠宣傳騙人來光顧。今日的選舉由總統、副總統、行政院長、各部會首長、省長、市長，到處強銷宣傳，足見被推銷的人並不是好貨，才需這麼費力，置政務於不顧，騙取選票爲第一，是惡質選舉文化的製造者。

・腐化中的社會人人只有腐化的生活，清流聽不進去，許多演講

開會，很少人講清流的話，清流可說無市場，悲哀！

- 「對事」與「對人」都搞不清，無資格當政務官。

- 我過去常說，政治人物大都為壞人，如今證實。在縣市長選舉中到處抹黑對方、謾罵對方如何壞，連總統也被罵，足見政治人物大多是壞人。

11/17
- 李先生昨日在澎湖及嘉義縣助選，分別在賴峰偉、李雅景競選背心上寫「李登輝」，強調為他們的政見背書，如此豈不是表示他們兩人開支票無信用不會兌現，才要找第三人背書？

11/19
- 陳進興挾南非武官家人當人質，揭發警察刑求其妻張素真及小舅子迫供成招，在媒體前公開說明刑求真相，真使司法丟臉！白曉燕案由於層峰經常利用白冰冰維護其政權，致與白冰冰關係密切，又怕白冰冰翻臉，因此辦案時極盡討好，而將陳家人刑求迫供，是有可能。況本案客觀分析，綁一個小女孩，以林、高、陳兇殘心態，其中一人做案就夠了，如今三人共同犯案已大大足夠了，何必讓陳家人參與，也不是陳一人之事。且綁票是死刑一條，陳何必牽累其家人，在情理上和實際上應公正地調查清楚，勿枉勿縱。白案發生後，陳為此對政府失望，導致續犯甚多大案，如今又挾持人質自力救濟，以下策迫使政府還其公道，造成對國家的傷害。

- 統聯客運與砂石車相撞又死十六人，政府高官也是無哀傷的表情，難怪蔣仲苓說「哪個地方沒死人」。台灣真是天天、時時刻刻遍地死人，不是被殺、火災、天然災害、車禍……死不完，沒完沒了。

11/22
- 白案三嫌犯自四月十四日做案後，國民黨政府無能，無法將兇犯立即繩之於法。雖林豐正下台、葉金鳳上台，但這些嫌犯又幹下北投陳姓富商綁票並付贖金、永和女生強暴案、五常街槍戰曹姓警官被殺，又造成方整形醫院三屍命案。又於十一月十八日挾持南非武官家人充當人質，造成國際譁然，最後在司法被綁架的條件下，使陳進興當為悲劇英雄而投案，國民黨政府

竟認爲破案有功。此無恥無責的國民黨政府不閉門謝過向全民道歉，竟顛倒是非，做人民不良示範，不反省、不下台，還在爭功，這款政府，很了然！

・看來國民黨執政只有權利（力）無義務，只有功勞而不負責任，吃定人民，吃定國家和子孫。

・中學爲體，西學爲用，體不能變，用可以變，如雞是體不能變，至於如何烹法是用，但烹的結果不能把雞（體）變掉，變掉就失去雞的意義。這是唐振楚（上海社會科學院歷史所）在其論文〈海上飲食篇〉中提出。由此可體會我一再強調「人類爲體」。人類有人性、有倫理、有道德，與其他動物迥異，不能因科技發展、物質生活豐富、藝術生活多元化、民主自由，這些是「用」，而影響人類的「體」，也即不管在「用」方面如何千變萬化，我都贊成與支持，但絕不可使人類的「體」改變，也即不能影響人類與其他動物迥異的倫理道德的人性（體）。今日台灣領導者從不強調倫理道德，甚至反對，只講民主自由、多元化，不重「體」，而重「用」，「以用非體」、「以枝葉非根」才導致台灣社會人不人、社會大亂（包括政治、社會、治安、公害）之局。

・西漢初秦人酈生，對打敗項羽得勝者劉邦深情地說「王者以民人爲天，而民人以食爲天」。「天」者，至高之尊稱也。

・台灣的政治人物或學界，往往以外國文化來壓抑自己的文化，我的看法——

　一、以強調外國文化表示他很了解外國文化，其實他們不懂外國文化。

　二、爲什麼他們提倡外國文化？表示他高人一等。

　三、本來文化是人類所共有，不管國內外文化都是好，對人類均有正面作用，何必分國內外而引起鬥爭、搧風點火呢？

・有人格的人（鮮血），與有鮮血的人相處，永遠是鮮血（有人格的人）。有鮮血的人與壞人（黑透血的人，血紅到變黑色的

人）結合，將變成黑透血（壞人）。黑透血與黑透血的人結合無差。眞正有鮮血的人（人格者）絕不會與黑透血的人在一起。

- 有身分的人會向警察人員關說案情，又要要求治安好，這是很明的矛盾，治安惡化之根源首惡是有權勢的人（包括大官和財團）。

- 「柔」可用於高爾夫運動，高爾夫打不好原因是身體硬，又打得太硬之故。

11/26
- 今年縣市長選舉風氣，可說是有史以來最惡質的一次。

- 總統、副總統、行政院長部長級以上、省長、市長均出馬爲其黨候選人站台，抹黑、謾罵對方或對方黨候選人，國民黨、民進黨均然，完全違背行政中立，樹立政務官介入選舉的不良典範，隨便批人、罵人，更是不良示範。如果政黨政治掌握全國資源的政務官、總統可無黨政分際，則行政中立不可能。可用國家資源介入選舉，如此政黨政治不足取。

- 總統、行政院長、省長可開支票爲某候選人助選，形同期約賄選：如總統開五千元老人年金（津貼）以謝深山當選才發，顯然期約賄選。

- 候選人間（助選人）抹黑、製造是非、謾罵、揭瘡疤、攻擊、抗爭最普遍。罵來罵去候選人個個成壞人，如果民主政治在維護人類尊嚴，則這些候選人最無尊嚴可言。無尊嚴的人當選後能維護縣市民的尊嚴嗎？壞人當我們的父母官是恐怖的，誰會聽他們的話呢？政府將失公信力。無論誰當選，均壞人主政。

- 候選人間告來告去，法院將來如何處理，亂告造勢，給人民不當示範。

- 旗海和宣傳單最多，大部是罵對方的文宣，又有辣妹、酷哥跳舞，不倫不類。

- 不注意候選人人品、能力、智慧、道德修養，高官造勢批人、罵人，候選人政見或文宣均在誹謗人，弄得熱鬧滾滾，模糊人

民對候選人條件（操守、智慧、能力）的審認，誤導人民不重
候選人的條件。如此能達選賢與能嗎？與民主政治的意義大相
逕庭。

- 故此次選舉是有史以來最惡劣的示範，如此反教育影響社會人
心至大，台灣從此不會有好的政治出現，將成為政客吃天、吃
地、吃政府、吃人民的天堂，一場選舉猶如大搶劫、大災禍的
降臨。

- 《亞洲週刊》刊登韓國大選四位總統候選人，均推崇朴正熙總
統。然而朴氏為獨裁而廉潔的政府，在我的看法下是屬於第二
流政府。我過去曾將各國政府分為四流，第一流為民主而乾淨
的政府，第二流為專制而乾淨的政府（朴正熙屬此類），第三
流是民主而腐化的政府（台灣現在屬此類），第四流為專制又
腐化的政府。

- 氣球的質是小小的，雖然吹起來是數十倍大，但很快就氣爆或
消失，最後還是恢復它的質，是小小的。因此小小的質才是真
實的，如何吹如何大，均是一時的騙人而已。

- 總統罵一位縣長候選人是中古貨，不尊重人的尊嚴。蓋選舉一
定有勝敗，如敗者是中古貨，誰敢參與選舉？這句話有點情緒
化，況提名的也有曾落選過，如曾永權、鄭永金，能說他們是
中古貨嗎？

11/27
- 愛爾蘭前總理Albert Reynolds 演講提及，愛爾蘭憲法第十一
條，特別提出並保護家庭的規定，認為家庭是自然形成，是道
德的基礎。

- 一位精神正常的領袖，有高尚的道德、情操和風範，並有高度
智慧和能力處理人類事，並對歷史和下一代的道德維護，具超
人的責任感。今日人性消失、倫理道德淪落、人的品質逐步降
低，是各國政治操在政客以民主自由為幌子，欺騙人民行魚肉
人民之實，造成今日不公不義之局，其責任完全是操權的政客
應負之。

- 當今人類價值觀，將道德與物質（包括金錢）視為同值，甚至比物質更無價值，才造成人類的危機。
- 文鮮明說家庭是生命和愛的核心。
- 如果說世上有「神」存在的話，道德就是神，神如不道德就無格當「神」。

11/28
- 台灣功利主義盛行，主因是大官太功利。他們經常在媒體或行為方面表現太功利，人民自然學習他們功利，如此自然成為功利的社會，因此台灣社會風氣的敗壞，是大官的功利，做不良示範所造成的，罪過完全在大官。
- 我思考問題的出發點均以人類為本位、人類為主體、人類的尊嚴，違背上述原則的任何成就，均非人類的幸福，失去人類地位的成就有什麼意義。

11/30
- 國民黨統治心態還是沿用過去兩蔣時代的作法，雖說法有點翻新，但作法仍然與過去無異。因目前統治階層的人均託兩蔣之賜，把持地位官位數十年，在天官賜福的天命下，未經寒霜之苦，就輕易得到榮華富貴，因此在口號上民主化之時，無面對問題、針對問題，有效解決問題，更無新的智慧和能力處理國事、社會事，仍然只會說官話作秀等不勞而獲的天助，人民久而久之，看穿這些統治階層的真面目，人民自然會唾棄他們。
- 文化包括生活習慣、語言、文字、宗教、倫理、哲學、社會結構、衣食住行等日常生活。

12/1
- 國民黨的慘敗是必然的，在權力足以使人腐化的名言下，高層已享盡權力的傲慢和榮華，在人生意義上已達到他們及其家人的最高榮華富貴，政權的消失只不過是他的榮華風光時間縮短而已。
- 有智慧、有道德、有能力、能了解台灣問題，並有使命感和責任感的人來領導台灣才有救，但這種條件在台面上的人很難找到。

12/3
- 人生的價值在於至高的親情，無親情的人生猶如活在荒野的沙

漠，只有風沙無樹木無水，這種人生，生不如死。一個人如無親情意識，比獸禽草木都不如，與植物人無異（看到很多美國老人背著行李，也有殘障老人自行拖命旅行，至為難過而有上述感想）。

・民進黨縣市長選舉大勝，那些頭目高興得沖昏了頭，其實並非大勝，而是昏庸的國民黨領導階層，開除了重量級的候選人，同時又有一縣市報准兩人參選，這些縣市拱手送給民進黨，不是民進黨真正獲得支持。有六縣市送給民進黨，這是事實。

・民主脫離了倫理道德和親情，對人類是有害。

12/4 ・高層對國民黨縣市長敗選負最大責任，國民黨的責任是用嘴說說而已，「有」跟「沒有」一樣，只是騙騙黨員而已。其實「責任」是多麼嚴肅的課題，一旦有責任就要馬上處理、馬上行動，如屬政治責任應下台，如屬法律責任應馬上移送司法機關追查民刑責任。最重要是道德良知責任，一有責任馬上行動、解決，非口頭說說而已，因此國民黨的責任「有」等「沒有」。

12/5 ・有道德修為的人，才懂得公道、公平、正義，才能維護公義。有公義的社會才是文明的社會。

12/6 ・國民黨的均富政策是口號，如果說有落實，是選舉時的買票，使貧窮的人，一家可得數千元、數萬元，有點像均富。

12/8 ・無公義就無民主，無公義的民主是政客用來魚肉人民的工具。

12/10 ・國民黨以民主來欺騙人民，下列能算民主嗎？

一、法治

（一）選擇性執法。

（二）高層自己不守法。

（三）公權力不彰。對財團、黑道、民代、無理抗爭的民眾，妥協、讓步，無法貫徹公權力。

（四）無法達到法律之前人人平等，王子犯法與民同罪的法治。

二、民主：政黨是幫派，只有賄選、抹黑、暴力介入、行政不中立，運用公共資源選舉的民主，不是真正選賢與能的民主，是金權政治不是民主政治。

三、制度

（一）酬庸不是民主，民主就無酬庸：總統府資政、國策顧問、行政院顧問，濫聘濫用已成為選舉的樁腳，猶如封爵制度，還有監委、考委，部分首長也是酬庸。

（二）黨產千億：全世界政黨均無財產，而國民黨黨產千億又與政府勾結、內線交易，能民主嗎？

四、無法保障人民生命與財產安全，能算民主嗎？

（一）每日殺人、搶劫，死亡人數相當高，是國家損失，而殺人、搶劫、暴力犯罪者，接受法律制裁，不管槍斃或長期坐牢均係國家損失，執政者應負責。

（二）公共安全：火災、車禍、天災（山坡地濫墾、濫伐）死亡人數至為可觀，無法保障人民生命財產安全，算民主嗎？

（三）青少年犯罪甚多，誰之責？

五、是死囝躺式的民主，是無政府狀態的民主。是有權無責的民主，是政府無能、無責，任其自生自滅的民主。

12/12 ・愛錢的人喜與有錢的人為友，愛做官的人喜與官員為友，重人格的人喜與完美人格的人為友。有人格又有錢，又有地位是最好的，無人格的有錢人與大官是下賤的。

12/14 ・政府的錯誤如中油經常爆炸死傷多人，或政策錯誤造成人民損失、人民抗爭，卻以鎮暴警察對付人民，如此警察等於在保護失誤或違法的政府，這是不對的。

12/18 ・政治人物如心胸不寬大和不厚道，玩政治是很苦的。

・《聯合晚報》第二版中的〈聯合論壇〉，由政大公行系教授江明修撰寫的論文中，提及鄒文海教授在民國二十六年出版的《自由與權力》，其中的一段話：「一個沒有效率的政府，

祿位是政黨的贓物，官吏是無恥的集團，論建設則人民虛糜其財，論行政則朝三而暮四。」這段話與台灣現在政府狀況符合。

12/19・單純的生活，是身體健康之本，複雜的生活將會糟蹋人的健康。政治人物、黑道、生意人生活最複雜，最不健康，也最不衛生。

12/21・司法官應具高度道德，只認公道與正義，不認權力大小或財富多寡，唯有這種性格才能公正廉明。很可惜司法官已很少有這種修為的，大部分還是勢利眼，功利太重，只要逢到大官或有錢人，還是自甘墮落，淪為他們的工具和馬屁精。有風骨的法官，大官或財團對他毫無作用。

12/22・政治不好，天下大亂、犯罪人多、道德淪喪、法治不彰，說是民主自然的結果，這種民主有意義嗎？台灣民主真正有價值的，對人民最實惠是「賄選賣票」。每次選舉一戶得到數千元以及數萬。如果說搶劫、綁票、詐欺、竊盜、貪汙說成是賺錢，你會同意嗎？同理，造成不公義、不道德、不守法、天下大亂的民主，你會認同嗎？

12/23・不具立德、立功、立言的有錢人或大官，不值得尊敬、尊重、懷念，如果對那些人有好感，只是馬屁而非尊敬。

12/24・很多政界出版書籍回憶錄，大多是請文筆流利的工程師為其裝飾而已，與本身的言行不一致，更無具立德、立功、立言的事實，我稱其為「泡沫書本」。

12/26・有道德才是最有智慧的，無道德不會有智慧的，縱使有所見地也不能算為有智慧。

・開會是對事不對人，但我們的開會是對人不對事，因此發言的人，不用心於事而是說說交代而已。而主席對發言的人不管有無內容，為怕得罪發言的人，均說意見很好，列入記錄，或叫幕僚人員重視注意。難怪行政效率低，競爭力弱。

12/28・李、連在革命實踐研究院二十六日舉辦的跨世紀領袖班開班典

禮致詞說，國民黨要向椿腳政治告別，這是謊話，國民黨數十年來如無椿腳早已垮下去了，怎能維持到現在，椿腳政治是什麼呢？

一、是買票的基椿，國民黨是靠買票起家的，無買票誰會投給國民黨，椿腳是國民黨生存的靈魂。

二、國民黨候選人政見發表會無人聽，如不靠椿腳買票，如何投國民黨？政見發表會可看出候選人是否具立德、立功、立言的風範、能力、智慧，是不是具有人格，國民黨的人很少具上述條件，他們的招牌是買票、無人格、無公信力，從人民對國民黨政見會不會浪費時間去聽，就看得出來。

三、為證明李、連真正有心棄椿腳政治，今後看他們提名的候選人便知。如果再提名準備買票的，一定還是靠椿腳，如果提名人格者就可證明有心向椿腳政治說「拜拜」，否則是騙人又說好聽話而已。

‧科技經濟的發展固可使人類的物質生活富裕和舒適，但無法使每日二十四小時延長，或使人身鋼鐵化，以物質來折磨肉體，對人類並無絕對效益。

‧台灣的民主是花錢的比賽而已。

12/29 ‧國民黨已無公信力和人格者可取信於民，因此僅以權力和講利害（功利）來誘惑、欺騙人民或拍馬屁而已。國民黨如要重生，務必讓那些已失公信力、缺乏人格道德之流消失，重新培養有人格道德形象之人，重建公信力才有希望。

‧國民黨應多培養有能力會做事的人，做給人民看，而不是講給人聽。

‧一、國民黨只會作秀而不會做事。

二、要求不作秀，但不會做事的人更糟。

三、我們所要的是會做事不作秀的人才。

‧國民黨的大官大都是靠拍馬屁而來，也有靠敢說謊話而來，也

有靠當打手而來，也有賄賂而來的，完全不依道德操守、智慧、學識、責任感和能力而來。因此國民黨的大官不具公信力，人民看到這些大官就討厭。國民黨如不以道德、人格、智慧、能力為思考，無論用什麼辦法都只是拖延生命而已，絕無法解決其危機。

12/30 ・開會最好直接切入主題，面對問題、針對問題、解決問題，不要廢話連篇，耽誤數十人的時間又模糊開會主題，浪費時間又解決不了問題。

・價值重建——

一、受尊敬懷念最有價值，須具道德文章，立德、立功、立言的條件。

二、波蘭、匈牙利、捷克等國家國民所得雖只有七百美金，但其重視文化藝術的程度，比國民所得一萬四千美金的台灣更深。

三、馬來西亞、泰國、印尼或貧窮國家對足球運動的重視和活動都相當成功，但富裕的台灣就發展不起來。台灣的價值觀只有功利、炒短線、爭權奪利、吃喝玩樂。

・並非作秀都不好，如果是在立德、立功、立言，為此條件所做的秀必是好的。很可惜現在官員作秀，並非有上述條件的秀，都是爭權奪利的秀、給人民灌米湯的秀、騙騙人民的秀、缺德的秀，才被認為作秀是不好的。

・唯有人格（道德）不會貶值，甚至還會增值。其他官位或財富都會貶值，甚至破產。這是我的價值觀。

1998年

1/4　・各晚報刊出大里市母子三人被刺死，又失去三條人命，對國家而言是一大損失。兇手將來也是死罪，一共失去四條人命，誰之責？政府之責也。

1/7　・民主與道德有衝突嗎？不少功利國家高唱民主，但人性消失、倫理道德淪落，這樣民主是假民主。重視道德的國家，人民才有水準實行民主。因此有道德才有民主，無道德就無民主可言。

1/8　・觀地方議員、鄉鎮長選舉有感：台灣的選舉是花錢比賽，當選後是賺錢比賽。

　　　・國家體制做為政黨利益交換的籌碼，是國民黨一貫的作法，真是無責任感。

1/11　・國民黨式的民主——
　　　一、用錢賄選。
　　　二、公職人員當選前、後均拚命走喜喪事。喜喪事可說是公職人員的專業，其他是副業。
　　　三、作秀唱歌、喝酒是做大官的本事。
　　　四、做大官後均成富翁（沒繳稅），歪哥（貪汙）來的。

1/12　・不投票即投票的原理，台灣人民應普遍適用。在此政黨自私自利之時，不投票是明智之舉。

　　　・唯有有道德風範的領導者，才值得我追隨、支持，無道德風範的領導者、大官、財富、學者，我最討厭。

1/13　・首長為作秀出新點子，但無計劃、無配套。點子要做，問題即來，可說是製造問題、騙騙人民的點子而已。

1/16　・倫理道德一日不存，我就不瞑目。

　　　・一位政治領袖應具三不朽條件，才能領導全民，否則——
　　　一、不知國家、社會、人民的問題（洞察力弱）。
　　　二、不知如何從根本解決問題，進而產生有系統的體制、法令。
　　　三、不知從何著手，如果不知根本問題，只從枝節著手，將永

遠沒完沒了，只是標新立異，騙來騙去作秀而已。

四、沒有能力和智慧面對問題、針對問題、解決問題。

五、只有頭痛醫頭、腳痛醫腳的局部性、枝節性能力。沒有解決根本問題、整體問題的智慧和能力。

· 以功利爲治國理念的統治，與白案三嫌犯有何差別？只是性質、程度、方法、範圍差別而已，精神是一貫的。

1/18 · 台灣的民意代表只是掮客的角色而已，選前搞利害公關，競選時用賄選，選後充政府特定掮客。

一、無「公」的觀念，一切爲「私利」、「私關」。

二、無國家社會整體知識和意識。

三、無道德風範。

四、無使命感和責任感。

五、每日走喜喪事，占據他生命中的重要部分。

六、無民主法治常識，一旦當選，自以爲有權可壓制官員予取予求，否則以質詢權和預算權報復修理官員。

· 爲何要買票？因爲自己條件不夠，以金錢彌補他的條件。如同過去有問題的女子要嫁出，必須有相當可觀的陪嫁，人家才會娶她。

· 參選人員大多無理想、無目標、無道德、無智慧、無能力，他們是出來混一混，混水摸魚而已，你說這種政治會好嗎？

1/21 · 心靈改革即弘揚倫理道德，方法有二，一是人本教育，二是價值重建。教育改革不談人本教育、價值重建，教育問題永遠沒完沒了。教育改革不談心靈改革，教育改革不成功。

1/22 · 務實外交也要有尊嚴，不是偷偷摸摸的外交。高層出國風光榮華，如果是偷偷摸摸的，將國家、國民置之何地？其實務實外交如無尊嚴能做些什麼，只是挾人民辛苦得來的財富、外匯，讓他們到外國風光榮華享受一番而已。

· 總統宴請國策顧問，大多是說「不見棺材不落淚」的馬屁話。

· 邱聯恭說，日本一億多人口，上訴案件一年只有一千五百件。

台灣兩千一百萬人口，每年上訴案件七八千件。日本最高法院只有法官十五人，台灣最高法院一百多人法官。上述可見台灣社會的嚴重和不正常。

- 什麼國策顧問，其實是馬屁顧問，是馬屁比賽。這些人的動機是想藉國策顧問來抬高身價，關說施壓，騙騙無知的人。

1/25
- 賄選與賄官應同罪。民主政治公職人員須民選，如以金錢向人民買票而當選當官（不管民代或行政官員），則與古代或近代送錢才能當官、升官，這與賄賂有何差異？如能立法將賄選與賄官同質、同罪，也許可杜絕賄選，否則如今公開買票，之後當上官員或民代，不只很少抓到無事，甚至人民還以買票者有辦法讚揚之、馬屁之。這種買票賄選的民主，與過去以賄賂而當官的專制無異。

1/30
- 無人格的人對待人是依利害而漲跌的。對現任大官拍得很高，待失勢（下任）後一落千丈。唯目前社會就是如此，因此稱為功利掛帥的社會，亦即有人格的人成為稀有動物。

2/1
- 國民黨三年間換五位內政部長（吳伯雄、黃昆輝、林豐正、葉金鳳、黃主文），難怪台灣內政辦不好，足見國民黨用人原則不是為人情而用人，便是亂用人。

2/3
- 企業家只以賺錢為目的，政治人物是以服務人民、滿足人民為目的，既然企業家和政治人物的目的不一樣，以企業家充任政治人物，能勝任嗎？

- 企業家無法以民主方式賺錢，而政治人物則須以民主方式來服務人民，兩者程序和目標完全不同。然而竟有些政客，經常要企業家入閣，不是作秀便是無知。

- 經營企業不需受民意機關牽制，況且民代良莠不齊，大多無整體觀念，均在搞個人利益和作秀，因企業免受這些民代監督和牽制，企業才能順利。換言之，經營企業完全在「利」字頭上的獨裁經營。

2/5
- 私人企業免受人民抗爭，政府則人民隨時可抗爭，效率自然抵

銷。

・外形雖然改變，可是根已腐朽。腐敗的經濟發展，腐敗的民主政治，腐敗的社會繁榮，這是國民黨最誇耀的政績。由於這些成就造成人性消失，外表美麗的假貨，能對歷史負責嗎？對下一代如何交代？

2/6 ・是「選賢與能」還是「選黑與金」？由於歷年來口號上說「選賢與能」，實際上是「選黑與金」，結果在黑金體制下、黑金政治下，讀書人、正派人士、誠實人、有才能之人，不只永無出頭天之日，也甘願受制於黑金，無意義的生存，悲哀！恥哉！

2/7 ・人格與國格：人格如果以金錢爲標準，就成爲錢格而不是人格，國格亦然。一個政府只在誇耀外匯存底、金錢外交，而無文化藝術和有道德的國民，這個國家並無國格可言。

2/11 ・威權統治與金權統治或黑金統治：如果是爲國家利益、全民利益的威權統治，總比金權或黑金統治好。沒有真正的民主政治就是威權政治，不能披著民主的外衣，就騙人民爲民主政治。

・新加坡的政務官是經過政府整套培訓計劃而產生的，是由青年中選擇優秀的人到外國第一流大學，如牛津、劍橋、哈佛讀書，畢業後回國從基層磨練起，然後才當上政務官。而台灣並無此人才培育計劃，是由執政者的喜惡利害，直接由博士空降爲政務官。這些人不了解基層問題、社會問題，更無行政經驗，便擔任政務官，唯一的好處在於騙人民說政府都用（留學）博士，表示用人唯才。

2/12 ・李先生昨天在中常會指示章孝嚴，要三家電視台把殺人、搶劫、綁票新聞報導減少，報導文化新聞，以「惡不爲人知」爲由，要三台封殺嚴重危及治安的報導。如果要媒體不報導，應檢討主管部會的責任。如果政治好、治安好，無殺人、放火、搶劫、綁票發生，媒體自然無從報導，如果天天大案發生（況且古代殺人是天大地大，人命關天），登載頭條新聞是應該

的，只要是「事實」都可登出，人民始可警惕和防患。

2/20 ・華航失事死兩百零四人，原因——

一、競爭者長期有形無形分化利誘，使華航雞犬不寧，分派系鬥爭，美國霸權的翻版。自競爭者成立不久，華航名古屋事件後現在又有大園空難事件，過去無競爭者時為何華航少失事？

二、政府高官迄今仍不知無飛安相關組織及制度，維修管理更缺。

・國民黨的政府專門維護強權和惡霸，欺侮善良和弱者。黑道和財團是國民黨的最愛。如果它們說任何的好話、好事，大多是虛構、騙騙的模樣而已。

2/21 ・這個社會最吃香的是：一做官，靠騙靠拍；二財團靠利益輸送，官商勾結，互相利用；三為黑道，靠惡勢力，靠國民黨提名漂白，為國民黨的工具。

2/25 ・做人是永久的，做官是短暫的，有些是官不是人。

・學者與學客、政治家與政客、商人與奸商：學者、政治家、商人是同一類，學客、政客、奸商同一類。

2/26 ・人是一個父親生出來的，因此人人平等、公道，除非是幾個父親生的，才可欺侮人、辱罵人、吃人、吃銅、吃鐵。

2/27 ・公務員不得兼營商業，但總統府資政、國策顧問或行政院顧問中均有大財團或企業老闆，還有中常委也有財團。這些財團，政府給它錦上添花，內線、利益輸送，比公務員兼營商業更加嚴重。如大財團充任決策或官位，公務員也可兼營商業。

・政治騙子何其多，政騙、學騙、財騙，是台灣之禍源。

2/28 ・健康加道德加智慧，是我生活的三要素。

・無人本就不是人，無人本者，與其他動物何異。

・民主政治如果不是選「賢與能」，而是選「黑與金」，那就不需民主政治了。

3/1 ・台灣的選舉不是買票便是抹黑，無法說出政府的缺失，抹黑

師、抹黑高手甚多。

3/2　•活正面不可活負面。正面是善良、積德，有益於人類社會的事；負面是罪惡敗德，自私自利，有害於人類社會的事。

3/4　•黃主文說六個月內治安、公安無法做好即辭職，完全不知台灣的病是多重啊！

一、基本問題嚴重——

（一）倫理道德喪失，人性消失，如其他獸類，何德何能可解決此一狀況。

（二）沒有人本教育。

（三）功利價值為重，誰有本事扭轉？

（四）不重精神層面，重爭權奪利的物質享受。

（五）不守法，政府無公信力。

（六）選黑與金的民主政治。

二、制度問題——

（一）槍械落入黑社會那麼多，誰解決？

（二）官員與黑金掛勾。

（三）災害防治制度、體系，緊急醫療救護法，消防無法發揮。

（四）選擇性執法，公信力無。

三、如有魄力——

（一）六個月內無人持有槍械，此點如能做到，對治安一定有幫助。在小小的台灣無法消除槍械，治安絕對無辦法解決。

（二）限期掌握台灣犯人、危險人物，建檔，依責任制，掌握危險人物的行蹤，甚至能教化導正這些人。

（三）公共安全要求零違法及違規。

3/9　•蔡同榮在立法院質詢廖正豪，其兄競選六腳鄉長，每票一千元賄選。廖正豪答「有證據就偵辦」。這是國民黨高官最不負責，最動聽的標準答案。證據是情治人員的責任，並非天上會

掉下來，況檢舉賄選是公事，舉證責任在政府。

3/10 ・廖正豪說黑道參政那麼久會動搖國本，唯黑道參政大部分是國民黨提名推薦的，廖的話等於自打嘴巴，說爽的。

・政客、學客、話客，何其多。

3/11 ・老鼠吵架式的議會政治，是台灣所謂民主的特色。

・國民黨用不正當手段統治（黨產、黑金掛勾、利益輸送、財團勾結），政權已搖搖欲墜，這是自然的崩盤。

3/13 ・自由不是自私，很多人把自由當作自私生活的擋箭牌，以自由之名行自私之實，也即自由當自私。若自由與自私的分際無法釐清，則自由往往成為掩飾自私行為的護身符。

3/14 ・虛榮與實榮：虛偽的權力和物質榮華稱之虛榮，真實有人格感受的榮華謂之實榮。

・國民黨的民主政治是買票政治、金權政治、黑道政治、欺騙政治、馬屁政治、腐化政治、無責政治、無法政治。上述情形是無人權的國家，聯合國應譴責之。

・國民黨黨產千億，事業林立，黨庫通國庫，炒股票、炒地皮、內線交易與民爭利，以不法之錢作為黑金競爭經費，此種政黨是民主政黨還是魚肉人民的幫派？比幫派更惡質！這是騙人的民主化、民主均富、民主國家，也是國民黨式的民主政治。

3/15 ・人無廉恥什麼事都做得出來，廉恥是道德的重要內涵。

・言行不一致是台灣高層人士的標籤，言行不一致台灣已風行成習，自不以為恥，而民又已麻木。

・無正義、公道的高官、政界、財團、學術界、教育界、宗教界，這個國家已經無救了，甚至會更惡化更爛下去。可憐的人民一生遭受上述人的擺佈，情何以堪！天啊！為何不降公義之霖。

・多元化應以道德為基礎、法律為基礎，否則多元化、選擇性執法將是亂源。執政者可不依道德和法律而自由裁量他所喜歡的那元，模糊是非善惡，是人性墮落腐化，社會無公義之汙染源。

國家圖書館出版品預行編目資料

黃石城看台灣 / 黃石城著 . -- 二版 . -- 臺北市：
商周出版：家庭傳媒城邦分公司發行, 民99.12
（PEOPLE；10）

ISBN 978-986-120-531-1（平裝）

573.07   99025851

PEOPLE 11

黃石城看台灣—— 無私見證台灣五十年手記

作　　　者／黃石城
責 任 編 輯／周怡君

版　　　權／黃淑敏、翁靜如、葉立芳
行 銷 業 務／林彥伶
發 行 業 務／林詩富
副 總 編 輯／何宜珍
總 經 理／彭之琬
發 行 人／何飛鵬
法 律 顧 問／台英國際商務法律事務所　羅明通律師
出　　　版／商周出版
　　　　　　臺北市中山區民生東路二段141號9樓
　　　　　　電話：(02) 2500-7008　傳眞：(02) 2500-7759
　　　　　　E-mail：bwp.service@cite.com.tw
發　　　行／英屬蓋曼群島商家庭傳媒股份有限公司城邦分公司
　　　　　　臺北市中山區民生東路二段141號11樓
　　　　　　讀者服務專線：0800-020-299　24小時傳眞服務：(02)2517-0999
　　　　　　讀者服務信箱E-mail：cs@cite.com.tw
劃 撥 帳 號／19833503　戶名：英屬蓋曼群島商家庭傳媒股份有限公司城邦分公司
訂 購 服 務／書虫股份有限公司　客服專線：(02)2500-7718；2500-7719
　　　　　　服務時間：週一至週五上午09:30-12:00；下午13:30-17:00
　　　　　　24小時傳眞專線：(02)2500-1990；2500-1991
　　　　　　劃撥帳號：19863813　戶名：書虫股份有限公司
　　　　　　E-mail：service@readingclub.com.tw
香港發行所／城邦（香港）出版集團有限公司
　　　　　　香港灣仔駱克道193號東超商業中心1樓
　　　　　　電話：(852) 2508 6231　傳眞：(852) 2578 9337
馬新發行所／城邦（馬新）出版集團
　　　　　　Cité (M) Sdn. Bhd. (458372U)
　　　　　　11, Jalan 30D/146, Desa Tasik, Sungai Besi,
　　　　　　57000 Kuala Lumpur, Malaysia.
　　　　　　電話：603-90563833　傳眞：603-90562833
商周部落格：http://bwp25007008.pixnet.net/blog
行政院新聞局北市業字第913號

攝　　　影／Claymens Lee
裝 幀 設 計／張士勇
排　　　版／浩瀚電腦排版股份有限公司
印　　　刷／卡樂彩色製版印刷有限公司
總 經 銷／聯合發行股份有限公司 電話：(02)2917-8022 傳眞：(02)2915-6275

■ 2010 年（民 99）12 月 25 日初版   Printed in Taiwan

定價 / 900元（共一、二、三卷，三卷不分售）

城邦讀書花園
www.cite.com.tw